电子商务概论

An Introduction of E-Business

主　编◎韦沛文

副主编◎李　晶　陈婷婷　张武梅

暨南大学出版社
JINAN UNIVERSITY PRESS

中国·广州

图书在版编目（CIP）数据

电子商务概论/韦沛文主编．—广州：暨南大学出版社，2012.2（2018.11 重印）
ISBN 978 - 7 - 5668 - 0074 - 9

Ⅰ.①电…　Ⅱ.①韦…　Ⅲ.①电子商务—高等学校—教材　Ⅳ.①F713.36

中国版本图书馆 CIP 数据核字（2011）第 263171 号

电子商务概论
DIANZI SHANGWU GAILUN
主　编　韦沛文

出 版 人　徐义雄
责任编辑　陈　涛　沈双喜
责任校对　黄　斯　杨海燕
责任印制　汤慧君　周一丹

出版发行　暨南大学出版社（510630）
电　　话　总编室（8620）85221601
　　　　　营销部（8620）85225284　85228291　85228292（邮购）
传　　真　（8620）85221583（办公室）　85223774（营销部）
网　　址　http：//www.jnupress.com
排　　版　广州市天河星辰文化发展部照排中心
印　　刷　广州市快美印务有限公司
开　　本　787mm×1092mm　1/16
印　　张　13.75
字　　数　320 千
版　　次　2012 年 2 月第 1 版
印　　次　2018 年 11 月第 7 次
印　　数　12001—12500 册
定　　价　36.00 元

前　言

　　电子商务是当今热门话题，许多企业都在积极地实施电子商务战略，正在开展各种电子商务具体业务，但许多企业管理者对企业电子商务究竟包括哪些内容，其模式与流程怎样，电子商务涉及哪些技术问题、安全问题和相关法律问题，企业如何进行网络营销，如何管理电子商务物流，需要哪些电子商务人才……一句话，如何开展电子商务，还是说不清，理还乱。在校学生更是需要系统学习和掌握电子商务的基本知识，以便将来能参与或担负起这方面的相关工作。虽然关于电子商务基本知识的教材不少，但电子商务的发展是日新月异的，其教材应不断更新完善，以反映甚至预见电子商务发展的现状和趋势。因此，在道锋图书发行公司和暨南大学出版社领导、编辑的大力支持下，我们编写了这本电子商务概论教材。本教材以清晰的理论综述和紧扣理论的大量实际案例为读者理清上面的问题，使读者对企业电子商务的意义、内容、方法、过程和风险及规避有一个较全面、系统、清晰的认识，为其现在或将来管理或参与领导企业电子商务工作打下良好基础。

　　本书写作特点：

　　理论和案例并重，各章有开章引例，正文有大量实际例子，章后有较完整的综合案例，各案例紧密围绕本章节理论内容重点；每章后有本章小结、复习题、练习题以及操作题或案例讨论分析；理论和案例内容强调实用性和可行性，兼顾先进性和前瞻性。

　　本书主要内容：

　　全书共分十一章。

　　第一章介绍和分析电子商务的定义，明确电子商务包括的范围，简单介绍电子商务的特点和发展情况，概述本书主要学习内容。

　　第二章介绍电子商务的模式与流程。介绍电子商务模式的相关概念，指出商务模式的核心是价值，包括客户价值、投资者价值（盈利模式）和伙伴价值三个方面。电子商务模式分为 B2B、B2C、B2G、C2C、C2G、G2G 等六种。对主要的 B2B、B2C 和 C2C 电子商务模式作了详细的介绍，讨论分析了其发展现状、运营模式、盈利模式和交易流程。

　　第三章介绍电子商务网络技术。

　　第四章探讨电子商务的安全问题。主要介绍电子商务的不安全因素和网络安全措施，如防火墙、DDN 专线、病毒防治、数据加密技术、数字摘要、数字签名、数字信封、数字时间戳、数字证书、认证机构等。

　　第五章介绍和讨论电子支付与网络银行。介绍电子支付的概念、发展阶段、类型和电子支付系统的构成；详细分析了电子现金、电子钱包、智能卡、银行卡和电子支票等电子支付工具的概念和支付流程；介绍网络银行的概念、类型和业务。

第六章讨论网络营销。介绍网络营销的概念、内容和理论基础，明确网络营销的基本含义；对企业开展网络营销的策略和常用方法进行了详细介绍；介绍网络营销管理的重要内容，就企业网络营销风险进行分析，并探讨了规避企业网络营销风险的主要策略。

第七章介绍电子商务物流管理。

第八章介绍电子商务客户关系管理。阐述客户关系管理的重要性及对企业发展的战略意义，介绍客户关系管理的核心理念和 CRM 系统的基本功能、实施的基本步骤与关键。

第九章对电子政务作简单介绍。

第十章介绍移动电子商务。阐述了移动电子商务的概念、类型、特点和相关技术，以及在我国的发展状况，详细分析其具体应用，介绍了制约移动电子商务发展的三大问题——安全性、技术性和用户观念问题。

第十一章介绍电子商务相关法律问题。主要介绍电子商务法涉及的相关领域和国内外电子商务立法现状，详细分析电子商务相关的主要法律问题：数据电文、电子合同、网上消费者权益保护、电子商务知识产权、电子商务安全和网络犯罪。

在网站 http：//home. sysu. edu. cn/glxx 的电子商务概论栏目下有本教材的 PPT 课件和习题参考答案供师生教学参考使用。

本书适用读者：

本教材可作高校电子商务基础课程的教材或参考书，也可作企业的培训教材。适合高校教师、学生以及企业领导、管理和技术人员阅读和使用。

本书由道锋图书发行公司方晓生组织，中山大学新华学院韦沛文提出全书基本结构初稿后经组织者和编写者讨论确定。书稿由韦沛文编写第一、四章，中山大学新华学院李晶编写第二、三、六章，广东外语外贸大学南国商学院陈婷婷编写第五、十、十一章，广州大学松田学院张武梅编写第七、八、九章。韦沛文负责最后统稿审查，编写者相互之间也进行了审阅讨论才最终定稿。全书由暨南大学出版社陈涛编辑为责任编辑。

在此谨代表编写者对道锋图书发行公司和暨南大学出版社领导以及方晓生先生、陈涛编辑深表衷心的感谢！

本书主编　韦沛文

2011 年 12 月 20 日于中山大学新华学院

目　　录

前　言 ·· 1

第一章　电子商务概述 ··· 1
　第一节　电子商务的定义和特点 ·· 2
　第二节　电子商务的产生与发展 ·· 5
　第三节　电子商务概论的主要学习内容 ······································ 8

第二章　电子商务模式 ··· 13
　第一节　电子商务模式的含义 ·· 15
　第二节　电子商务模式的类型 ·· 17
　第三节　电子商务模式的创新 ·· 27

第三章　电子商务网络技术 ·· 39
　第一节　计算机网络技术 ··· 41
　第二节　Internet 相关技术 ·· 50
　第三节　Intranet 和 Extranet 相关技术 ·································· 60

第四章　电子商务的安全问题 ··· 68
　第一节　电子商务的安全要求和不安全因素 ································· 69
　第二节　网络安全措施 ··· 71
　第三节　数据加密技术 ··· 76
　第四节　认证技术 ·· 79
　第五节　安全套接层和安全电子交易协议 ···································· 90
　第六节　其他安全控制措施 ··· 92

第五章　电子支付与网络银行 ··· 99
　第一节　电子支付的定义和类型 ·· 100
　第二节　电子支付系统的构成 ·· 102
　第三节　电子支付工具 ··· 103

第四节　网络银行 ·· 113

第六章　网络营销 ··· 117
第一节　网络营销概述 ·· 118
第二节　网络营销策略 ·· 122
第三节　网络营销方法 ·· 127
第四节　网络营销管理 ·· 135

第七章　电子商务物流管理 ··· 143
第一节　现代物流知识概述 ·· 144
第二节　电子商务物流模式 ·· 146
第三节　电子商务物流配送系统 ··· 148
第四节　基于电子商务环境的供应链管理 ··· 149

第八章　客户关系管理 ·· 155
第一节　客户关系概述 ·· 156
第二节　客户关系管理基本理论及发展概述 ······································ 158
第三节　客户关系管理系统简介 ··· 161

第九章　电子政务 ··· 170
第一节　电子政务概述 ·· 171
第二节　电子政务应用系统的业务模型 ·· 177
第三节　我国电子政务系统的体系结构 ·· 179

第十章　移动电子商务 ·· 184
第一节　移动电子商务的概念和特点 ··· 185
第二节　移动电子商务在我国的发展 ··· 186
第三节　移动电子商务的技术基础 ·· 188
第四节　移动电子商务的应用 ··· 189
第五节　移动电子商务存在的问题 ·· 193

第十一章　电子商务法律问题 ·· 196
第一节　电子商务立法现状 ·· 197
第二节　电子商务相关的主要法律问题 ·· 202

参考文献 ·· 213

第一章　电子商务概述

主要内容：介绍电子商务的定义、特点、产生和发展，概述本书主要学习内容。

教学目标：

1. 统一电子商务的定义。
2. 了解电子商务特点和发展状况。
3. 对电子商务概论所学习的内容有一个总体认识。

重点：电子商务的定义。

难点：电子商务的定义。

开章引例：

　　艾瑞咨询统计数据显示，2010 年中国网络购物市场交易规模达 4 980 亿元，较 2009 年增长 89.4%。2010 年中国网络购物市场交易规模占社会消费品零售总额的比重从 2009 年的 2.1% 增至 2010 年的 3.2%，预计 2012 年这一比重将超过 5%。

　　艾瑞咨询分析认为，推动中国网络购物市场交易规模增长的主要因素有两个方面：一是供给层面，越来越多传统企业开展电子商务，或为购物网站供货，或直接开设网店销售商品，极大地丰富了消费者的选择；二是网络购物环境的改善，如 2010 年 7 月网店实名制正式施行，淘宝网等平台式购物网站力推诚信保障体系，降低了消费者转向网购的心理门槛，推动网络购物应用在网民中的渗透。与 2009 年相比，家用电器、化妆品、运动用品、食品药品、服装等细分市场均呈现快速增长态势。在需求层面，网络购物用户规模稳步增长，用户对网络购物依赖程度加深，单一用户网络购物消费支出增加。CNNIC 公布的数据显示，2010 年 6 月，中国网民规模达 4.2 亿人，中国网络购物用户规模达 1.48 亿人，较 2009 年增加 3 900 万，占中国网民的 30.8%。预计 2010 年年底中国网民规模将达到 4.8 亿人，较 2009 年年底的 3.84 亿增长 25.0%。预计 2012 年中国网络购物用户占整体网民的比重将达到 38.3%。

　　（资料来源：http：//case. sanyaosu. com/021560579_ 2. html）

第一节 电子商务的定义和特点

网络售物、购物及相关商务业务总称电子商务。时至今日，电子商务已是家喻户晓，其重要性也为大多数企业所认同，但在学界，什么是电子商务依然未有定论，其定义五花八门，十分混乱。

一、电子商务的定义

刘宏主编的《电子商务概论》指出：狭义的电子商务是指人们利用电子手段进行的以商品交换为中心的各种商务活动，是公司、厂商、商业企业、工业企业与消费者个人双方或多方通过计算机网络，主要是因特网进行的商务活动；广义的电子商务是指各行各业中各种业务的电子化，又可以称为电子业务，包括电子政务、电子军务、电子教务、电子公务等。

刘业政主编的《电子商务概论》认为：现在所说的电子商务一般就是指基于因特网的电子商务。

美国政府的定义为：电子商务是通过因特网进行的各项商务活动，包括广告、交易、支付、服务等活动。

加拿大电子商务协会的定义是：电子商务是通过数字通信进行商品和服务的买卖以及资金的转账，它还包括公司间和公司内利用 e-mail、EDI、文件传输、传真、电视会议、远程计算机联网所能实现的全部功能。

联合国经济合作与发展组织的定义是：电子商务是发生在开放网络上的包含企业之间、企业和消费者之间的商业交易。

《2010—2015 年中国电子商务市场投资分析及前景预测报告》认为：电子商务通常是指在全球各地广泛的商业贸易活动中，在因特网开放的网络环境下，基于浏览器/服务器应用方式，买卖双方不谋面地进行各种商贸活动，实现消费者的网上购物、商户之间的网上交易和在线电子支付以及各种商务活动、交易活动、金融活动和相关的综合服务活动的一种新型的商业运营模式。

对电子商务的不同定义还有很多，但仅从上面所列的几个定义中已可看出，各种不同的定义都可归类为狭义或广义的定义。狭义的定义把电子商务和互联网严格地联系起来，限定了与互联网相关的商务活动，才能叫做电子商务，如美国政府的定义、刘业政书中的定义、中国电子商务市场投资分析及前景预测报告的定义。广义的定义是把一切使用了电子设备而开展的与商务有关甚至是无关（如电子教学、电子政务、电视会议等）的活动都称为电子商务，如加拿大电子商务协会的定义和刘宏书中的定义。狭义和广义两种不同的定义如下：

狭义的定义：互联网上与商品或劳务交易有关的一切业务。英文称为 Electronic Commerce（简称 EC）。

广义的定义：通过电子设备和与电子相关的方法进行的商业活动，包括通过电话、电视、电传、传真、EDI、内部网、远程网、互联网等所进行的所有与商务相关的一切活动。英文称为 Electronic Business（简称 EB）。

本书主编主张以狭义的定义作为电子商务的定义。理由如下：

（1）电子商务这一名称，只是在互联网上出现商务活动以后才产生的，此前并无这种提法，至少现在知道这一名词的绝大部人都没听说过。

（2）通过电话、电视、电传、传真等非互联网且连计算机网络也不是的电子设备和手段而进行的商务活动，充其量只能说是电子商务的萌芽或原始、初级阶段形态，与使用互联网进行的现代电子商务有明显的质的区别，因而还不能称为电子商务，恰当的称呼应是利用电子设备进行的商务。正如"管理信息系统"这一概念，虽然从本质和广义上说，计算机出现以前的手工（或说人工）管理信息系统也是管理信息系统，但管理信息系统的概念是 20 世纪 70 年代当计算机较多地用于信息管理时才出现的，现在教科书上所定义的管理信息系统，都强调了是"以计算机为基础的"用于信息管理和提供管理信息的人机系统。又如现代工业出现以前，生产一些非农业产品的小手工业、手工作坊也只能称为小手工业、手工业而没被称为工业，只有在蒸汽机、电动机械出现以后，才有真正的工业和工业化的提法。因此，电话推销就是电话推销，电视广告就是电视广告，它们仅仅是利用电子设备进行的商务，还不能说是电子商务，更不是现代意义上的电子商务。

（3）通过计算机专用网进行的 EDI、在企业内部的计算机局域网或计算机远程网这些计算机网络上进行的与商务有关的业务活动，其性质和特点与互联网上的商务活动也有许多实质上的区别（稍后再谈及）。在互联网日益普及的今天，这些商务活动已经日渐式微，成不了气候，也不是现在电子商务教科书要研究的内容了。一提到电子商务，人们都会自然地与互联网上的买卖挂钩，因此，有必要把电子商务的定义局限于与互联网相关的商务活动，"因为只有在计算机网络，特别是 Internet（因特网）普及的今天，才使得电子商务得到如此广泛的应用，也使得商业模式发生了根本性的转变"。因而，不必让电子商务包罗万象，混淆视听，使人不得要领。通过非互联网的计算机网络进行的商务活动，仅是从利用电子设备进行的商务到互联网电子商务即现代真正意义上的电子商务的一种中间和过渡形式，还不是现在人们感性认识中所指的电子商务，称其为计算机网络商务较为恰当。

（4）概念定义的必要性、意义和效用就是为了在纷纭复杂的事物中帮人们厘清头绪，区分事物。如果把一切与电子设备相关的商务活动甚至非商务活动（如电子政务、电子军务、电子教务）都叫电子商务，概念是广泛了，但与信息化管理、管理信息系统、企业信息化、自动化商务等概念往往会混淆，使人难以区分，不知道哪些是企业信息化管理，哪些是电子商务。

例如，现在许多企业都实现了会计电算化，在企业的局部网上实现了原始凭证即时输入，然后计算机自动记账、算账、过账、编制会计报表，其中也有与采购、库存、销售相关的业务。这样的计算机信息系统可以称为电子商务吗？显然这样称呼是不恰当的，它与人们心目中的电子商务相去甚远，也从来没人说这是电子商务，而是称其为会计电算化或会计信息系统。

（5）概念的扩大化可能会对行业发展产生负面影响。例如，把EDI、计算机远程网上的商务作为电子商务来发展，必然是事倍功半，浪费大量的人力、物力、财力资源；把电子政务、电子军务和电子教务也归入电子商务，容易混淆视听，冲击信息化的概念，甚至会影响服务质量和保守秘密的观念。为使电子商务的发展能把准方向，避免资源浪费和走弯路，必须改变电子商务定义混乱的局面。

二、电子商务的特点

电子商务的特点与其定义密切相关。若按上面的广义定义，其主要特点一是用电子设备和与电子的相关方法，二是商业活动或与商业相关的活动。若按上面的狭义定义，其特点一是使用互联网，二是商业活动或与商业相关的活动。具体特点有以下方面：

（1）以互联网为基础。这是电子商务产生、进行和发展的基础。

（2）以商品、劳务的交易为核心。凡在互联网上以商品、劳务的买卖为目的的相关营销、促销、展示、查找、比较、询问、谈判、订购、销售、支付与后续的发运、验收、售后服务、索赔、退货等活动，都归入电子商务。不涉及商品或劳务交易的互联网上的活动，如上网浏览消遣、网上发布政府或机构的通知和命令、网上教学、网上免费听歌和玩游戏（不涉及收费的）等，都不能称为电子商务，因而应具体地定义电子商务，否则就是把电子商务扩大化，不知什么是商务了。

（3）广播性和互动性。卖方的商品、劳务信息可以大规模地、不指定对象地、一对多发布、传递，买卖双方可以用日常语言方便地交谈、互动地交换数据信息和意见，数据无需严格的格式化。电视广告可以做到一对多发布、传递，但做不到方便地交谈、互动地交换数据信息和意见；计算机局域网或计算机远程网可以实现后者，但对前者实现有限；EDI则是对两者都不能很好地实现，且传送的数据需要按严格的格式进行。只有互联网上的商务可以同时轻易实现广播性和互动性。

（4）电子商务需要各种复合型专业人才。电子商务的各个环节都必须有相应的专业化软件的支持来实现相应的功能，因此对电子商务软件开发、使用、维护的专业化技术人才要求很高，一般需要懂得计算机、网络、商务、外文等知识的复合型人才或者是管理、商务、市场营销、计算机技术、物流、财务会计等各种专业化和复合型人才，各种人才相互协同工作才能做好电子商务相关工作。

为了发展和不断提高我国电子商务水平，国家推出了电子商务国家认证项目。电子商务的职业资格等级分为：电子商务员（国家职业资格四级）、助理电子商务师（国家职业资格三级）、电子商务师（国家职业资格二级）、高级电子商务师（国家职业资格一级）。目前只有电子商务员、助理电子商务师和电子商务师的全国统一鉴定。

"全国网络商务应用能力考试"（The National Certification of E-Business Applications，简称NCBA）是依据国务院办公厅《关于加快电子商务发展的若干意见》，国务院办公厅、发改委联发《电子商务发展"十一五"规划》，中共中央国务院《关于进一步加强人才工作的决定》，人事部、教育部、科学技术部、财政部《关于加强专业技术人员继续教育工作的意见》以及结合国际、国内行业实际，由工业和信息化部推出的职业技能水平考核项目，该项目属于职业资格类培训体系，已纳入人力资源和社会保障部证书体系。NCBA 是全国唯一在电子商务领域运营工程师岗位的认证考试项目，是基于网络的涵盖管理类、商务类、营销类、电子支付类的考试体系，是一套以商务运营为核心，以行业应用为重点的电子商务职业教育和考评体系，面向经济活动各领域电子商务"非技术类"从业人员和相关专业的在校学生，立足在产业发展新的阶段培养出大量运营型和应用型的合格人才，为企业提供运营型岗位的选聘和任用标准。同时，NCBA 将为广大基于网络的"非技术类"管理类、商务类、营销类人员提供一个持续学习、相互交流、知识服务的学习平台，并为上述人士提供专业方向的深度教学服务和定制服务以及就业推荐等相关工作。电子商务、电子政务、电子金融、电子医疗、数字教育、现代物流等，都是基于信息技术在各个行业的应用。为了顺应产业发展对人才的需求，经 NCBA 专家委员会审核，推出五门考试科目，科目名称如下：NCBA 网络采购运营工程师、NCBA 电子支付运营工程师、NCBA 电子商务物流运营工程师、NCBA 电子商务软件运营工程师、NCBA 第三方电子商务平台运营工程师。全国网络商务应用能力考试在未来将推出 11 个科目的考试，基本覆盖电子商务领域不同岗位的人才考评，为我国电子商务事业的新型人才队伍建设服务。

（5）电子商务对网络安全、数据安全，特别是对电子支付相关信息的安全保密要求很高。如果安全保密功能不好，是没人愿意在网上做买卖的。

（6）双轨运转。数据、信息和信息商品等信息流一般通过网上传送，实物商品即实物流则需实际运输传送，而交易所需支付的货币，即资金流既可通过网上传送，也可通过实际人工携带传送。

后面章节中的许多内容都是围绕这些特点展开阐述和分析研究的。

第二节　电子商务的产生与发展

一、电子商务的产生

电子商务的产生，刘亚政认为若以广义电子商务而论，"可追溯到1839年电报刚开始出现的时候"。若以狭义而论，则是 20 世纪 90 年代早期的事，"这时电子商务术语才正式出现"。按照上文对电子商务定义的观点，本书编者认同电子商务是 20 世纪 90 年代才产生的，而不是 1839 年。

姜旭平指出："Internet 和 EDI 为 EC 奠定了物质基础。80 年代（指 20 世纪 80 年代，本书编者注）末期以 Internet 和 EDI 为代表的全球网络技术迅猛发展……这些技术的发展都为信息系统技术在商贸领域的应用——电子商贸系统奠定了物质技术基础。"可见，在我国较早写出电子商务专著的姜旭平教授也认为是 Internet 和 EDI 为 EC 奠定了物质基础，电子商贸系统是在 Internet 和 EDI 的基础上产生和发展起来的，因而电子商务即 EC 的产生，应是在 20 世纪 90 年代早期，而不是更早。

二、电子商务的发展与现状

近年来，在全球经济增长和互联网宽带技术迅速普及的背景下，世界主要国家和地区的电子商务市场保持了高速增长态势。在法、德等欧洲国家，电子商务所产生的营业额已占商务总额的1/4，在美国则高达1/3以上。以美国为首的发达国家，仍然是世界电子商务的主力军；而中国等发展中国家电子商务异军突起，正成为国际电子商务市场的重要力量。

（一）国外

美国1997年1月前约17万家公司已建立了商业网站（.com类域名），半年后，增加到近42万家，增加了1.5倍。2000至2002年，由于电子商务前几年的超常规发展，产生了不少新问题，主要是支付、物流和管理等没有跟上，使许多电子商务网站商品成交量、销售收入、利润等指标均不理想，近1/3的电子商务网站关闭了，电子商务遭遇了寒冬期。2002年下半年开始，电子商务又进入稳定发展、不断成长成熟的时期，大的电子商务企业出现盈利，规模越来越大。如雅虎2002年底销售收入增长了51%，利润达到4 620万美元。

根据eMarketer发布的英国B2C（Business to Consumer，企业对消费者）电子商务销售额数据，2007年英国B2C电子商务的销售额为932亿美元，2008年达到1 166亿美元，较2007年增长25.1%。至2012年，英国B2C电子商务销售额预计将达到1 696亿美元。2007年至2012年的年平均增长率预计为12.9%。

（二）国内

我国政府非常重视发展电子商务。2010年《政府工作报告》明确提出要"加强商贸流通体系等基础设施建设，积极发展电子商务"。根据商务部提出的目标，到"十二五"末，我国电子商务的市场规模将有望占到GDP的5%。

一般认为，中国电子商务始于1997年。1998年3月，我国第一笔互联网网上交易成功。2009年以来，受国际金融危机影响，我国多数行业都遭受了不同程度的冲击，但包括网络购物在内的电子商务却逆势上扬，成为危机背景下经济增长的一个亮点。交易额同比大幅攀升，商务交易类网络应用逐步增加，电子商务产业链不断完善，新的商务服务模式层出不穷……种种情况表明，随着3G的全面启动和"三网融合"的实质性推进，我国电子商务也进入了一个高速增长期。从发展规模来看，我国电子商务已经接近世界发达国家水平。

据有关资料，中国的网民1997年时只有62万人，截至2010年年底，中国网民增至4.57亿人，其中手机网民3.03亿人。1997年网上购物人数约为15.41万人，至2008年已达4 641万人。2005年我国电子商务交易额达到5 531亿元人民币，2006年突破10 000亿元，2007 年超过 20 000 亿元，2008 年为 31 000 亿元，2009 年为 35 000 亿元，2010 年达到45 000 亿元。2010 年的中国电子商务交易市场中，B2B（Business to Business，企业对企业）电子商务交易额达到 38 000 亿元，同比增长 15.8%；以 B2C、C2C（Consumer to Consumer，消费者对消费者）为代表的中国网上零售市场交易额为 5 131 亿元，同比增长 97.3%，约占全年社会商品零售总额的 3%。其中，像淘宝网所从事的网络零售业务，在整个电子商务中增长是最快的。

2010 年越来越多的中小企业开始借助第三方电子商务平台开拓市场，电子商务企业数量已达 25 000 家，其中 B2B 电子商务服务企业达 9 200 家，同比增长 21.3%。统计显示，在金融危机中，未运用电子商务的企业约 84.2% 遭遇困难，而运用了电子商务的企业只有 16.8% 陷入困顿。

《2010—2015 年中国电子商务市场投资分析及前景预测报告》预测，在未来两年，网上零售市场交易规模有望突破 10 000 亿元，将占到全年社会商品零售总额的 5% 以上。2010 年，国内网上零售的用户规模达 1.58 亿人，预计未来几年这一规模仍将迅速扩大。2010 年个人网店的数量达到 1 350 万家，同比增长 19.2%，预计未来三年内仍将稳定增长。

目前，国内电子商务服务企业主要分布在长三角、珠三角一带以及北京、上海等经济较为发达的省市，浙江、广东、北京、上海等地区领跑全国，浙江省在电子商务企业发展建设方面位居全国前列。2011 年首季，阿里巴巴的营收份额占到全国 B2B 营收的 55.6%。

未来 B2C 市场竞争将加剧，平台式购物网站市场格局变化不大。淘宝网一家独大，稳占市场八成以上份额；拍拍网次之，市场地位稳步提升；易趣网转型主营海外代购，市场份额略有下滑；百度有啊转型生活服务平台。

B2C 购物网站中，在市场份额方面，京东商城继续领跑，市场份额达到 32%，当当网、亚马逊中国紧随其后。艾瑞咨询观察分析，领先 B2C 购物网站提升交易规模主要有两大举措：一是扩充产品种类，京东商城、亚马逊中国、当当网等新设家居、服饰鞋帽、化妆品等商品种类。二是营销推广，京东商城推出地铁广告等线下广告，试水体育赛事赞助营销；VANCL（凡客诚品）在大力推出线下广告的同时，尝试与苏宁、完美时空等开展异业营销。艾瑞咨询预计，未来领先 B2C 网站将在广告资源、用户资源、上游货源、人才资源等方面展开竞争。

未来中国网络购物市场将朝着多样化、规模化、品牌化、平台化的方向发展，具体发展趋势有以下四个方面[①]：

1. 市场主体多样化

从 TCL、格兰仕、国美商城、苏宁易购上线，到物美、银泰百货网上商城开业；从中国邮政与 TOM 集团合作推出邮乐购，到申通、圆通等物流公司也推出自家 B2C 网站，艾瑞咨询观察认为，传统企业加速触网，整个中国网络购物市场主体呈现多样化态势。

2. 网站交易规模化

2010 年，中国 B2C 购物网站交易规模高速增长。据艾瑞咨询不完全统计数据显示，

---

① 摘自 http://case. sanyaosu. com/021560579_ 3. html，2011－02－15. 来源：艾瑞咨询，作者：分析师苏会燕. 2010 年中国网络购物年度数据发布（3）.

2010 年中国网络购物市场上，年交易额过百亿元的购物网站只有 1 家；年交易额介于 10 亿~30 亿元的购物网站不少于 4 家；年交易额介于 1 亿~10 亿元的购物网站超过 20 家。交易规模刚过亿元的购物网站，年交易规模增长约 300%。中国市场 B2C 购物网站朝规模化运营方向发展。

3. 电商企业品牌化

从凡客诚品签约明星代言、打出户外广告，到京东商城推出地铁广告、赞助体育赛事，玛萨玛索开设线下实体店，无论是品牌型还是渠道型的电子商务企业均加大品牌建设。艾瑞咨询分析，与传统企业相比，网上诞生的电子商务企业发展时间短，品牌价值低。加大品牌宣传推广，能抢先覆盖潜在网购用户，增加其未来与传统实体企业竞争的砝码。

4. 购物网站平台化

为满足用户的多方面需求，迅速扩展商品种类，提升网站交易规模，购物网站平台化的趋势日渐显现。从当当网的联合运营到京东商城宣布开放平台，从 V + 平台、乐酷天上线到淘宝商城独立域名发布，平台化成为 B2C 购物网站的重要发展趋势之一。艾瑞咨询分析，平台建设将成为未来几年电子商务网站运营的重点之一。

第三节　电子商务概论的主要学习内容

作为电子商务概论，本教材的写作目的和教学目标是使电子商务专业的学生对专业入门；对非电子商务专业的学生，则是使其通过学习本书，对电子商务有一个基本的了解，使其工作时对与电子商务有关的概念、业务不会太生疏，必要时能够进一步钻研提高，做好自己的工作。因此，本书的主要内容是：

第一章介绍和分析电子商务的定义，明确电子商务包括的范围，简单介绍电子商务的特点、发展情况，概述本书主要学习内容。

第二章介绍电子商务的模式与流程。首先介绍电子商务模式的相关概念，指出商务模式的核心是价值，包括客户价值、投资者价值（盈利模式）和伙伴价值三个方面。电子商务模式的特点主要体现在其目标价值、价值传递系统和盈利模式，即企业的运营模式和盈利模式两个方面，这也是企业能否成功实施电子商务的关键因素。其次，根据电子商务活动的参与者对电子商务模式进行分类，主要分为企业对企业（B2B）、企业对消费者（B2C）、企业对政府（B2G）、消费者对消费者（C2C）、消费者对政府（C2G）、政府对政府（G2G）六种；并对主要的 B2B、B2C 和 C2C 电子商务模式作详细的介绍，讨论分析其发展现状、运营模式、盈利模式和交易流程。电子商务流程为产品或商品的宣传展示（如把产品的图片放在网上商店或企业网站展示）—客户在网上对要购买的商品进行搜索—选择确定要购买的商品或与商家进行洽谈后订购—商家发货（或客户网上付款后商家发货）—运输并进行在途商品管理、查询等—客户收货并对未付款的商品付款—商品售后服务。

第三章介绍电子商务网络技术。首先介绍计算机网络的相关知识，如计算机网络的概念、计算机网络的拓扑结构和体系结构、计算机网络的通信设备及通信介质等，让大家对计算机网络有一个较为全面的了解和认识。然后对电子商务的基础网络——因特网技术作详细的介绍和探讨：介绍因特网的起源、ARPANET 军事通信网及其发展、因特网的 TCP/IP 通信协议、因特网的 IP 地址及域名系统、因特网的五种主要接入方法和因特网的核心技术——WWW 技术。其中涉及网站建设、网页设计和 WWW 服务所用到的编程语言、网页编制语言及相关协议如 Java、ASP、HTML、XML、HTTP 等。最后，简单介绍企业开展电子商务的另外两个常用网络：企业内部网 Intranet 和企业外部网 Extranet。

第四章探讨电子商务的安全问题。主要介绍电子商务的不安全因素、网络安全措施、防火墙技术、加密技术、认证技术等。安全地开展电子商务是电子商务发展的基石。电子商务的不安全因素有许多，最主要的是用户隐私的泄露，如用户银行、信用卡账号和密码的外泄，企业或私人信息、交易数据的泄露，商家不能如数收到货款，客户不能收到应收货物等。这些安全问题不解决好，就没人愿意在网上做交易。本章将详细探讨如防火墙、DDN 专线、病毒防治、数据加密技术、认证技术（包括数字摘要、数字签名、数字信封、数字时间戳、数字证书、认证机构等）、安全电子交易协议等技术。

第五章介绍和讨论电子支付与网络银行。电子支付也称网上支付，是电子商务的重要方面。本章介绍电子支付的概念、发展阶段、类型和电子支付系统的构成；详细分析电子现金、电子钱包、智能卡、银行卡和电子支票等电子支付工具的概念和支付流程；介绍网络银行的概念、类型和业务。

第六章讨论网络营销。要扩大交易就必须进行营销，电子商务时代的营销主要在网上进行，这就是网络营销。本章首先介绍网络营销的概念、内容和理论基础，明确网络营销的基本含义；接着对企业开展网络营销的策略和常用方法进行详细介绍；最后简单介绍网络营销管理的重要内容，就企业网络营销风险进行分析，并探讨规避企业网络营销风险的主要策略。

第七章介绍电子商务物流管理。电子商务物流主要解决商家如何把商品及时准确地送到客户手上的问题，涉及商品采购、运输、仓储、发送等环节的管理和技术问题。电子商务物流质量的好坏，对商家信誉、客户忠诚、商家经营效益有极大的影响。电子商务供应链管理是对所有与电子商务所交易的产品有关的原材料供应商、产品生产企业、电子商务商家及客户这一价值转移链条的协调管理，以实现价值转移、增值和物流的最优化、最高效，为链上各环节创造最大化的收益和效用。

第八章介绍电子商务客户关系管理。首先阐述客户关系管理的重要性及对企业发展的战略意义，然后介绍客户关系管理的核心理念和 CRM 系统的基本功能、实施的基本步骤与关键。

第九章为电子政务简介。按上文强调的电子商务的狭义定义，电子政务不属于电子商务范围，但政府采购、网上税务等业务也属严格意义上的电子商务业务，所以本书仍作介绍，以使读者了解电子政务的实质、国内外电子政务发展背景及现状，掌握电子政务与电子商务之间的关系，了解我国电子政务系统的体系结构。

第十章介绍移动电子商务。移动电子商务是指利用手机等移动通信工具，通过因特网进行的便捷、大众化的商务活动，是电子商务发展的一个新兴潮流。本章介绍移动电子商务的概念、类型、特点和相关技术以及在我国的发展状况，详细分析其具体应用，最后简单介绍制约移动电子商务发展的三大问题，即安全性、技术性和用户观念问题。

第十一章介绍电子商务相关法律问题。由于电子商务主要在虚拟世界进行，有许多新的涉法因素和问题需要注意和解决，如知识产权、税收、诚信、泄密、诈骗等问题。本章介绍电子商务法涉及的相关领域和国内外电子商务立法现状，详细分析与电子商务相关的主要法律问题，包括数据电文、电子合同、网上消费者权益保护、电子商务知识产权、电子商务安全和网络犯罪等。

本章小结：

本章探讨了电子商务的定义，狭义的电子商务指互联网上与商品或劳务交易有关的一切业务，英文称为 Electronic Commerce（简称 EC）；广义的电子商务指通过电子设备和与电子相关的方法进行的商业活动，包括通过电话、电视、电报、传真、EDI、内部网、远程网、互联网等进行的所有与商务相关的一切活动，英文称为 Electronic Business（简称 EB）。本书主编主张以狭义的定义作为电子商务的定义。

电子商务的特点主要是：以因特网为基础；以商品、劳务的交易为核心；广播性和互动性；电子商务需要各种复合型专业人才；对网络安全、数据安全，特别是对电子支付相关信息的安全保密要求很高；双轨运转。

电子商务于 20 世纪 90 年代产生，发展迅猛，将朝着多样化、规模化、品牌化、平台化的方向发展。

电子商务概论的学习内容主要包括电子商务的定义、电子商务的模式与流程、电子商务网络技术、电子商务的安全问题、电子支付与网络银行、网络营销、电子商务物流管理、电子商务客户关系管理、移动电子商务和电子商务相关法律问题等，也对电子政务作了简介。

【案例 1 – 1】

"我乐"家具开展电子商务

南京"我乐"家具是全国十大家具品牌之一，曾经荣获中国橱柜行业最具影响力品牌。该公司商务部经理王广云向记者介绍说，"我乐"的订单周期比较长，从订单合同的开始到安装完成大部分都需要 1～3 个月时间，其流程包括初测、复测、合同、订单、生产、发货、经销商提货、安装、维修等阶段，其中"我乐"与经销商需要就订单进行信息往来的环节非常多，且由于周期长，存在订单变更等情况，对订单的跟踪也很困难。

由于"我乐"的产品物流费用由经销商承担，经销商对费用的控制要求很高，因此"我乐"对产品发货控制很严格，同时要求整个发货和物流过程对经销商更加透明。由于传统方式很难采用统一的口径将这个信息反馈给经销商，"我乐"和经销商都要为此付出很多精力和成本。

此外，"我乐"所销售的橱柜、家具等产品大多需要安装，对经销商上门的安装以及后续的维修过程需要进行管理和回访，以便保障"我乐"品牌的服务质量，且其产品存在备品备件购买的管理。"我乐"现在没有统一的管理模式，这块业务的管理成本非常高。"我们的跟单员经常忙得吃饭、喝水都顾不上，还老接到经销商的投诉。"王广云说。

最近，"我乐"初步建设了基于互联网的金蝶友商网供应链电子商务服务平台，通过应用，"我乐"家具一方面能通过标准的模式更加准确快速地接收经销商的订单，并对订单的执行进行全程监控和实时反馈；另一方面确保了现场安装和售后服务的质量，在销售和品牌建设方面都有了大幅度的提升。

据介绍，其应用效益表现在：第一，信息通过互联网实时同步，准确地获取经销商上报的订单数据，防止定制产品生产出现错误；第二，订货过程实时高效、数据准确、监控严密，订单状态反馈及时准确，经销商满意度显著提高；第三，物流信息反馈及时，查询规范统一，减轻线下沟通工作量；第四，在线管理安装过程和售后服务，精确计算安装费用，同时方便建立经销商回访机制，全程监控售后服务质量，提升企业品牌维护能力，提升经销商美誉度。

现在，按照"我乐"家具的统计，只是一期已上线的订货平台，就"平均减少了商务部、计划部员工25%的工作量，而且两个部门之间协助的错误明显减少"。据"我乐"家具表示，未来他们希望能通过友商网在线服务，将"我乐"的整体运营能力，上到云端服务、中到生产计划监控、下到物流全程配送，全部完成信息一体化，实现供应链服务全程电子商务化。

（资料来源："友商网联手'我乐'家具切入供应链电子商务"http：//www. youshang. com/content/2010/08/18/40936. html）

案例思考：

1. "我乐"的订单周期包括哪些环节？传统商务方式对订单的跟踪存在什么困难？电子商务为什么可以解决这些困难？

2. 何谓"云端"服务？如果没有互联网，可以做到或做好"云端"服务吗？

3. 本案例的电子商务是属于狭义的还是广义的电子商务？为什么？

练习题：

1. 按本书的定义，以下属于电子商务（狭义）的有（　　　）。

A. ××大学建立了学校的 Intranet。

B. 李教授在学校网站上建立了自己的主页，发布课件等教学相关信息。

C. 张同学建立了一个自己的主页，向同学推销一些学习用品。

D. 某企业在电视上播送商品广告。

E. 张三在街上卖歌曲光盘，并用一台音响播放光盘来吸引买者。

F. 企业通过 EDI 向供应商订货。

G. 企业用 e-mail 询问供应商某产品的性能、价格等情况。

H. 企业职工在企业内部的局域网（早期传统的 LAN，不是 Intranet）上处理会计报表。

I. 企业职工在企业内联网（Intranet）上处理会计报表。

J. 企业职工在企业内部的局域网（早期传统的 LAN，不是 Intranet）上处理采购和销售报表，但采购和销售都是通过互联网进行的。

K. 企业职工在企业内联网（Intranet）上处理采购和销售报表，但采购和销售都不是通过互联网进行的。

L. 企业职工在企业内联网（Intranet）上处理采购和销售报表，采购和销售都是通过互联网进行的。

M. 企业职工在企业内部的局域网（早期传统的 LAN，不是 Intranet）上处理采购和销售报表，但采购和销售都不是通过互联网进行的。

2. 登录电子商务之家（http：//www. sanyaosu. com/），了解中国电子商务发展情况及前景预测。

第二章　电子商务模式

主要内容：介绍电子商务模式的相关概念，根据电子商务活动的参与者对电子商务模式进行分类。

教学目标：

1. 了解电子商务模式的相关概念。
2. 掌握电子商务模式的分类。
3. 熟悉企业的电子商务运作及盈利模式。
4. 掌握 B2B、B2C 和 C2C 电子商务模式的基本流程。

重点：电子商务模式的分类。

难点：电子商务模式的创新。

开章引例：

8848 的兴衰

8848，地球的最高点——珠穆朗玛峰的高度，也曾经是中国的电子商务之巅。现在珠穆朗玛峰的高度仍是 8848，但中国电子商务的领军者却早已换成阿里巴巴、亚马逊中国、当当网以及一大批后起之秀。8848 虽已归于尘埃，但从 1999 年开始的那段历史永载中国互联网史册。

在中国，网龄长一点的人应该都知道 8848，它是中国最早开展电子商务的企业之一，曾经一度称雄中国的电子商务市场。8848 网站是北京珠穆朗玛电子商务网络服务有限公司（即 8848 公司）下属的电子商务网站，正式成立于 1999 年 5 月 18 日，短短两个月里它就吸引了超过 70 万的首页浏览人次，首月销售额达 40 万元人民币。该网站 1999 年销售额突破 5 000 万元人民币，成为国内最大的面向消费者（B2C）的产品销售网站。8848 网站的主要利润来自商业利差及网上广告费，其网站销售的商品涉及电脑、电器、通信、软件、音像、图书、化妆品、保健品乃至食品、日用品等几十条产品线。

8848 曾经是国内最繁荣的网上商城，曾经是国内 B2C 电子商务的旗帜。8848 的轰然倒下，使得很多人认为我国的 B2C 电子商务走到了尽头，也引起了对整个 B2C 电子商务的深刻反思。当时，我国的电子商务经营者大都模仿国外的模式，特别是在网络购物领域。大多数商家采用的是自营的方式，自己建立仓库，自己直接卖东西。而这种模式成功的前提，是要有一个完善的物流和支付体系来支持，同时自身的产品线不能过于广泛，否则网站的销售成本将会很高。但是在国内，包括后来的my8848在内的电子商务网站根本没有一个成熟的覆盖全国范围的物流体系，无法保证物流的及时与通畅。同时，过于广泛的产品线也使销售成本成倍增加。在支付方面，电子化的支付在国内才刚刚展开，不论是人们的支付习惯还是网上支付的安全、效率等各方面都还不太健全。

电子商务"三座大山"的说法似乎成了8848失败的理由：一是当时中国网民只有400万人，决定了电子商务商业机会有限；二是配送的难题；三是网上支付难题以及远距离购买的信任危机，这是最大的困难。

但是，这并不是8848失败的真正原因。因为这些困难后来很多企业都克服了，像阿里巴巴、当当网、亚马逊中国成功了，而8848却失败了。"今天来看8848失败的原因其实很简单，也很明确。"十年后原8848董事长王峻涛说，原因只有一个，那就是投资人对8848的核心业务没有坚持下去，他们去做别的了。

2000年左右，8848获得大额融资后一直在准备上市，并且曾经离上市只有一步之遥，但互联网泡沫不期而至。当时的投资者既不想流血上市，也不能继续等待纳斯达克的回暖。不甘心的投资者请来了华尔街分析师，要将8848包装成一个"明星"，从而能以一个较高的价格上市。分析师们不负众望，终于为资本找到想象中的一根救命稻草——B2B（面向企业的电子商务）。因为在当时的纳斯达克，亚马逊的股价步步下挫，分析师们认为它所代表的B2C模式已经被大多数投资者所抛弃。相反，当时逆市出尽风头的是Commerce One、Ariba这样代表B2B模式的电子商务解决方案提供商，尽管这两家公司早已不知所终。分析师们认为，要想获得一个较高的IPO价格，就必须迎合华尔街投资者的口味，将8848包装成B2B模式。8848的确有B2B业务，但规模很小。8848于2000年3月才开始针对B2B市场进行调研，5月进行系统开发，直到10月才开发出自己的Market Place交易系统，这套系统的正式发布时间是2000年年底。此时，8848在B2C领域里已经成为了绝对的王者。中国互联网络信息中心在2000年年底的调查显示，有接近70%的人表示他们上网买东西的首选网站是8848。8848的投资者都很清楚8848的主营业务是B2C，但此时急于将8848上市套现的他们已经顾不了那么多了，要不惜一切代价为8848打造B2B的概念。

最终在2001年，8848将B2C业务拆分出来，只留下刚发布的Market Place和ASP业务，单独以B2B的概念上市。分拆出来的B2C业务由王峻涛另找投资人买下，自己经营，这就是后来的my8848。而就在当年的9月，my8848公司因拖欠消费者与供应商的欠款而被迫关门，8848公司也因此受到影响。再加上当时的电子商务整体市场状况的不景气，8848公司开始进入低迷状态。

王峻涛认为，8848没有按照企业创业时拥有的核心优势发展下去，而是跟着外面的流行转，反而将8848原有的资源消耗光了，到最后失去了核心优势。正因如此，2000年后的8848成了"说起来谁都听说过，问起来谁都不知道在干什么"的企业。

8848的故事，给了我们很多启示。当时的8848与亚马逊遇到的情况一样，由于B2C

的模式盈利比较困难，毛利率较低，采购、库存和物流的成本较大，要想形成规模效益必须借助风险资本。但风投过早地进入，导致了原创始人股权的过度稀释。这样，创始人在企业中的影响力被削弱了，其经营理念难以推行。为了上市，8848 过于迎合纳斯达克，当时的纳斯达克不欢迎 B2C，8848 就改成 B2B；纳斯达克后来喜欢电子商务解决方案，8848 就去做解决方案。这样做使企业失去了灵魂，这就是导致 8848 失败的核心原因。而 2000 年的时候，搜狐和网易等互联网企业上市却很成功，因为这些企业有很坚定的路子，知道自己要做什么。这次惨痛的失败令 8848 的创始人认识到企业不能失去灵魂，不能失去股权，也不能任意改变自己的方式，而应该坚持自己的理念，要走"企业商业模式很清晰"的路线。

第一节　电子商务模式的含义

随着市场经济和经济全球化的发展，以信息技术和互联网技术为代表的当代高新技术正在以前所未有的速度和力量，推动着世界经济的发展和现代企业的重组、变革与创新。电子商务是当今世界 IT 应用最为广泛的领域，也是现代企业的一个重要发展方向。在激烈多变的市场竞争中，现代企业如何参与竞争、如何利用互联网进行商务活动、如何找到适合自己的商业模式及规划把握自身的发展，推进现代企业的电子商务战略是必然的选择。

电子商务企业的成功与互联网应用带来的低成本、高效率有着直接的关系，但电子商务企业能实现利润的高速增长还依赖于其经营者的创新意识和独特的经营模式。以互联网技术为支撑的电子商务企业明确其电子商务模式十分重要。2000 年，互联网泡沫破裂，一大批网络明星企业关门大吉。人们在反思互联网泡沫时，原时代华纳首席技术官迈克尔·邓恩在接受美国《商业周刊》采访时说："一家新兴企业，它必须首先建立一个稳固的商业模式，高技术反倒是次要的。在经营企业的过程中，商业模式比高技术更重要，因为前者是企业能够立足的先决条件。"

一、商务模式的定义和要素

商务模式就其最基本的意义而言，是指做生意的方法，是一间公司赖以生存的模式——一种能够为企业带来收益的模式，它规定了公司在价值链中的位置，体现了公司如何获利以及在未来长时间内的计划。商务模式是一个整体的、系统的概念，包括的要素很多。如向客户提供的价值（在价格上、质量上的竞争）、组织架构（企业自身体系的业务单元、整合的网络能力）、产品设计与营销等，都是商务模式的重要组成部分。

欧洲学者 Paul Timmers 认为，商务模式是一种关于企业产品流（服务流）、资金流、信息流及其价值创造过程的运作机构，包括三个要素：商务参与者的状态及作用、企业在商务运作中获得的利益和收入来源、企业在商务模式中创造和体现的价值，即商业模式的核心三要素是顾客、价值和利润。一个好的商业模式，必须回答三个最基本的问题：一是企业的顾客在哪里；二是企业能为顾客提供怎样的价值和服务；三是企业如何以合理的价格为顾客提供这些价值，并从中获得企业的合理利润。

构成商务模式的要素中，价值是一个核心要素，主要包括三个方面，即面向客户的价值（价值体现）、面向股东投资者的价值（盈利模式）和面向伙伴的价值。价值确定了一个企业的产品和服务如何满足客户的需求，而实现股东价值最大化的途径就是顾客价值的最大化，所以把价值传递给顾客至关重要。收益模式关系到企业的收入来源及生存问题，也必须明确。因此，企业选择商务模式时，要以客户为中心，以企业价值链要素（包括采购、研发、生产、物流、营销、人力资源等）为基础来进行商务模式的设计，要重点设计好企业目标价值、价值传递系统和收益模式等内容。

二、电子商务模式

电子商务模式从概念来讲应归类为商务模式，但它使用的是网络信息技术，这也是电子商务模式与其他商务模式的根本区别。因此，电子商务模式指的就是企业在网络环境中基于一定技术基础开展电子商务的商务运作方式和盈利模式，简单来讲，就是企业运用网络信息技术做生意的方法。电子商务模式构建时既要关注企业价值链中哪些要素对企业利润获得和价值创造的影响最为重要，构建时就要针对这些环节进行，同时也要考虑到技术的最新发展。

企业在实施电子商务时，电子商务模式的选择是关键。如果一项新技术投入使用却没有与之相适应的固定的商业模式，其结果将是灾难性的；如果没有一个明确的目标和一个有效的收入模式，那么获得利润就无从谈起。电子商务模式至少应该包括两大块内容：一是将商务模式实施到企业的组织结构（机构设置、工作流程和人力资源等）以及将系统（IT架构和生产线等）纳入到一定的模式中去，即商务运营模式；二是以因特网为基础的企业的首要目标——如何赚钱，即盈利模式。

（一）运营模式

商务模式的本质是企业做什么和怎么做，商务模式中的运营模式就是要解决这个问题。电子商务运营模式指的是在互联网环境中对企业电子商务经营方式的概况，对企业经营过程的计划、组织、实施和控制，对与产品生产、服务创造和顾客价值传递密切相关的各项管理工作的总称。企业运营设计和管理包括从技术、生产运营、财务会计、市场营销到人力资源管理等方方面面，因此，商业模式中的运营模式实际上就是企业为了达到自身的经营目的，必须对企业业务运行的各方面的统筹管理。

电子商务时代，技术的发展为企业运营模式的创新提供了可能。美国巴恩斯与诺贝尔书店（Barnes & Noble）拥有超过13万种"热点"类图书商品，采用的是传统的运营模式。但是亚马逊网上书店（Amazon）在互联网的支撑下建立了一种全新的运营模式，它所卖出的图书更多的是市场比较窄的非热点图书，并且在非热点的、个性化的狭窄市场上获得了成功。

（二）盈利模式

盈利模式关心的是如何赚钱的问题。它指的是一系列对企业收益有贡献的收入来源的组合，企业必须保持充分均衡的收入来源并始终给予密切关注。此外，基本上每个企业都有实体业务和虚拟业务两个组成部分，企业要获得繁荣发展，必须充分理解两者之间的相互关系。在传统的商业中，企业往往从直接销售的产品和相关的服务中获取利润；电子商务企业由于主要依靠网络技术，打破了时空限制，其利润获取方式也更加多元化，大多数企业采用其中一种或几种模式的组合。例如，亚马逊书店和当当网就是通过向消费者销售图书、音像、百货等产品来获得收入；新浪、搜狐和网易等门户网站主要收入来源为广告、增值服务和游戏；一个在线股票经纪人也有多种收入，如为客户操作交易收取佣金，向借用其他客户存在经纪人现金账户上的资金收取利息，买卖价格之差等。

在一些情况下，商务运营模式和盈利模式是一致的。例如，最基本也是最古老的"店铺模式（Shopkeeper Model）"，该模式是在具有潜力消费者群的地方开设实体店铺并展示其产品和服务，企业从直接销售的产品或服务中获取利润，这个商务模式的运营模式和盈利模式完全协调一致。但在有些情况下，运营模式和盈利模式并不完全一致。例如，很多互联网企业为消费者提供大量免费的信息或服务，表面上看这些企业的运营模式并不盈利，但它的真正利润点不在这些免费的东西上，而在于其网站的广告收入。

第二节　电子商务模式的类型

经济活动的参与者，即交易的对象可以分为企业（Business）、消费者（Consumer）、政府（Government）三种角色，因此按照交易的对象分类，电子商务应用可分为六种基本类型，即企业对企业（B2B）、企业对消费者（B2C）、企业对政府（B2G）、消费者对消费者（C2C）、消费者对政府（C2G）、政府对政府（G2G）。下面主要介绍 B2B、B2C、C2C 三种类型。

一、企业对企业（B2B）

（一）B2B 的含义

B2B（Business to Business，B2B）即企业对企业的电子商务，是指企业与企业之间依托互联网等现代信息技术手段进行的产品、服务及信息交换等商务活动。B2B 电子商务的内涵是企业通过内部信息系统平台和外部网站将面向上游的供应商的采购业务和下游经销商的销售业务有机地联系在一起，包括网上信息搜索及发布、网上交流沟通、网上订单及单据传输、网上支付与结算等众多电子商务运作，从而降低彼此之间的交易成本，提高效率和满意度。

中国因特网环境的大幅改善、中小企业数量的持续增长和政府政策法规的制定在很大程度上促进了中国 B2B 电子商务市场的发展。2006 年中国 B2B 电子商务市场规模达到了 1.28 万亿元，2008 年达到 2.8 万亿元。截至 2010 年 12 月，中国电子商务市场交易额达 4.5 万亿元。其中，B2B 电子商务交易额达到 3.8 万亿元，占总体交易额的 85%，同比增长 15.8%。电子商务整体保持稳定的发展态势，B2B 电子商务以其较大的交易数额、较规范和成熟的交易条件代表着电子商务发展的主流方向。企业与企业之间的交易额大、交易复杂，需要通过引入电子商务产生大量效益，利用电子商务来建立竞争优势。因此，从动态的角度来看，B2B 会有更大规模的发展，如图 2-1 所示。

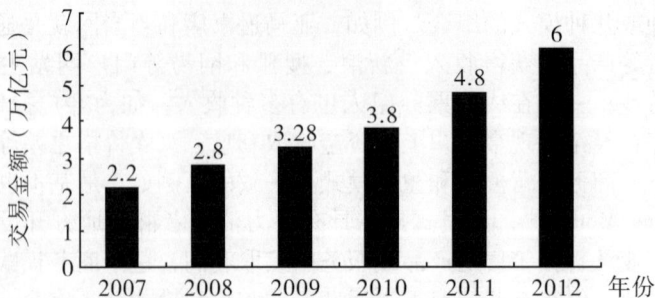

图 2-1　2007—2012 年中国 B2B 市场交易规模

（图表编制：中国电子商务研究中心，网址：http://b2b.toocle.com）

（二）B2B 的运营模式

按 B2B 电子商务的主体形式不同，其运营模式可分为两种类型，即特定企业间的电子商务和非特定企业间的电子商务。特定企业间的电子商务是指在过去一直有交易关系的或者在进行一定交易后要继续进行交易的企业，为了相同的经济利益，利用信息技术网络进行产品设计、市场开发、库存管理、销售管理和支付管理等。非特定企业间的电子商务是指在开放的网络中寻找每一笔交易的最佳卖方和买方伙伴，并与伙伴进行全部的交易行为。B2B 电子商务运作所借助的网络平台可以是自建平台，也可以是第三方平台，后者是当前 B2B 电子商务的主要模式。因此，B2B 电子商务的运作主要有两种典型的模式：

1. 面向实体企业的垂直 B2B 电子商务

垂直 B2B 即行业 B2B，面对的多是某一行业内的从业者，因此客户相对比较集中而且有限。垂直 B2B 可分为两个方向，即上游和下游。一方面，生产商或零售商可以与上游的供应商之间形成供货关系，作为产品服务的使用者从供应商建立的网上直销电子商务站点进行直接采购，如 Dell 电脑公司与上游的主板和芯片制造商就是通过这种方式进行合作的。另一方面，生产商与下游的经销商之间可以形成销货关系，如思科（Cisco）与其分销商之间进行的交易。垂直 B2B 面对的行业较专业、客户较集中，因此对专业技能的要求相对较高，类似网站有中国化工网、中国纺织网、金银岛等。

2. 面向中间交易市场的水平 B2B 电子商务

水平 B2B 又称区域性 B2B，是将各个行业中相近的交易过程集中到一个场所，为企业的采购方和供应方提供一个交易的机会，此类网站有阿里巴巴（Alibaba）、慧聪网、中国制造网、环球资源网等。据中国电子商务研究中心监测数据显示，截至 2010 年 12 月，我国 B2B 电子商务服务企业达 9 200 家，同比增长 21.3%。2010 年国内主要 B2B 服务商市场份额为阿里巴巴 63.5%，环球资源 7.3%，中国制造网 3.4%，网盛生意宝 2.9%，慧聪网 2.5%，具体如图 2-2 所示。

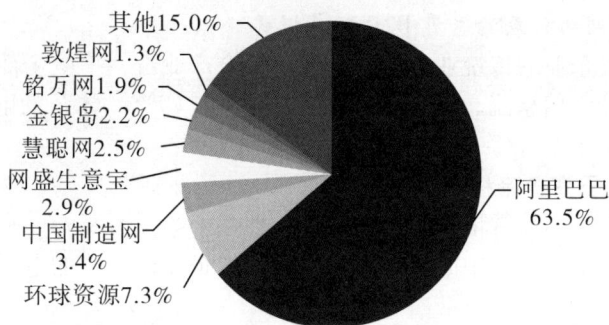

图 2 - 2 2010 年中国 B2B 企业市场占有率

（图表编制：中国电子商务研究中心，网址：http://b2b.toocle.com）

（三）B2B 的盈利模式

B2B 电子商务的参与方主要有三个，即买方企业、卖方企业和第三方 B2B 平台提供者。买卖双方企业主要是通过直接销售的产品或服务获取利润，那么第三方 B2B 平台的利润存在于何处？这也是 B2B 电子商务盈利模式讨论的热点。从 B2B 盈利模型（图 2 - 3）来看，其利润主要是会员费用收入、交易佣金、增值服务、线下服务及店铺出租、广告收入等。

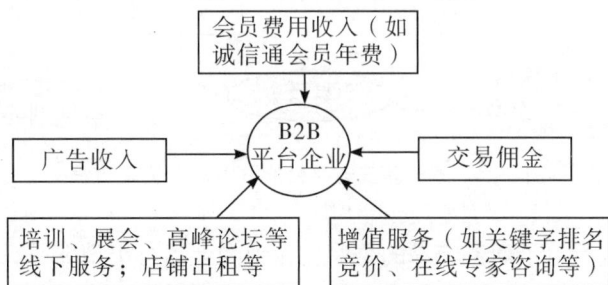

图 2 - 3　B2B 盈利模型

目前，B2B 领域出现了三种比较成型的盈利模式。

1. 以阿里巴巴为代表的外贸店铺式 B2B 交易平台模式

阿里巴巴是全球 B2B 电子商务的著名品牌，其所倡导的商业理念与国际贸易线上服务获得了业界的肯定。阿里巴巴为会员企业提供二级域名和多功能特色商铺企业站点，帮助企业做站点推广，提高企业被检索的机会。通过"诚信通"软件解决企业的信用问题，通过"贸易通"软件加强企业商务沟通及客户管理，以更好地拓展产品销售，最终促进交易机会的增加。

2. 以慧聪网为代表的内贸商情式 B2B 交易平台模式

该平台以慧聪分类商情杂志积累的企业资讯服务资源为基础，依托其核心互联网产品"买卖通"以及雄厚的传统营销渠道、中国资讯大全、研究院行业分析报告为客户提供线上、线下的全方位服务，具有较强的线下沟通能力。

3. 以中国代工网为代表的垂直 B2B 交易模式

其特点是通过对企业的传统业务流程再造，整合产业链，把电子商务与企业的核心业务流程结合起来，开创信息流、资金流、物流、商流"四流一体"的电子商务模式。

(四) B2B 的电子商务流程

B2B 的电子商务交易通常依赖一个大卖场，即基于第三方平台。如阿里巴巴，买卖双方在该平台上注册并得到认证中心认可后，便可开展企业对企业的电子商务，其流程如图 2-4 所示。

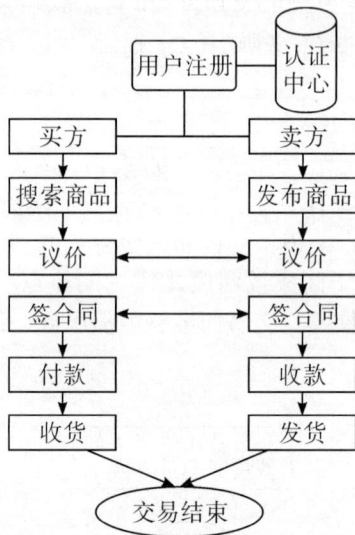

图 2-4　基于第三方平台的 B2B 电子商务流程

在该流程中，进行电子商务交易的企业首先到网上银行申请账号，然后到交易平台注册账户并申请使用权限。进行交易的企业无论是买方还是卖方都必须在交易平台认证中心取得信用论证值，该值随着贸易的信用度动态调整。买卖双方取得信用认证后，重新登陆交易平台，选择交易身份，交易开始。具体步骤如下：

（1）买方企业根据采购要求发布需求信息或搜索相关商品信息，卖方企业发布供应信息。

（2）买方找到满意的商品时，进行买方询价，通过交易平台与卖方沟通、议价，直到双方对价格满意时，即下订单确认；不满意则可以重新搜索其他商品信息。

（3）当买方向卖方进行价格确认后，卖方会向买方发送交易合同。买方就合同中的价格、数量、包装、运送方式、运送时间及物流价格条款等与卖方进行商议，商议成功后买方对合同确认。

（4）合同签订后，卖方向买方发放付款通知，买方付款，等待卖方发货。

（5）买方收货，交易完成。

二、企业对消费者（B2C）

（一）B2C 的含义

B2C（Business to Consumer，B2C）即企业对消费者的电子商务，指企业与消费者之间依托互联网等现代信息技术手段进行的产品、服务及信息交换等商务活动。B2C 电子商务一般以网络零售业为主，主要指企业借助因特网开展的在线销售活动。企业和商家可以充分利用电子商城提供的网络基础设施、支付平台、安全平台、管理平台等共享资源，有效地、低成本地开展自己的商业活动，即通常所指的"网上商城"、"网上商店"和"网上购物"。

B2C 模式是我国最早出现的电子商务模式，企业通过互联网为消费者提供了一个新型的购物环境——网上商店，消费者足不出户，即可通过网络选购商品，并进行网上支付。这种模式节省了企业和客户的时间和空间，大大提高了交易效率，节省了各类不必要的开支。此外，对于商家来说，通过网络将商品以图文方式展示销售，可大大降低库存成本，便于商家及时把握销售动态。总之，这种购物模式彻底改变了传统的面对面交易和一手交钱一手交货的方式，是一种省事、省力、省时的有效购物模式。

目前因特网上遍布着各种类型的网上商店，向消费者提供的从最初的图书、音像制品、鲜花、玩具到现在的服装、食品、数码类产品、汽车、旅游预订服务、充值、彩票等各种商品和服务，几乎包括了所有的消费品和生活服务。到目前为止，我国比较成功的B2C 电子商务企业有当当网、亚马逊中国、京东商城、凡客诚品、携程、同程等。随着用户消费习惯的改变及优秀企业示范效应的促进，相信在不远的将来，B2C 将在电子商务领域占据重要的地位。

（二）B2C 的运营模式

网络销售与传统销售最大的不同主要有两个方面：一是交易的场所发生了变化，B2C 电子商务的交易场所是因特网，即企业网站平台；二是交易的内容不同，除了实物产品的销售，B2C 电子商务增加了无形产品和服务的交易。我们可以从这两个角度对 B2C 电子商务的运营模式进行分类和探析。

1. 根据交易的场所分析

（1）综合中介类 B2C 电子商务网站平台。

综合中介类 B2C 电子商务商城，其网站平台由第三方平台商提供。同传统商城一样，它有庞大的购物群体，有稳定的网站平台和完备的支付体系以及诚信安全体系（尽管目前仍然有很多不足），以吸引卖家进驻卖东西，买家进去买东西。如淘宝商城为进驻的卖家提供了完备的销售配套，更好地促进交易的成功。综合中介类 B2C 电子商务商城，在人气足够、物流便捷和配套完善的情况下，其成本优势、24 小时全天候服务和更丰富的产品优势就全部体现了出来。这也是中小企业 B2C 电子商务的主要方式之一。

（2）百货商店类 B2C 电子商务网站平台。

百货商店类 B2C 电子商务商城，又称网上商店，其网站平台由卖方企业自建，销售多种品牌的产品。这种网上商店只有一个卖方，商店拥有满足日常消费需求的丰富产品线。通常有自有仓库，会库存系列产品，以便更快地进行物流配送和提供更完善的客户服务，甚至会有自己的品牌，其运营如同线下的沃尔玛、家乐福、好又多等。百货商店类 B2C 模式的成功企业很多，如亚马逊中国、当当网等。

（3）垂直商店类 B2C 电子商务网站平台。

垂直商店类 B2C 电子商务商城，其网站平台也是由卖方企业自建，整个商店也只有一个卖方。与百货商店类网上商店不同的是，这种商城的产品存在着更多的相似性，要么是满足于某一人群的，要么是满足于某种需要或某种平台的（如电器）。如京东商城和新蛋网主要以 3C 数码产品的网上销售为主；红孩子主要是母婴用品类产品销售；乐淘和好乐买占据中国鞋类 B2C 电子商务网站前两位；携程旅游电子商务网站主要提供酒店预订、机票预订、旅游度假和商旅管理等服务；淘米网全面打造儿童在线娱乐社区，等等。

（4）复合品牌类 B2C 电子商务网站平台。

随着电子商务的发展，越来越多的传统品牌企业将销售业务延伸到了网络，自建电子商务网站进行在线销售，打造网络品牌。复合品牌类 B2C 电子商务商城，指的就是这类"鼠标加水泥"式的网上商店——既有实体店销售，消费者又可以通过企业官网进行产品查询、下订单、网上支付等方式来购买产品。这种模式的 B2C 电子商务运作将传统商务与电子商务整合起来，以抢占新市场、拓展新渠道、优化产品与渠道资源为目标。越来越多的传统企业加入了电子商务的行列，并取得了成功，如百丽、李宁、国美网上商城等。

（5）导购服务类 B2C 电子商务网站平台。

B2C 在线销售面对的是大众消费者，很多消费者在有需求的时候，面对众多的同类产品会感到不知所措，不知如何选择。而大部分 B2C 网站都仅仅是产品展示和产品销售，内容单调，网站导购人员不能满足消费者的需求，由此便催生了导购网站。简单地说，为消费者提供海量信息，在某种意义上来说，等于没有提供任何信息。而如果有非常合理的导购信息，让消费者对他们所要购买的产品进行客观的了解和比较，又能获得一些优惠的话，消费者就可以购买到满意的产品。客户满意，自然就愿意继续到该网站购买产品。客户买产品，买的不是产品本身，而是产品带给用户的价值。人性化的导购信息可以帮助用户快速地获得各类产品的价值。

导购服务类 B2C 电子商务网站平台由第三方平台企业提供，为消费者网购提供众多 B2C 网上商城入口及专业性指导。这种模式的 B2C 电子商务网站主要提供产品性能分析、价格摸底、打折信息、广告宣传、积分兑换、购物返现金、优惠券、比价、网购论坛等服务，同时给消费者提供一个交流和互动的平台，从而使其购买到物美价廉的东西，如返利网、网易返利、360 网购导航等。

2. 根据交易的内容分析

（1）无形产品和服务的电子商务模式。

网络本身具有信息传递和信息处理的功能，因此，无形产品和服务，如信息、计算机软件、数字化视听娱乐产品等，一般可以通过网络直接向消费者提供。无形产品和服务的电子商务模式主要有三种，即网上订阅模式、广告支持模式和网上赠予模式。

网上订阅模式（Subscription-based Sales）是指消费者通过网络订阅企业提供的无形商

品和服务，并在网上直接浏览或消费。这种模式主要是一些在线企业用来销售报纸杂志、有线电视节目、付费文章、游戏娱乐等。网上订阅模式主要有在线出版、在线服务和在线娱乐，如搜狐视频、百度奇艺网的付费影视、番薯网电子图书的包月阅读等。

广告支持模式（Advertising-supported Model）是指在线服务商免费向消费者提供在线信息服务，其营业收入完全靠网站上的广告获得。这种模式虽然不直接向消费者收费，但却是目前最成功的电子商务模式之一。依赖这种盈利模式的网站，必须能够吸引大量的浏览者或者吸引高度专业化、与众不同的浏览者，并且能够获得用户的关注。Yahoo、百度等在线搜索服务网站，新浪、网易等门户网站，优酷、土豆网等视频网站以及58同城网、百姓网等分类信息发布平台的主要收入就是广告。对于上网者来说，信息搜索及查询是在互联网的信息海洋中寻找所需信息最基础的服务。因此，企业也最愿意在信息搜索及导航网站上设置广告，通过点击广告可直接到达企业网站。

网上赠予模式（Free Model）即软件公司和出版商借助于国际互联网全球广泛性的优势向互联网上的用户赠送软件产品，借此扩大其知名度和市场份额。一些软件公司将测试版软件通过互联网向用户免费发送，用户对测试软件试用一段时间后，如果满意，则有可能购买正式版本的软件或升级版本的软件。由于所赠送软件是无形的计算机软件产品，用户须通过互联网自行下载，因此采用这种模式，软件公司不仅可以降低成本，还可以扩大测试群体，改善测试效果，提高市场占有率。美国的网景公司（Netscape）在其浏览器最初推广阶段采用的就是这种方法，效果显著。

（2）有形产品和服务的电子商务模式。

有形产品是指传统实物商品，这种有形商品和服务的查询、订购、付款等活动都可以在网上进行，但最终的交付不能通过计算机网络实现，还是要用传统方式来完成。这种B2C电子商务模式也叫企业在线销售。目前有形产品和服务的在线销售模式主要有两种：一种是企业自建网站平台的在线销售，如Dell、当当网等。这种模式的B2C企业需要提供整个电子商务活动所需的网络基础设施、支付平台、安全平台、管理平台等。另一种是第三方自建网站平台，企业进驻店铺空间的在线销售，如淘宝商城等。这种模式的B2C运作中所涉及的网站、支付平台、安全平台、管理平台等大都由第三方B2C平台商负责，B2C企业只需做好自身产品和服务的宣传、销售管理等工作。

有形产品和服务的在线销售使企业扩大了销售渠道，增加了市场机会，即使企业的规模很小，网上销售也可将业务伸展到世界的各个角落。此外，网上商店不需要像一般的实物商店那样保持很多库存，如果是纯B2C虚拟商店，则可以直接向厂商或批发商订货，省去了商品存储的阶段，从而大大节省了库存成本。

（三）B2C 的盈利模式

B2C电子商务的运营模式决定了B2C电子商务企业的盈利模式，不同类型的B2C电子商务企业，其盈利模式也是不同的。

一般来说，B2C电子商务企业主要通过以下三个方面获得盈利。

1. 产品和服务的销售

通过自建网络平台或第三方网络平台直接提供服务或销售自己生产或代理的产品，从而获取利润。这是 B2C 电子商务企业最主要的盈利模式，这种模式的 B2C 电子商务企业很多，如当当网、京东商城、海尔网上商城、网游企业等。

2. 中介平台服务的费用

这种第三方 B2C 网络平台企业本身不卖产品，却为买卖双方提供了重要的交易平台，其利润主要是向卖方企业收取的入驻第三方交易平台的店铺费或对达成的交易收取的佣金。例如，淘宝商城对入驻商家收取店铺费；当当网开放了第三方平台，其盈利主要依靠平台使用费及交易佣金；返利网网站收取交易成功后的佣金等。

3. 广告

通过销售广告空间给有兴趣的客户，从广告客户那里获得收入。这种模式的 B2C 电子商务企业也有很多，广告是其主要盈利来源，如门户网站的广告收入、网购导航网站的广告宣传收入等。这种模式成功与否的关键在于其网站能不能获得较大的流量，能否吸引消费者的注意。

（四）B2C 的电子商务流程

不管哪种 B2C 模式的电子商务，都是供应商和需求方直接利用网络形式所开展的买卖活动。这种网上销售最大的特点就是供需通过网络进行，环节少、速度快、费用低、交易简单。其流程如图 2 - 5 所示，具体步骤如下：

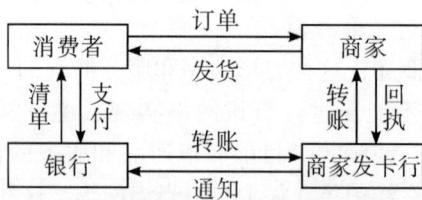

图 2 - 5 B2C 电子商务流程

（1）消费者进入企业网站，注册成为会员，搜索、浏览所需商品。

（2）消费者通过"购物车"确认商品品种、数量等，下订单。

（3）消费者选择支付方式，利用第三方支付工具或网上银行支付。

（4）商家接受订单，向消费者的发卡银行请求支付认可。

（5）商家确认消费者付款后，发货。

（6）买方收货，交易完成。

三、消费者对消费者（C2C）

（一）C2C 的含义

C2C（Consumer to Consumer，C2C）即消费者对消费者的电子商务，是一种个人对个人的网上交易行为。C2C 电子商务的运作是通过第三方企业搭建网络个人拍卖平台，个人消费者可以在网上注册成为会员，注册成功之后就可以做卖主或买主了。C2C 的盈利来源多样化，主要是通过为买卖双方搭建拍卖平台，按比例收取交易费用，或者提供商务平台供个人在此平台上开店，以会员制的方式收费，或者是对店铺装修或宣传时收取增值服务费用等。

C2C 最成功、影响最大也是最早出现的是美国的 eBay，它是在 1995 年由美国加州的一位 28 岁的年轻人奥米迪尔创办的，是当时因特网上最热门的网站之一，也是目前全球最著名的网上拍卖站点之一，任何人都可以在这里出售商品和参加拍卖。中国的 C2C 以 1999 年易趣网的成立为标志，国内的淘宝网、拍拍网等企业也是这种模式。C2C 电子商务的优势在于交易成本较低、经营规模不受限制、信息收集便捷并扩大了销售范围。

（二）中国 C2C 简史

1999 年，邵亦波创立易趣网，开中国 C2C 先河。

1999 年 8 月，易趣网正式上线。

2002 年 3 月，eBay 注资易趣网 3 000 万美元。

2003 年 5 月，阿里巴巴投资 4.5 亿元成立 C2C 网站淘宝网。

2003 年 7 月，eBay 斥资 1.5 亿美元全资收购易趣网。

2004 年 4 月，一拍网上线，新浪占据其中 33% 的股份，原雅虎中国占 67% 的股份。

2004 年 6 月，易趣网与美国 eBay 平台对接整合。

2005 年 9 月，腾讯推出拍拍网，2006 年 3 月 13 日开始运营。

2006 年 2 月 15 日，一拍网关闭，阿里巴巴收购一拍网全部股份，原属一拍网用户转入淘宝网。

2006 年 12 月，TOM 在线与 eBay 合资，更名为 TOM 易趣。

2007 年 10 月，搜索引擎公司——百度宣布进军电子商务，筹建 C2C 平台。

2008 年 5 月 5 日，易趣宣布任何用户只要在易趣开店，无论是普通店铺、高级店铺还是超级店铺，都将终身免费。

2008 年 6 月 18 日，百度网络交易平台正式在北京启动其在全国范围的巡回招商活动。

2008 年 10 月 8 日，淘宝网总裁陆兆禧对外宣布，阿里集团未来五年将对淘宝投资 50 亿元，并将继续沿用免费政策。

2008 年 10 月 28 日，百度电子商务网站"有啊"正式上线。

2010 年 10 月，D 客商城正式上线，推动个性定制业发展。

2011 年 4 月，百度电子商务网站"有啊"宣布关闭 C2C 平台，转型提供生活服务。

（三）C2C 电子商务运作及流程

目前，各个电子商务网站广泛采用的交易流程主要有三种，即货到付款交易流程、款到发货交易流程和以第三方支付平台为信用中介的交易流程。C2C 电子商务采用的是以第三方支付平台为信用中介的交易流程。下面以目前占有最大 C2C 市场份额的淘宝网为例（如图 2 –6 所示），来介绍 C2C 电子商务运作及流程。

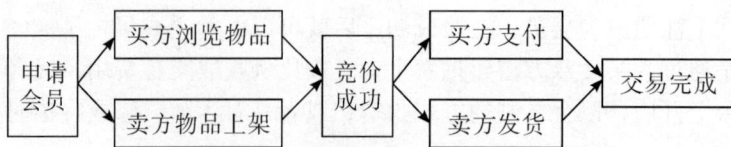

图2-6 淘宝网的电子商务流程图

淘宝网网上交易采用的是"会员注册"和"拍前联系"的方式,即买卖双方注册成为 C2C 平台会员,卖方物品上架,买方浏览、选择商品。之后,买卖双方通过淘宝旺旺或 QQ 等即时通信工具就商品的特性、价格等进行沟通,最后支付货款。C2C 电子商务采用第三方支付平台为中介的支付方式,与传统的货到付款和款到发货交易方式相比,平衡了买卖双方的利益。以第三方支付平台为交易中介,为买卖双方暂时保管货款,买方先将货款支付给第三方支付平台,待买方收货后在第三方支付平台确认,第三方支付平台才将货款划给卖方。若遇买方收到货物后不确认收货,一段时间后,支付宝将自动把货款汇至卖方账户。交易成功后,买卖双方进行信用互评。图 2-7 显示了以第三方支付平台"支付宝"为例的交易流程。

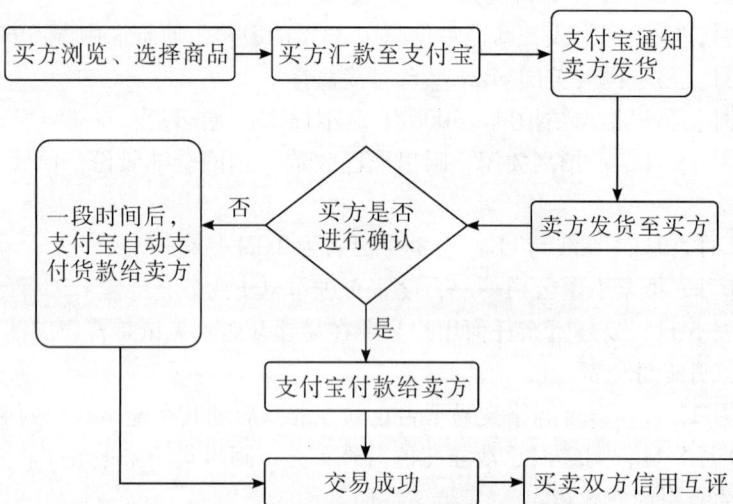

图2-7 支付宝交易流程图

以淘宝网为代表的 C2C 企业的成功之处在于找到了一个很好的市场切入点,充分利用互联网的广泛性、不受地域和时空限制的特点,在非常广阔的地域和开放的平台上不仅为个人经营的商品开拓了全新销售渠道,还为旧物品寻找潜在用户,从而使物品增值。同时又考虑到买主和卖主的需要,为他们提供了诸多方便和一定的交易安全保障,因而得到了人们的青睐。

第三节　电子商务模式的创新

一、B2C 电子商务模式的创新

C2B（Consumer to Business）是消费者对商家的电子商务，即网络团购。该模式的核心是通过聚合为数庞大的具有相同购买意向的零散消费者，形成一个强大的采购集团向商家大批量购买，以此来改变 B2C 模式中用户一对一出价的弱势地位，使其享受到以大批发商的价格购买单件商品的优惠。

目前存在的网络团购主要有三种方式：

（1）消费者通过网络自发组织的团购。此种团购中，所有参与网络团购的都是消费者，组织者作为消费者之一通过网络将零散的消费者组织起来，以团体的优势去与商家谈判，从而获得比单个消费者优越的购买条件。这种模式的运营较简单，由客户选择自己需要什么东西，要求的价格如何，然后由商家决定是否接受客户的要求。假如商家接受客户的要求，那么交易成功；否则，交易失败。

（2）商家通过网络组织消费者的团购。这种模式的团购是商家通过网络发布团购信息，邀请消费者参与团体采购，而商家自愿将价格降至比单个采购低的水平。因为消费者采购数量大，从而也保证了销售者能获得更大利润。

（3）专业团购组织通过网络组织的团购。这种网络团购是一种新兴的 C2B 电子商务模式，是 C2B 电子商务模式的创新。该模式的核心是专业团购组织既不是商家也不是消费者，而是由其建立第三方网络平台即团购网站，向消费者提供商家的优惠商品和服务，并从中抽取佣金，消费者得到优惠的价格，而商家也从大量销售商品中获取利润。团购网站的运营主要有两方面：一是提供有吸引力的商品或服务，以超级优惠折扣吸引用户购买，并通过奖励用户推广等方式推广用户（用户通过社交化的网络传播，带来规模效应）；二是寻找有合作意向的商家，约定达成团购的有效人数，没有达到人数则相当于媒体广告，达到不同人数规模可分享或提成部分收益。

这种崭新的电子商务模式的始创者是美国的 Groupon，其营运模式是每日推出一件商品（deal of the day），如果通过网上认购这件商品的用户达到指定数量，全部人就可以用特定的折扣价格购买这件商品，否则交易就告吹。若交易成功，Groupon 就向出售商品的商户收取佣金。

网络团购产品逐渐从最初的单一化向多样化、从小物件向大件过渡，小到图书、软件、玩具、酒店住宿、家电、数码、手机、电脑等商品或服务，大到家居、建材、房产等，都有消费者因网络聚集成团来购买。不仅如此，团购也扩展到个人消费、健康体检、保险、旅游、教育培训以及各类美容、健身、休闲等多个领域。

尽管中国的团购网站从产生到现在只有短短几年的时间，但团购已经成为在网民中流行的一种新消费方式。目前大大小小的团购网站有几千个，如拉手网、美团、糯米团、高朋网、QQ团、大众点评团和58同城网的团购频道等。随着这种模式覆盖面的逐渐扩大，网络团购将成为越来越多人参与的一场消费革命，未来团购市场竞争也将更加激烈，如表2-1所示。

表2-1　2011年5月团购网站日均覆盖人数排名

排名	网站	域名	日均覆盖人数（万人）
1	淘宝聚划算	ju. taobao. com	1 061.9
2	拉手网	lashou. com	586.6
3	美团网	meituan. com	447.5
4	24券	24quan. com	291.0
5	窝窝团*	55tuan. com	271.1
6	QQ团	tuan. qq. com	256.3
7	高朋网	gaopeng. com	236.9
8	糯米网	nuomi. com	219.0
9	点评团	t. dianping. com	208.9
10	团宝网	groupon. cn	197.7

注：* 窝窝团数据采用的公司资产概念，为公司直营及控股的团购网站流量的合计。

Source：iUserTracker. 家庭办公版2011.5，基于对20万名家庭及办公（不含公共上网地点）样本网络行为的长期监测数据获得。网址：http：//www. iresarch. com. cn

二、C2C电子商务模式的创新

自21世纪初以来，互联网开始加速发展，我们逐渐迈入Web2.0时代。各种创新型应用和新概念不断出现，很多社会化的新事物涌现出来，如BLOG（博客）、Podcast（播客）、WIKI（百科全书，如百度百科、中华百科）、RSS（聚合内容服务）、SNS（社交网络，如人人网、开心网）等。

Web2.0是相对于Web1.0的新的一类互联网应用的统称。Web1.0的主要特点在于用户通过浏览器获取信息，Web2.0则更注重用户的交互作用——用户既是网站内容的浏览者，也是网站内容的制造者。所谓网站内容的制造者是说，互联网上的每一个用户不再仅仅是互联网的读者，同时也成为互联网的作者，不再仅仅是在互联网上冲浪，同时也成为波浪制造者；在模式上由单纯的"读"向"写"以及"共同建设"发展，由被动地接收互联网信息向主动创造互联网信息发展，从而更加人性化。

随着电子商务的发展和其业务的壮大，越来越多的Web2.0元素渗透到电子商务中，C2C电子商务模式也有了更多的创新应用，出现了与淘宝网不一样的C2C电子商务平台。

（一）威客模式

威客模式是一种将人的知识、智慧、经验、技能通过互联网转换成实际收益，从而达到各取所需的互联网新模式，主要应用于解决包括科学、技术、工作、生活、学习等领域的问题，体现了互联网按劳取酬和以人为中心的新理念。

"威客"音译为 witkey（wit 智慧 + key 钥匙），指凭借自己的智力和创意在网上承揽业务和招标项目，为客户提供智力解决方案而获得收入的人。他们从威客网站中搜寻自己感兴趣、有能力做的招标项目，把自己的创意方案提交到网站，如果被客户欣赏和接受，就可以获得报酬，反之则不能产生经济效益。

同淘宝网 C2C 平台一样，威客网站平台由第三方企业提供，成为"威客"和招标客户网上交易的平台。威客模式网站的一般运营流程如下：

（1）客户提出委托任务（比如某 LOGO 设计），并汇款到威客网站。

（2）威客网站正式发布客户的委托任务，说明时间等具体要求。

（3）不同的"威客"提交自己的创意方案。

（4）客户挑选方案，如有满意的创意，要求"威客"提交完整方案。威客网站付报酬给提供设计方案的"威客"，并留一定比例的佣金。

（5）如果客户没有满意的方案，可以追加赏金，以吸引更高水平的"威客"，延长时间，进行第二轮招标，直到找到满意的方案为止。

目前，国内有几十家大大小小的威客网站，聚集的"威客"群体有数百万人，而且增长势头很猛，每天都有新发布的项目和新增的"威客"。例如，威客中国（http：//www.vikecn.com）、猪八戒威客网（http：//www.zhubajie.com）、任务中国（http：//www.taskcn.com）、百脑汇威客网（http：//www.buywit.cn），等等。

威客网站上公布的招标业务种类繁多，有起名的，也有方案写作、软件开发招标的。金额大小悬殊，少至几十元，多到几万元。当然对解决方案的复杂性和质量要求差别也很大。

威客模式很适合现代青年的性格特点，很多人希望在正常工作的同时能兼职做一个"威客"。并且做一件自己感兴趣、有挑战性和竞争性的事情，对许多思维活跃的年轻人来说有着天然的吸引力。

（二）换客模式

换客模式是一种由第三方企业提供网站平台，服务于网民之间进行换物易物的新型互联网模式。"换客"指的就是在互联网上交换物品和服务，并享受交换乐趣的人。换客网站采用最新的 Web2.0 技术，向"换客"提供物品置换平台，通过这一平台，"换客"可以通过原始的交易方式在网站上发布自己的闲置物品，并换到自己所需要的物品，让剩余物资重新焕发其价值。

创建换客网的灵感其实是来自于一个真实的换物故事。2006 年春，26 岁的加拿大青年麦克唐纳用一枚曲别针为自己换来一套双层公寓一年使用权的故事传遍我国大江南北。麦克唐纳在近一年的时间里，先用一个红色曲别针换取鱼尾形圆珠笔、骷髅头把手饰品、野营微波炉、家用型发电机、雪橇摩托车、两用货车、一份录音棚的合同书（50 小时录音、50 小时混音制作），最后换得了一幢别墅的一年使用权，实现了自己的梦想。这个故事不仅让我们看到了换物的趣味和魅力，也让我们看到了换物的巨大潜力。由此也催发了我国换客网站如雨后春笋般出现，涌现出如换客中国（http：//www. huanke. com）、中国换客网（http：//www. zghuan. com）、上海换客易物网（http：//www. shhkw. cn）、换肉网（http：//changsha. huanrou. com）等多家换客网站。

随着换客网站的开放，换客的人数也越来越多。许多网民被换客网站广告所吸引，或是无意间从换客网站了解到"换客"的存在，网站的火暴人气让这些第一次接触换客网站的网民们瞬间被吸引，同时也加入到"换客"群体中。但换客网站上提供交换的物品大多是实物，需要进行物品空间的转移，这就对换客模式中的物流及安全问题提出了挑战。同时，这也促使换客模式朝着同校换、同城换的方向发展，已经出现的比较成功的同城换客网站有上海换客网、北京换客网、广州换客网、青岛换客网、郑州换客网等换客平台。

（三）SNS 模式

SNS，全称 Social Networking Services，即社会性网络服务，专指旨在帮助人们建立社会性网络的互联网应用服务，又指基于社会网络关系系统思想（六度分割理论）建立的网站，即社交网站（SNS 网站）或社交网络，如美国的 MySpace 和 Facebook，中国的开心网、人人网、爱情公寓等。SNS 社交网站提供的产品、服务及应用很多，包括照片、日记、书评、影评、视频等信息分享平台，短消息、留言、评论等沟通手段，事务管理、网络硬盘、收藏等个人工具，投票、答题、真心话等互动话题，以及朋友买卖、争车位、买房子送花园、钓鱼、开心餐厅等互动游戏。

SNS 模式是一种通过第三方提供社交网站平台，使用户与朋友、同学、同事、家人保持更加紧密的联系，通过每个人真实的人际关系，以满足各类用户对社交、资讯、娱乐等多方面的沟通需求。而 SNS 社交网站企业则通过广告空间和增值产品服务等取得盈利，如开心网提供的小游戏中的植入式广告、QQ 空间的虚拟装饰物品和会员费用等。

2008 年，中国互联网迎来了真正的 SNS 网站应用热潮。一方面，腾讯、新浪、搜狐、百度等大型网站开始推出 SNS 应用；另一面，以康盛创想（Comsenz）为代表的第三方应用平台提供商正式推出标准化的 SNS 标准应用软件，掀起了一轮专业网站、行业网站建设 SNS 的热潮。在社交网站上开展电子商务，是一种崭新并具有想象力的模式。SNS 网站如何盈利，其盈利模式是 B2C 还是 C2C，应该采取什么样的盈利模式才能健康地、可持续地发展，如何进行 SNS 电子商务的具体实施，未来 SNS 网站应该怎么样发展等问题一直都是业界讨论的热点。

本章小结：

本章首先分析了电子商务模式的相关概念，并从商务模式的要素入手，指出商务模式的核心是价值，包括客户价值（目标价值体现）、投资者价值（盈利模式）和伙伴价值三个方面。电子商务模式的特点主要体现在其目标价值、价值传递系统和盈利模式，即企业的运营模式和盈利模式两个方面，这也是企业能否成功实施电子商务的关键因素。因此，在互联网环境下设计并建立起稳固的、能适应企业电子商务运作的电子商务模式，非常重要。

其次，根据经济活动的参与者对电子商务模式作了分类，主要分为企业对企业（B2B）、企业对消费者（B2C）、企业对政府（B2G）、消费者对消费者（C2C）、消费者对政府（C2G）、政府对政府（G2G）六种模式，并对 B2B、B2C 和 C2C 电子商务模式作了详细的介绍，进而详细讨论、分析了这三种主要的电子商务模式的发展现状、运营模式、盈利模式和交易流程。

最后，对 Web2.0 的应用作了简单的介绍，并对 Web2.0 应用与电子商务结合所创造出的新的电子商务模式进行了探讨。

【案例 2-1】

京东商城——从中关村小店到 B2C 巨头

在 2009 年中国网络营销大会上，京东商城被授予"2009 年度网民最喜爱的网上购物商城"称号，获奖理由是：360buy 京东商城是以 3C 产品为主的中国最大的 B2C 电子商务公司，是中国电子商务领域最受消费者欢迎和最具影响力的电子商务网站之一。在消费者的赞誉和建议中，360buy 京东商城还在不断地自我完善。在提供正品行货的同时，更提供正规机打发票、全国联保、全国配送、价格保护等特色服务。此外，为最大限度地解决消费者对售后服务的顾虑，京东网上商城更是率先推出了延保服务，用自身的诚信理念为中国电子商务企业树立了诚信经营的榜样。

一、京东商城概况

360buy 京东商城是中国 B2C 市场上较大的 3C 网购专业平台（注：3C 是计算机 Computer、通信 Communication 和消费电子产品 Consumer Electronic 三类电子产品的简称），是中国电子商务领域较受消费者欢迎和较具影响力的电子商务网站之一。自 2004 年年初涉足电子商务领域以来，京东商城一直保持高速成长，连续六年增长率超过 200%。2011 年第二季度中国网络购物市场监测数据显示，京东商城已占据中国 B2C 网购交易市场 35.1% 的份额，连续 13 个季度蝉联行业头名（如图 2-8 所示）。

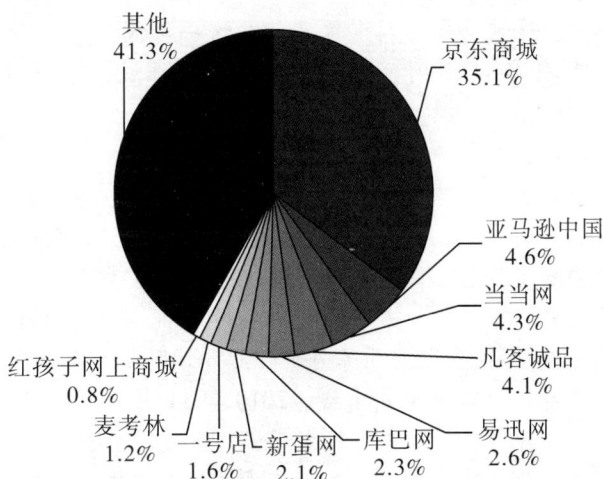

图 2-8　2011 年第二季度中国电子商务市场占有率概况

京东商城是以 B2C 形式销售的电子商务平台，以低价和好的口碑迅速打开市场。其主要的竞争对手是在淘宝商城或其他电子商务平台开店进行商品销售的企业和网上商城，如国美电器、美的、联想等，当当网和亚马逊中国等老牌 B2C 商城也是其主要的竞争对手，还有目前新兴的一些网上商城网站等。

二、京东商城的发展历程

从中关村小店到 B2C 巨头，从京东商城的发展历程我们可以看到其是沿着"代理商—零售商—电商"演进的。

1. 1998 年中关村创业

1998 年，刘强东辞去了外企的工作，在北京中关村租了个小柜台，创办了京东公司，开始了自己的创业生涯。公司最开始主营业务是代理销售光磁产品，主要出售刻录机、压缩卡和光盘，生意越做越好，在短短两年内成为全国最具影响力的光磁产品代理商。

但是刻录机毛利润的下滑使得刘强东对他的创业方向作出了改变，他将目光锁定在 IT 产品连锁店上。2001 年，刘强东的第一家零售店在中关村开张，取名"京东多媒体"，主要出售声卡、键盘、鼠标等电脑产品，刘强东开始了从代理商向零售商的转变。同样，京东的连锁店业务也做得风生水起，新的店面不断开张。

2. 2003 年向电商转型

2003 年，正当刘强东踌躇满志地要把连锁店开到第 18 家的时候，一场突如其来的天灾彻底打乱了刘强东的计划，"非典"使刘强东的业务大受影响，使其线下业务不断萎缩。刘强东为了连锁店的生存，不得不将其业务放到了网上，希望通过网络处理掉京东的库存。

"非典"疫情好转，正当刘强东打算逐步恢复线下业务的时候，让刘强东感到意外的是，来自网上的订单越来越多，很快超过了来自线下连锁店的业务量，而且增长速度在不断加快。2004 年，"京东多媒体网"电子商务网站开始上线，京东的业务重心开始向电商转变。

2005 年，由于资源有限，并且网上销售可以有效降低门店、销售人员等成本，刘强东作出了一个决定——放弃连锁，专攻网上零售。在这一年他关掉了全国 12 个门店，主营网上销售。2007 年京东多媒体网正式更名为京东商城，京东正式启动全新域名 www.360buy.com，并成功改版。

3. 2008 年从 3C 向百货进军

从京东向电商转型开始，京东的主要产品就集中在 3C 和家电这一块。从 2008 年开始，京东在 3C 和家电的基础之上，增加日用百货商品。而当时京东向百货转型的原因在于其网站用户流量足够庞大，上百货业务也可以取得不俗的销售业绩，同时，丰富京东的商品可以更好地满足用户的需求。京东开始从一个 IT 电商向全能百货商城转变。

2008 年 8 月，大家电产品全线登录京东商城，3C 产品战略布局正式完成。同年 10 月，应消费者需求，日用百货频道正式上线。2010 年 11 月 1 日，京东商城"图书频道"正式上线，涵盖文艺、社科、经管励志、教育考试、科技、生活、少儿七大品类，总量超过 10 万种。"图书频道"的上线，似乎也暗示着图书业务将成为今后京东商城主流产品线之一，与当当网和亚马逊中国正面竞争。目前，京东商城拥有遍及全国各地 2 000 万注册用户，1 200 家供应商，在线销售家电、数码通讯、电脑、家居百货、服装服饰、母婴、图书、食品等 11 大类数万个品牌 70 余万种优质商品，日订单处理量超过 15 万单，网站日均 PV 超过 3 500 万。

2008 年也是京东的一个拐点，这年京东商城的销售额达到 13 亿元，首次超越当当网、亚马逊中国成为中国最大的自主式 B2C 网站，当然 3C 依然是其主营业务。

4. 自建物流体系

2009 年春节前后，由于节假日的需求旺盛，京东订单火暴增长，但是由于缺乏可控的物流和配送体系，这段时间大量京东订单被延误或取消，京东甚至在网上发出公告让消费者到别处去订购商品。

在遭遇到物流瓶颈后，京东开始将重心放在了物流仓储体系的建设上，为了提高供应链能力，京东不断加大投入，2009 年新融资的 2 100 万美元中的大部分都用于成立控股物流子公司、购买新的仓储场所等物流体系的建设。而在 2011 年，京东进行了新的一轮融资，所获得的 15 亿美元将几乎全部投入到物流和技术研发的建设项目中。

2009 年年初，京东商城斥资成立物流公司，布局全国物流体系。目前，京东商城分布在华北、华东、华南、西南、华中的五大物流中心覆盖了全国各大城市，并在武汉、沈阳、西安、杭州等城市设立二级库房，仓储总面积达到 40 万平方米。2009 年至今，京东商城陆续在天津、苏州、杭州、南京、深圳、宁波、无锡、济南、武汉、厦门等超过 70 座重点城市建立了城市配送站，为用户提供物流配送、货到付款、移动 POS 刷卡、上门取换件等服务。

2010 年，京东商城在北京等城市率先推出"211 限时达"配送服务，在全国实现"售后 100 分"服务承诺，之后手机版京东商城也正式问世，随后又推出"全国上门取件"、"先行赔付"、7 × 24 小时客服电话等专业服务。2011 年年初，京东商城推出"GIS 包裹实时跟踪系统"；3 月，京东商城获得 ACER 宏碁电脑产品售后服务授权，同期发布"心服务体系"，开创了电子商务行业全新的整体服务标准。京东商城的服务系统正在逐步实现跨越性的升级，目的是依托多年打造的庞大物流体系，让消费者充分享受"足不出户，坐享其成"的便捷。

5. 成功完成三轮风投融资

2007 年 8 月，京东赢得国际著名风险投资基金——今日资本的青睐，首批融资千万美元。

2009 年 1 月，京东商城获得来自今日资本、雄牛资本以及亚洲著名投资银行家梁伯韬先生的私人公司共计 2 100 万美元的联合注资。这也是自 2008 年金融危机爆发以来，中国电子商务企业获得的第一笔融资。这笔融资为京东商城的高速发展提供了 2011 年 4 月，京东商城获得俄罗斯投资者数字天空技术（DST）、老虎基金等共六家基金和社会知名人士融资共计 15 亿美元，这是中国互联网市场迄今为止单笔金额最大的融资。

三、京东商城的商业模式

京东商城作为 B2C 零售企业，收入来源以商品零售为主，商品来源于各类产品的生产商和渠道商。其目前的主要销售渠道为 B2C 电子商务网站，消费者可登录网站进行在线订购，京东提供在线支付、货到付款和自提等多种支付方式进行交易。京东商城始终坚持以纯电子商务模式运营，缩减中间环节，在第一时间为消费者提供优质的产品及满意的服务，如图 2 - 9 所示。

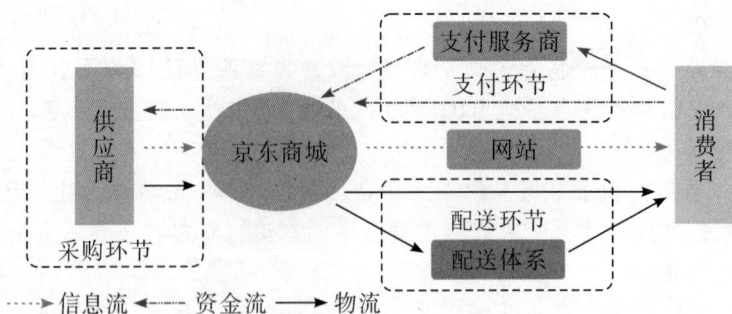

图 2-9 京东商城零售产业链

资源来源：易观国际 2008，http://www.analysys.com.cn

1. 供应商管理及采购环节

京东商城的供应商全部是生产商和厂商指定的代理商和经销商，所售出的产品都是通过正规进货渠道购进的正牌商品。京东商城的采购业务主要集中在北京和广州两地的采购中心。

在京东，厂商不需要缴纳进场费、装修费、促销费、过节费。免去各种费用之后，京东销售的利润率比通过传统渠道销售的要高很多。此外，京东给厂商的返款周期大大缩短，只需 20 天，而国美给厂商的返款周期为 3 个月。在库存管理方面，全球连锁业霸主沃尔玛，在全球拥有自己的卫星系统，把库存周转率控制在 30 天左右。国美、苏宁做到 47~60 天，亚马逊是 7~10 天。而京东的库存周转率为 12 天，与供货商现货现结。

2. 支付环节

京东商城目前提供货到付款（现金支付或银行卡支付）、在线支付、分期付款、邮局汇款以及公司转账等多种支付方式。其中在线支付服务由银联在线支付、财付通支付、汇付天下支付和快钱支付四家第三方支付平台提供商提供，此外，还可以通过中国移动手机支付和噢付支付平台进行手机在线支付。

3. 配送环节

京东商城提供快递运输（包括京东快递和价格低廉的快递公司）、特快专递（EMS）、邮递快包、中铁快运和上门自提等多种配送方式。在北京、上海、广州、武汉等市区的配送由自己组建的配送体系来完成，非自营配送地区由外包的第三方物流公司提供。另外，还在北京、上海、广东、天津、湖北、浙江等地设立多处自提点，向本地用户提供自提服务。京东商城在各地高校设置校园代理，高校学生订货由代理在校内免费送货。

4. 技术环节

京东商城的网络平台和一些 IT 业务系统都是根据实际需求自己做的，公司的程序员已经达到 300 多人。京东的 ERP 系统可以掌握每一款产品的详细信息：什么时间入库、采购员是谁、供应商是谁、在哪个货架、谁打包、谁发货、发到哪个分库、哪个快递员发出、客户的详细信息等。客户购物后可以随时查询到所订购商品的具体状态，完备的信息系统也为京东商城的客服部门省去了很大一部分工作。

用纯互联网的方式来整合上下游，优化供应链，在成本方面下工夫，然后给顾客创造价值，互联网企业比传统企业更具灵活性。良好的经营模式是企业成功的关键，细节决定成败是永恒的真理，而信誉好坏更是企业能否做大做好的一个关键点。"其实，我们的业务模式并不复杂，但是某些细节或环节却是无法简单复制的，比如我们积累了多年的 IT 业务系统，是根据我们的实际需求自行开发的，包括前台、后台、EPR 系统及其他各种系统。此外，在产品操作、库存控制、物流技术的各个环节，我们也有着四年的经验积累。这些都是无法照搬的，它们正是我们成功的关键。"京东世纪贸易公司总裁刘强东说。

案例思考：

1. 京东商城电子商务的成功对你有什么启示？
2. 试分析京东商城的电子商务战略。

复习与讨论：

1. 电子商务模式的核心是什么？
2. 电子商务企业的收入来源有哪些？
3. 分别列举出五个采用 B2B、B2C、C2C 模式的成功企业。
4. 选择你所熟悉的某电子商务企业，运用本章所学知识，对其电子商务模式进行剖析。

网上实操小指导：

一、实践目的

熟悉电子商务 C2C 平台的交易环境，掌握和体验网上购物的操作过程，以在淘宝网购物为例。

二、实践步骤

（一）注册会员

进入淘宝网主页（如图 2–10 所示），单击右边的"免费注册"即可注册成为淘宝用户。注册成功后，单击"登录"，填写用户名和密码即可登录淘宝网站。

图 2–10　淘宝网会员注册和宝贝页面

（二）搜索商品

如图2-10所示，选择"宝贝"，在搜索框内输入想要搜索的商品，然后按回车键或单击"搜索"；或在网页"商品类目"商品分类页面中浏览、查找所要搜索的商品。

（三）选择商品

在所有的同类商品中找到自己喜欢的商品之后，如果确定购买，则需选择好尺码、颜色，单击"立刻购买"；或单击"加入购物车"，继续选择其他商品或方便下次很快找到此商品（如图2-11所示）。

图2-11　选择购买商品的页面

（四）联系卖家

如图2-11所示，单击页面左下处客服"和我联系"，就可以通过"阿里旺旺"和卖家联系，就有关疑问向卖家咨询。

（五）购买商品

（1）单击"立即购买"后，出现订单界面，如图2-12所示。确认购买信息，单击"确认无误，购买"。

图 2 – 12 填写用户购买相关信息页面

（2）网上银行付款（银行卡网上银行的开通需要在此次网购实践之前完成，或者无需开通网上银行，采用银行卡快捷支付方式付款）。如图 2 – 13 所示，选择所要使用的网上银行（目前支付宝提供 28 家网上银行通道可供付款选择：工行、农行、招行、建行、交通、兴业、浦发、广发、光大、中信、平安、深发、民生等）；单击"确认开通并付款"，按提示信息操作；单击"已完成付款"；在付款遇到问题时，可点击"付款遇到问题"查找原因。

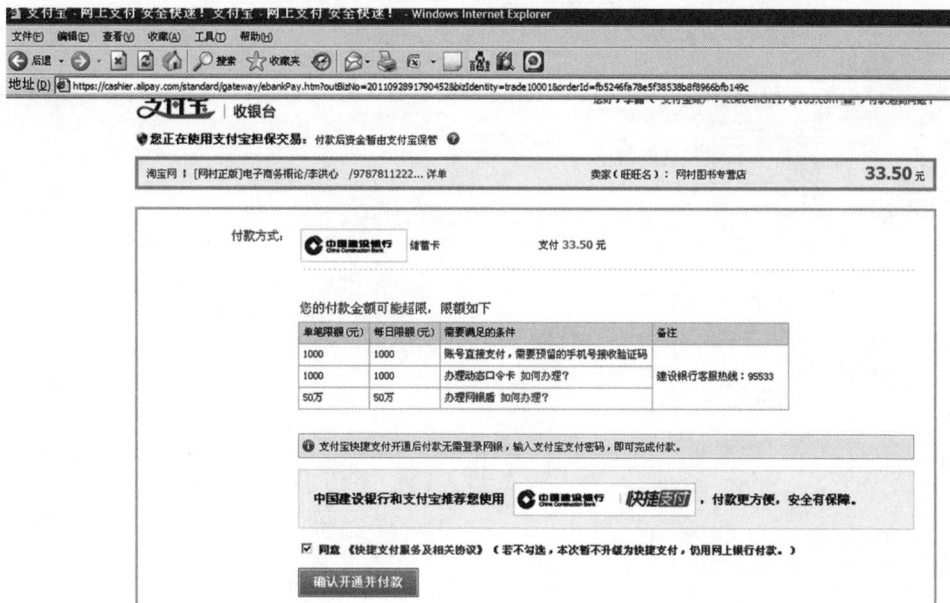

图 2 – 13 支付宝网上支付页面

（3）收货确认。收到货品后，七天之内登陆淘宝网，在"我的淘宝"后台进行收货确认，第三方支付宝将货款付给卖方。如果收到货不确认，一段时间后，支付宝也会将货款交到卖方手里。如需退货，则要与卖家联系协商，退货成功后第三方将货款返还给买家。

（六）评价

在商品交易完成后，买方可根据需要对卖方进行信用评价。

第三章　电子商务网络技术

主要内容：介绍计算机网络和因特网的有关知识。

教学目标：

1. 熟悉计算机网络的相关概念。
2. 了解因特网的通信协议、IP 地址和接入方法。
3. 掌握 WWW 技术的核心。
4. 熟悉企业内部网和企业外部网的应用及技术。

重点： Internet 相关技术。

难点： OSI 模型。

开章引例：

Dell 电脑成功的网上直销

戴尔（Dell）计算机公司成立于 1984 年，是世界上最大的计算机制造商之一，也是全球最早采用互联网进行虚拟企业运作的计算机公司。Dell 公司一直看好互联网强势发展的商业价值，并在业界同行尚未意识到这点以前，率先开始研究利用互联网从事电子商务活动，开展以网络营销为主要手段的产品直销业务。顾客可以在网上组装、定制并购买计算机。

早在 1996 年 7 月，Dell 公司就全面采用了网上订货系统，通过设在互联网上的站点，Dell 公司的客户可以自己直接在网上配置和订购计算机系统。经过半年运行，Dell 电子商务系统使 Dell 公司每天销售价值 100 万美元的计算机产品。在几个月后，这个数字又翻了一番。Dell 公司凭借着技术创新、管理创新和服务创新的优势，实现了根据客户订单安排组织生产，并在网上进行直销的经营模式，使传统流通渠道中的中间商、代理商和零售商获取高额价差的空间不复存在。同时，Dell 公司通过对业务流程的重整，使业务处理更加通畅合理，企业库存成本大幅降低。

Dell 在当代企业经营管理中，基于网络平台开发的解决方案 ERP（企业资源规划）、SCM（供应链管理）、CRM（客户关系管理）被称为企业在竞争中克敌制胜的三大法宝。Dell 公司作为全球最成功的计算机制造、销售和发送企业，其彪炳业界的优秀业绩历来被归功于其独特的 Dell 模式。而所谓的 Dell 模式，简言之，就是"直销"和"零库存"两大概念支撑下的一整套网上资源规划和使用系统，以及在这个系统的基础上所形成的效率超乎寻常的供应链管理和客户关系管理。

资料显示，Dell 公司计算机销售价格比传统竞争对手销售的计算机价格平均低 10%～15%，具有明显的价格竞争优势。Dell 公司的商务网站，不仅是客户订货的窗口，也是为客户提供信息服务的主要渠道。Dell 公司提供从技术支持、订购定制信息到软件下载等各种信息服务，网站每周要回答客户提出的近 12 万个技术问题。

Dell 公司的统计资料表明，公司在线销售收入的 90% 来自中小企业和普通个人用户，而 Dell 公司的大客户主要是利用站点查询产品信息、订单情况和技术帮助内容，并不直接从网上订购设备。为了吸引大客户在网上进行产品采购，Dell 公司专门设置"客户首页"，提供了针对大客户的个性化服务内容。大客户只需要通过"客户首页"就可以直接进行折扣采购，通过网上直接采购可降低采购费用。如 Dell 公司的大客户 MCI 公司，就是通过与 Dell 公司的合作在网上进行统一采购，使其采购成本降低了 15% 左右，采购周期由原来的 4～6 周缩短为 24 小时以内，直接降低了企业的生产成本。在 Dell 网站主页上，客户可以根据自己的需要，选择 Dell 公司提供的各种台式计算机、笔记本电脑、工作站和服务器，这些产品都是 Dell 公司专门针对小企业需求设计和定做的。客户在上网购买时，可以浏览网页中的产品详细介绍和有关技术资料，足不出户就可以对电脑的性能进行深入细致的了解。

在 Dell 的经营实践中，我们可以看到，持续供需平衡是其始终追求的主要目标。作为生产制造企业，实现持续平衡不仅意味着能够随时满足客户对供货的期望，还将有助于企业最大限度地减少过剩和过时的库存，从而有效地降低生产中的物料成本，在激烈的竞争中谋得价格优势和资金优势，并对市场的变化作出积极高效的反应，使企业的产品开发与市场需求保持高度相关，真正实现生产行为与消费行为的相互协调。立足于比较优势的原则，充分利用行业内强势企业的产品和技术优势，与其达成伙伴关系，集中有限的资金、资源开发自身最具优势、最能产生附加值的产品部分，不仅使自身的技术始终在行业内保持领先，也在一定程度上使竞争不再那么激烈，从而给企业更大的生存空间，而一旦自身的核心技术在市场上的优势逐渐拉大，企业将更有条件面对竞争。

从 Dell 成功的电子商务实践可以看到，互联网时代的高效性和交互性彻底改变了传统的经营方式。对用户来讲，通过互联网可以得到自己想要的东西；对企业来讲，无论是营销还是直接的销售行为或者是服务，完全可以根据用户的需要来定制专项的产品或服务。这种方式，在传统的工业时代是不可能实现的，因为成本太高。而在互联网时代只要通过点击鼠标，用户就可以定制自己需要的任何东西。所有这一切的实现，都源于电子商务网络技术。

电子商务泛指一切利用现代网络信息技术进行的商务活动，它通过网络并以电子信号传输和交换的方式进行。网络技术的应用是当代信息系统区别于传统信息系统的重要标志，没有网络信息技术支撑，电子商务就无法实现。网络及其相关技术的飞速发展，使企业的业务管理信息系统通过网络互联，进而能够支持企业间贸易业务的处理，这是电子商务的魅力所在。

第一节 计算机网络技术

电子商务的运作离不开以互联网为代表的计算机网络，网络技术特别是广域网技术作为电子商务最关键的技术之一，对电子商务的正常、稳定运行及深层次的发展起着决定性的作用。因此，要深入了解、掌握和应用电子商务，必须对计算机网络有一个较为全面的了解和认识。

一、计算机网络的概念

所谓计算机网络，就是将分布在不同地理区域或同一地点的具有独立功能的计算机、终端及附属设备，通过专门的通信线路和通信设备连接起来，在网络操作系统、网络管理软件及网络通信协议的管理和协调下，实现资源共享和信息传递的计算机系统。一群计算机联成网络后，具有共享资源、数据通信、信息的有机集中与综合处理、提高可靠性、分担负荷和实现实时管理等功能。

计算机网络自 20 世纪 50 年代出现以来，随着技术的进步和应用需求的不断增加，获得了前所未有的发展，经历了从简单到复杂、从低级到高级的发展过程。

（一）以单机为中心的通信系统

这样的系统中只有一台具有自主处理能力的计算机，其余终端都不具备自主处理功能，因此也称为面向终端的计算机网络。其特点是网络上的用户只能共享一台主机中的硬件和软件资源，子网之间无法进行通信。20 世纪 60 年代初，美国航空公司与 IBM 公司联合研制的预订飞机票系统，由一个主机和 2 000 多个终端组成，是一个典型的面向终端的计算机网络。

（二）多个计算机互联的通信系统

这种网络将分散在不同地点的计算机通过通信线路互联。网络中的通信双方都是具有自主处理能力的计算机，主机之间没有主从关系，网络中的多个用户之间共享计算机网络中的软、硬件资源。其特点是用户可以共享网络上所有的软、硬件资源，但不同计算机网络之间的通信具有一定局限性，需要具有统一的标准，如 1969 年 ARPANET 网以分组交换为中心的计算机网络。

（三）国际标准化的计算机网络

这种网络具有统一的网络体系结构，遵循国际标准化协议。标准化的目的是使不同计算机及计算机网络能方便地互联起来。

20 世纪 70 年代，人们开始认识到第二代计算机网络存在的明显不足：如各个厂商各自开发自己的产品，产品之间不能通用；各个厂商制定自己的标准以及不同的标准之间转换非常困难等。因此，1980 年国际标准化组织 ISO 公布了开放系统互联参考模型，成为世界上网络体系的公共标准。

（四）信息高速公路——Internet 网络

从 20 世纪 80 年代末开始，计算机技术、通信技术以及建立在计算机和网络技术基础上的相关技术得到了迅猛的发展，出现了光纤及高速网络技术以及多媒体技术和智能网络技术。特别是 1993 年美国宣布建立国家信息基础设施 NII 后，全世界许多国家纷纷制定和建立本国的 NII，从而极大地推动了计算机网络技术的发展，使计算机网络进入了一个崭新的阶段。整个网络就像一个对用户透明的大的计算机系统，计算机网络发展为以 Internet 为代表的互联网，这也是电子商务赖以生存的最基本环境。

二、计算机网络的拓扑结构

计算机网络的拓扑结构即网络中各个结点连接的方式和形式，主要是指网络中通信子网的物理构成模式。网络的结点有两类：一类是转换和交换信息的转接结点，包括结点交换机、集线器和终端控制器等；另一类是访问结点，包括计算机主机和终端等。

拓扑结构是决定通信网络整体性能的关键因素之一，即对于不同环境下的网络，选择一种合适的拓扑结构至关重要。

网络拓扑按通信信道的不同，可分为点到点链路拓扑和共享链路拓扑两大类。点到点式拓扑网络中，每两台主机、两台结点交换机或主机与结点交换机之间都存在一条物理信道，没有直拉连接，就通过中间的节点连接，从而进行存储转发的分组交换直至目的地，包括星型、环型、树型、混合型以及网状型等拓扑形式。共享链路拓扑网络中，所有联网的计算机共享一条通信信道，包括星型、总线型、环型、树型、网状型、混合型、无线电通信型以及卫星通信型等多种拓扑形式（如图 3 - 1 所示）。

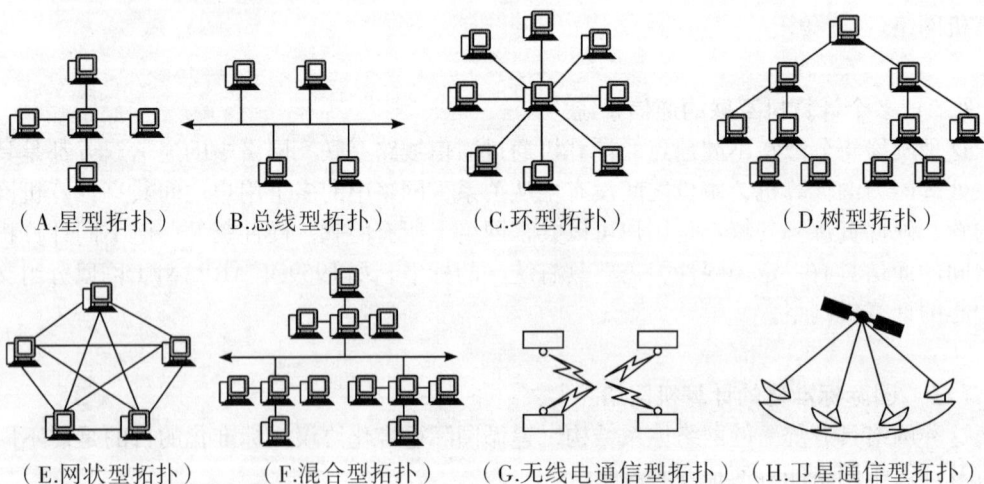

（A.星型拓扑）　（B.总线型拓扑）　（C.环型拓扑）　（D.树型拓扑）

（E.网状型拓扑）　（F.混合型拓扑）　（G.无线电通信型拓扑）（H.卫星通信型拓扑）

图 3 - 1　计算机网络的拓扑结构图

（一）星型拓扑

在星型拓扑结构中，结点通过点到点通信线路与中央结点连接，如图 3 - 1（A）所示，各结点必须通过中央结点才能实现通信。星型结构的优点是结构简单、建网容易，便于控制和管理。其缺点是线路的利用率不高，且中央结点负担较重，故中央结点出故障时，整个网络会瘫痪。

（二）总线型拓扑

总线型拓扑结构是用一条电缆作为公共总线，入网的结点通过相应接口连接到线路上，如图 3 - 1（B）所示。网络中的任何结点都可以把自己要发送的信息送入总线，使信息在总线上传播，供目的结点接收，同时又可以接收其他结点发来的信息。各结点处于平等的通信地位，属于分布式传输控制关系。其优点是信道利用率高，结构简单，价格低，安装使用方便等。但这种网络维护起来比较困难，不易检测和隔离故障，总线的一个结点出现差错，整个网络就会瘫痪。

（三）环型拓扑

环型网是局域网常采用的拓扑结构之一。在环型拓扑结构中，结点通过点到点通信线路连接成闭合环路，如图 3 - 1（C）所示，环中数据将沿着一个方向逐站传送。其优点是传输控制机构简单，实时性强，可靠性高。但环中任何一个结点出现线路故障都可能造成整个网络的瘫痪，因此每个结点与连接结点之间的通信线路都会转为网络可靠性的瓶颈。

（四）树型拓扑

在树型拓扑结构中，结点按层次进行连接，信息交换主要在上下结点之间进行，如图 3 - 1（D）所示。树型结构虽然有多个中央结点，但各个中央结点之间很少有信息流通。各个中央结点均能处理业务，但最上面的主结点有统管整个网络的能力。树型结构的优点是通信线路连接简单，维护方便。但其资源共享能力差，如果中央结点出现故障，则和该中央结点连接的结点均不能工作。

（五）网状型拓扑

网状型拓扑可分为全连接网状拓扑和不完全连接网状拓扑。全连接网状拓扑中，每一结点和网中其他结点均有连接，如图 3 - 1（E）所示。不完全连接拓扑中，任意两结点间不一定有直接连接，而是靠其他结点转接。网状型拓扑的优点是路径多、冲突少、可靠性高，且局部故障不会影响全局。其缺点是网络结构和控制机制复杂，安装配置困难，电缆成本高。

（六）混合型拓扑

混合型拓扑是指由两种以上拓扑结构构成的拓扑形式，如图 3 - 1（F）所示，其优点是可以结合各自拓扑结构的优点。常见的混合型拓扑有总线—星型拓扑、星型—环型拓扑等。

（七） 无线电通信型拓扑

在无线电通信型拓扑结构中，网中所有站点共享一条信道或射频，结点间采用微波介质以分组的形式进行广播通信，如图 3 – 1 （G）所示。由于共用传输介质，通常一次通信只有一个结点可以广播传送一个数据分组。无线电通信简单实用，但保密性差。

（八） 卫星通信型拓扑

卫星通信中，数据信号并非从发送方直接传送给接收方，而是由发送方通过发射机将数据信号传送到通信卫星，经过通信卫星中继放大后，再传送给各个接收方，如图 3 – 1 （H）所示。卫星通信覆盖范围大、广播功能强，但成本高、保密性差、传送延迟时间长。例如，利用地球同步卫星进行通信，信号来回传送一次，其传输延迟时间长达 1/4 秒。

三、计算机网络的体系结构

OSI 模型，即开放式系统互联（Open System Interconnect）参考模型。为了促进计算机网络的发展，国际标准化组织 ISO 于 1977 年成立了委员会，在现有网络的基础上，提出了一个试图使各种计算机在世界范围内互联为网络的标准框架模型，即 OSI 模型。OSI 参考模型定义了开放系统的层次结构、层次之间的相互关系及各层所包含的可能的服务。它是作为一个框架来协调和组织各层协议的制定，也是对网络内部结构最精练的概括与描述。OSI 将整个网络通信的功能划分为七个层次，从下往上分别是：物理层、数据链路层、网络层、传输层、会话层、表示层和应用层（如图 3 – 2 所示）。

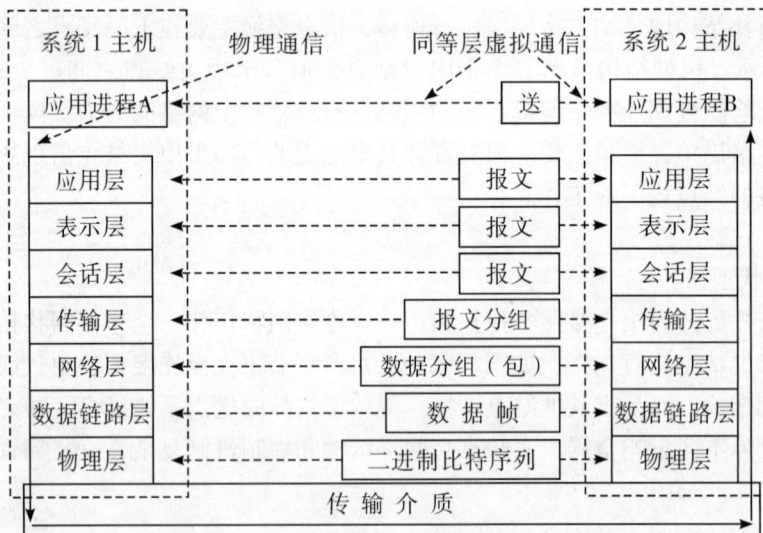

图 3 – 2　OSI 模型环境下的数据传输过程

（一）物理层

物理层处于 OSI 参考模型的最底层，它的主要功能是利用物理传输介质为数据链路层提供物理连接，以便透明地传送比特流。物理层提供的是机械和电气接口，主要包括电缆、物理端口和附属设备，如双绞线、同轴电缆、接线设备（网卡等）、串口和并口等。

（二）数据链路层

数据链路层处于 OSI 参考模型的第二层，其主要任务是进行数据封装和数据链接的建立，负责在两个相邻结点间的线路上无差错地传输以"帧"为单位的数据。具体来说，此层的功能包括数据链路连接的建立与释放、构成数据链路数据单元、数据链路连接的分裂、定界与同步、顺序和流量控制、差错的检测和恢复等方面。

（三）网络层

网络层处于 OSI 参考模型的第三层，其解决的是网络与网络之间的通信问题。网络层是为上层传输层提供服务的，传送的协议数据单元称为数据包或分组。该层的主要作用是解决如何使数据包通过各结点传送的问题，即如何通过路径选择算法（路由）将数据包送到目的地。另外，为避免通信子网中出现过多的数据包而造成网络阻塞，需要对流入的数据包数量进行控制（拥塞控制）。当数据包要跨越多个通信子网才能到达目的地时，还要解决网际互联的问题。

（四）传输层

传输层处于 OSI 参考模型的第四层，它解决的是数据在网络之间的传输质量问题。该层的主要任务是根据通信子网的特征最佳地利用网络资源，并以可靠经济的方式，为通信双方建立一条传输链接，透明地传送报文（Message）。或者说，传输层用于提高网络层服务质量，提供可靠的端到端的数据传输。在发送主机系统上对将要发送的数据进行分段，在接收主机系统上完成数据段到数据流的重组，该层信息的传送单元是报文。当报文较长时，先要将其分割成满足要求的若干个报文分组，然后交给下一层（网络层）进行传输。

（五）会话层

会话层处于 OSI 参考模型的第五层，主要功能是负责维护两个应用进程之间会话的建立、管理和终止以及数据的交换；当发生意外时，确定在重新恢复会话时应从何处开始等。所谓一次会话就是指通信双方为完成一次完整的通信而实现的全过程。在会话层及以上更高的层次中，数据传送的单位一般都是报文。

（六）表示层

表示层处于 OSI 参考模型的第六层，主要功能是解决用户信息的语法和语义的表示问题，即所传输信息的内容和表示形式，以确保一个系统的应用层发送的信息能够被另一个系统的应用层读取。如果通信双方用不同的数据表示方法，他们就不能互相理解，表示层就是用来屏蔽这种不同之处。表示层的功能有数据语法转换、语法表示、数据加密和数据压缩。

（七）应用层

应用层处于 OSI 参考模型的最高层，它是最接近用户的一层，为用户的应用程序提供网络服务。其主要任务是确定进程之间通信的性质以满足用户的需要，确定应用进程为了在网络上传输数据必须调用的程序。应用层包含应用程序执行通信任务所需要的协议和功能，如文件传输、信息处理、远程登陆、域名服务、电子邮件传递等。

在 OSI 中，数据并非从发送方的某一层直接传送到接收方的某一层，因为同等层之间不存在物理链路，而是发送方将生成的待传数据按从高层到低层的顺序，一层一层地转换，最后变成一连串的二进制比特流经传输介质和网络结点传送至目的地。数据发送时，从第七层（应用层）的数据形式（即日常使用的文字、图表等）向下逐层转换到第一层的形式，接收数据则相反。

四、计算机网络的分类

计算机网络种类繁多、性能各异，根据不同的分类原则，可以分成不同类型的计算机网络。具体如下：

（1）按传输介质分类，可分为有线网络和无线网络。
（2）按网络用途分类，可分为教育网、科研网、商业网、企业网和校园网等。
（3）按交换方式分类，可分为报文交换网和分组交换网。
（4）按传输的带宽分类，可分为基带网和宽带网。
（5）按传输方式分类，可分为点到点式网络和广播式网络。
（6）按覆盖范围分类，可分为局域网、城域网和广域网。
（7）按使用范围分类，可分为公用网和专用网。

（一）按传输方式的不同，网络可分为点到点式网络和广播式网络

点到点式网络（Point to Point Network）是指网络中每两台主机、两台结点交换机或主机与结点交换机之间都存在一条物理信道，没有直拉连接，就通过中间的节点连接，从而进行存储转发的分组交换直至目的地。广播式网络（Broadcast Network）是所有联网计算机共享一条通信信道，某一主机发出的数据，其他主机都能收到，但多主机信道共享易引起冲突。

（二）按网络规模即覆盖范围的不同，网络可分为局域网、城域网和广域网

局域网（LAN）也叫局部区域网，通常把覆盖范围在 10 米至10 000 米之内的网络，都称为 LAN，如在一个实验室、一幢大楼、一所学校内部建立的计算机网络都是 LAN；城域网（MAN）也叫市域网，是一个城市区域内，覆盖范围在10 000 米至 100 000 米内的计算机网络；广域网（WAN）又叫远程网，其覆盖范围可以跨省市、跨国家，互联距离可

达数百千米，甚至上万千米。互联网就是典型的广域网。

（三）按使用范围的不同，网络可分为公用网和专用网

公用网即公众网，通常指一个国家邮电部门构建的网络，只要按规定交纳相关费用，人人都可使用，如我国的电信网、广电网、联通网等。专用网是指某个行业系统、行业领域或者某个单位为满足本部门的特殊工作需要而建造的网络，这种专业网通常会租用公用网的线路，但一般不向本单位以外的集体或个人提供网络服务。如军队、铁路、电子银行系统等自建的网络都属于典型的专用网。

五、计算机网络的组成

从结构上看，计算机网络主要由网络硬件和网络软件两部分构成。其中，网络硬件主要包括计算机（服务器、工作站）、网络通信设备、传输介质、外围设备等；网络软件则主要包括操作系统、应用软件、网络协议和数据文件等相关软件资源。

（一）服务器

服务器是一台在网络中处于中心地位的计算机，它的主要任务是运行网络操作系统和其他应用软件，并且在网络上提供资源。每个独立的计算机网络中至少应该有一台网络服务器，这种网络服务器是一台被工作站访问的计算机，通常由高性能的计算机担任。

（二）工作站

工作站实际上就是一台入网的计算机，它接受网络服务器的控制和管理，是用户使用网络的窗口。

（三）网络通信设备

网络通信设备是连接计算机与传输介质、网络与网络的设备。为了能够实现更大范围的资源共享和信息交流，需要将多个计算机网络互联在一起成为互联网络。常用的网络通信设备有以下七种：

1. 中继器

中继器是工作在物理层的连接设备。由于网络在工作中会逐渐产生损耗，在线路上传输的信号功率会逐渐衰减，衰减到一定程度时将造成信号失真，导致接收错误。中继器就是为解决这一问题而设计的，它的主要功能就是通过对数据信号的重新发送或者转发来放大信号，扩大网络传输的距离。它是最简单的物理层网络互联设备，常用于局域网扩展。

2. 集线器

集线器（HUB）是一种特殊的中继器，可作为多个网段的连接设备，几个集线器可以级联起来。其主要功能也是对接收到的信号进行再生整形放大，以扩大网络的传输距离，同时把所有节点集中在以它为中心的节点上。智能集线器还可将网络管理、路径选择等网络功能集于一身。随着网络技术的发展，集线器正逐步被交换机所取代。

3. 交换机

交换机（Switch，"开关"）是一种用于电信号转发的网络设备，在数据链路层工作。它可以为接入交换机的任意两个网络节点提供独享的电信号通路。交换机提供了许多网络互连功能，可以同时建立多个传输路径，应用在连接多台服务器的网段上以提高网络性能。交换机主要用于连接集线器、服务器或分散式主干网。目前最常见的交换机是以太网交换机。

4. 网卡

网卡又称网络适配器或网络接口卡，是将 PC 机和 LAN 连接在一起的设备。它插在计算机主板插槽中，负责将用户要传递的数据转换为网络上其他设备能够识别的格式，通过网络介质传输。网络适配器的内核是链路层控制器，该控制器通常是实现了许多链路层服务的单个特定目的的芯片，这些服务包括成帧、链路接入、流量控制、差错检测等。

5. 网桥

网桥主要用于相同通信协议的局域网之间的互联，并对网络数据的流通进行管理，工作于数据链路层，不但能扩大网络的距离或范围，而且可提高网络的性能、可靠性和安全性。网桥可以是专门的硬件设备，也可在计算机上加装网桥软件，这时计算机上会安装多个网络适配器（网卡）。

6. 路由器

路由器是一种连接多个网络或网段的网络设备，它能将不同网络或网段之间的数据信息进行"翻译"，以使它们能够相互读懂对方的数据，实现不同网络或网段间的互联互通，从而构成一个更大的网络。目前，路由器已成为各种骨干网络内部之间、骨干网之间以及骨干网和因特网之间连接的枢纽。校园网一般就是通过路由器连接到因特网上的。

7. 网关

网关也叫网间协议转换器，可以支持不同协议之间的转换，实现不同协议网络之间的互联，主要用于不同体系结构的网络之间的互联，充当翻译器。网关在传输层以上工作，用于实现网络互联，是最复杂的网络互联设备，仅用于两个高层协议之间的网络互联。网关既可以用于广域网互联，也可以用于局域网互联。

（四）传输介质

传输介质是通信双方之间的物理链路或通信线路，它是传输数据信息的载体。传输介质分为有线介质和无线介质两大类。

1. 有线介质，如双绞线、同轴电缆、光纤等

双绞线是最常见的一种网络传输介质。把两根互相绝缘的铜导线并排放在一起，然后用规则的方法绞合起来就构成了双绞线，这样可减少对相邻导线的电磁干扰。双绞线按其是否有屏蔽，分为屏蔽双绞线和无屏蔽双绞线。屏蔽双绞线是在双绞线的外面再加上一个用金属丝编织成的屏蔽层，提高了双绞线抗电磁干扰的能力。通常把许多双绞线套在坚韧的保护层中形成一条电缆，一条电缆可包含几百对双绞线。双绞线价格便宜且性能较好，安装容易，使用十分广泛。

同轴电缆是计算机局域网常用的传输介质。同轴电缆由内导体铜质芯线、绝缘层、网

状编织的外导体屏蔽层及保护塑料外层组成。同轴电缆具有很好的抗干扰性，被广泛用于传输较高速率的数据，如闭路电视（如 CCTV）、共用天线系统（如 MATV）以及彩色或单色射频监视器的转送等。

光纤通信是利用光导纤维（简称光纤）传递脉冲来进行通信，其传输带宽远远大于目前其他各种传输介质的带宽。光纤传输信息时先把电信号转换成光信号，接收后再把光信号转换成电信号。光纤是由能传送光波的超细玻璃纤维外包一层比玻璃折射率低的材料制作而成的。进入光纤的光波在两种材料的界面上形成全反射，从而不断地向前传播。光纤的芯线一般是直径为 0.11 微米的石英玻璃丝，它具有宽带域信号传输的功能及重量轻的特点。光纤通信具有信息量大、抗电磁干扰能力强、误码率低、可靠性好、安全保密性好、体积小、重量轻等优点。

2. 无线介质，如微波、红外线、卫星、激光等

微波信道是计算机网络中最早的无线信道，也是目前应用最多的无线信道。微波通信是使用波长在 0.1 毫米至 1 米之间的电磁波——微波进行的通信。微波通信不需要固体介质，当两点间直线距离内无障碍时就可以使用微波传送，且具有良好的抗灾性能，对水灾、风灾以及地震等自然灾害，微波通信一般都不受影响，但方向性较差。微波通信由于其频带宽、容量大，可以用于各种电信业务的传送，如电话、电报、数据、传真以及彩色电视等均可通过微波电路传输。

红外线信道由一对发送器/接收器组成，这对发送器/接收器调制不相干的红外光，只要收发机处在视线内，不受其他建筑物的遮挡，就可准确地进行通信。通信系统具有很强的方向性，几乎不受干扰信号串扰和阻塞的影响，而且容易安装。红外通信技术适合于低成本、跨平台、点对点高速数据连接，可用于沿海岛屿间的辅助通信、室内通信、近距离遥控、飞机内广播和航天飞机内宇航员间的通信等。

卫星通信是指在两个或多个卫星地面站之间利用人造地球卫星转发或反射信号的无线电通信方式。卫星接收到来自地面发送站发送来的电磁波后，再以广播方式发向地面，被地面所有工作站接收。其特点是通信容量大、通信范围大、干扰较小、可靠性高，但传播时延大，保密性较差。卫星通信的应用领域在不断扩大，除金融、证券、邮电、气象等部门外，远程教育、远程医疗、应急救灾、应急通信、应急电视广播、海陆空导航、连接互联网的网络电话、电视等都将会广泛应用卫星通信。

激光通信是利用激光进行通信的方式。激光是一种方向性极好的单色相干光，在空间传播的激光束可以被调制成光脉冲以传输数据。与地面微波和红外线一样，可以在视野范围内安装两个彼此相对的激光发射器进行通信。激光通信与红外线通信一样是全数字的，具有较强的方向性，且通信容量大。但受环境影响，传播距离不远。激光硬件会发出少量射线而污染环境，故只有经过特许后方可安装。激光通信的应用主要有地面间短距离通信、短距离内传送传真和电视、可作导弹靶场的数据传输和地面间的多路通信、通过卫星全反射的全球通信和星际通信以及水下潜艇间的通信等。

（五）网络操作系统

计算机网络操作系统是网络用户与计算机网络之间的接口，运行在称为服务器的计算

机上，其主要功能是服务器管理及通信管理，包括一般多用户多任务操作系统所具有的功能。网络操作系统为网络用户提供其所需的各种通信软件和有关协议规程。网络用户通过网络操作系统请求网络服务，它的任务就是支持局域网络的通信及资源共享，如远程登陆服务、文件传输服务、电子邮件服务、网络新闻与 BBS 服务功能等。目前，市场上主要的网络操作系统有 Netware、Windows Server 2003、UNIX 和 Linux 等。

（六）网络协议

计算机网络是由多个互联的结点组成，结点之间需要不断地交换数据和控制信息。为了使计算机之间或计算机与终端之间能正确地传送信息，必须在信息传输顺序、信息格式和信息内容等方面遵守一些事先约定好的规则，这些为网络数据交换而制定的规则与标准被称为网络协议。通俗来说，网络协议就是网络上所有设备之间的通信规则和技术标准，也是一种大家公认并且必须遵照执行的"共同语言"。

常用的协议有 TCP/IP 协议（传输控制协议/网际协议）、IPX/SPX 协议（国际分组包交换/顺序包交换）等。

任何一种通信协议都包括语法、语义和时序三个组成部分。语法规定了通信双方"如何讲"，确定用户数据和控制信息的结构与格式；语义规定了通信双方准备"讲什么"，即需要发出何种控制信息以及完成的动作和作出的响应；时序规定了双方"何时讲"，即对事件实现顺序的详细说明。

第二节　Internet 相关技术

电子商务是基于因特网的一种新的商务模式，电子商务的运作离不开以因特网为代表的互联网络，特别是利用 WWW 技术传输和处理商务信息。因此，了解和掌握因特网的相关技术是十分必要的。

一、Internet 的产生与发展

Internet 可翻译为因特网，也叫互联网，它是全球最大的、由众多计算机网络互联而成的、开放的国际性计算机网络。因特网采用分组交换技术实现了不同网络之间的连接，可向用户或应用程序提供一致的、通用的网络传输服务。

Internet 是全世界最大的计算机网络，最早是作为军事通信工具而研发的。它起源于美国国防部高级研究计划局（ARPA）于 1968 年主持研制的用于支持军事研究的计算机实验网 ARPANET。ARPANET 建网的初衷旨在帮助那些为美国军方工作的研究人员通过计算机交换信息，目标是保证通信系统在核战争中仍能发挥作用，因为中央通信系统在战争中是被破坏的主要目标，所以系统的基本设计要求是保证网络上每个节点具有独立的功能并具有等同的地位，资源共享，异种计算机能实现通信。也就是说，该网络要能够经得住故障的考验而维

持正常工作，当网络的一部分因受攻击而失去作用时，其他部分仍能维持正常通信。

该网络使用"包交换/分组交换"这种新的信息传输技术，其原理是：一组信息首先被分割为若干个"包"，每个包均包含它的目的地址，每个包通过不同线路到达目的地，再组装还原成原来的信息。这个系统最大的优点是如果核弹击毁了军事网络的一部分，数据仍然能通过未被破坏的网络到达目的地，这一原理成了因特网的标准。

1969 年 9 月，ARPANET 连接美国 4 个大学站点，即加州大学洛杉矶分校、加州大学圣巴巴拉分校、犹他大学和斯坦福研究所，开始利用网络进行信息交换。

1971 年，ARPANET 发展到 15 个站点，23 台主机，新接入的站点包括哈佛大学、斯坦福大学、麻省理工学院、美国航空航天局等。当时网络采用的是 NCP（Network Control Protocol）网络控制协议，此协议包括远程登陆、文件传输和电子邮件的协议，从而形成了 ARPANET 的基本服务。1972 年，互联网工作组（INWG）成立，其目的在于建立互联网通讯协议。1973 年，ARPANET 扩展成国际互联网，第一批接入的有英国和挪威。1974 年，美国高级计划研究署的鲍勃·凯恩和斯坦福大学的温登·泽夫合作，提出了 TCP/IP 协议和网关结构，其核心是令该协议独立于网络和计算机硬件，并提出了网络上的全局连接性。1975 年，ARPANET 网络已从试验性网络发展为实用型网络，其运行管理由 ARPA 移交给了美国国防通信局（DCA）。

20 世纪 80 年代，局限于军事领域的 ARPANET 开始被用于教育和科研。1981 年，TCP/IP 4.0 版本正式成为 ARPANET 的标准协议，之后大量的网络、主机和用户都连入了 ARPANET，使得 ARPANET 迅速发展。1983 年，ARPANET 分裂为民用科研网 ARPANET 和纯军事用的 MILNET 两个网络。DCA 把 ARPANET 各站点的通信协议全部转为 TCP/IP，这是全球因特网正式诞生的标志。

1984 年，美国国家科学基金会（NSF）决定组建 NSFNET。通过 56kb/s 的通信线路将美国六个超级计算机中心连接起来，实现资源共享。1986 年 NSFNET 建立，实现了广域网与计算机中心以及计算机中心与计算机中心之间的互联。NSFNET 采取的是一种具有三级层次结构的广域网络，整个网络系统由主干网、地区网和校园网组成。各大学的主机可连接到本校的校园网，校园网可就近连接到地区网，每个地区网又连接到主干网，主干网再通过高速通信线路与 ARPANET 连接。这样一来，学校中的任一主机都可以通过 NSFNET 来访问任何一个超级计算机中心，实现用户之间的信息交换。后来，NSFNET 所覆盖的范围逐渐扩大到全美的大学和科研机构，NSFNETHE 和 ARPANET 就是美国乃至世界 Internet 的基础。NSFNET 于 1990 年 6 月彻底取代了 ARPANET 成为 Internet 的主干网。1992 年因特网协会（ISOC）成立，1993 年因特网信息中心成立。

1992 年，美国政府提出"信息高速公路"计划，公布《国家信息基础设施建设：行动纲领》，简称"NII 计划"，政府进一步加大对因特网的资金支持，在全世界掀起信息高速公路热。从 1995 年起，因特网主干网转由企业支持，实现商业化运营。在我国，1994 年中国科学技术网 CSTNET 首次实现和 Internet 直接连接，同时建立了我国最高域名服务器，标志着我国正式接入 Internet。接着，相继又建立了中国教育科研网（Cernet）、计算机互联网（ChinaNet）和中国金桥网（ChinaGBN），从此中国用户开始日益熟悉并使用 Internet。

二、Internet 的通信协议

TCP/IP（Transmission Control Protocol/Internet Protocol）协议是因特网上广泛使用的一组协议，它是 20 世纪 70 年代中期美国国防部为 ARPANET 开发的网络体系结构和协议标准。TCP/IP 代表了一组通信协议，其中最基本也最主要的是传输控制协议 TCP 和网际协议 IP。

TCP/IP 是当今计算机网络最成熟、应用最广泛的互联技术，拥有一套完整而系统的协议标准。与 OSI 模型一样，TCP/IP 也是分层体系结构，每一层提供特定的功能并相互独立。TCP/IP 分四个层次：网络接口层、网络层、传输层和应用层，如图 3-3 所示。与 OSI 模型相比，TCP/IP 没有表示层和会话层，这两层的功能由最高层的应用层提供。

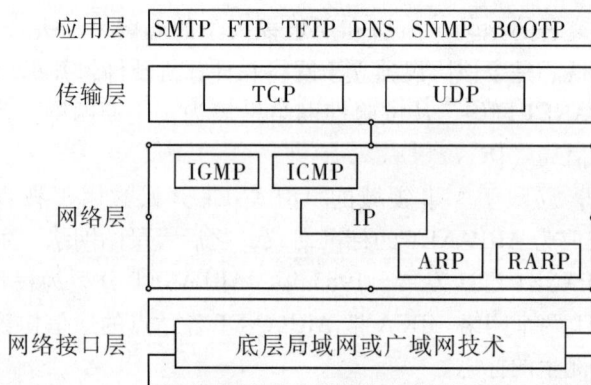

应用层	SMTP FTP TFTP DNS SNMP BOOTP
传输层	TCP UDP
网络层	IGMP ICMP / IP / ARP RARP
网络接口层	底层局域网或广域网技术

图 3-3 TCP/IP 协议模型

（1）网络接口层：TCP/IP 协议的最低层，也是主机与网络的实际连接层，负责通过线路传输帧接收帧。对于 OSI 的数据链路层和物理层，TCP/IP 不提供任何协议，完全由网络接口协议代替。

（2）网络层：负责相邻计算机之间的通信。其功能包括三个方面：一是负责处理来自传输层的分组发送请求，收到请求后，将分组装入 IP 数据报，填充报头，选择去往信宿机的路径，然后将数据报发往适当的网络接口。二是负责处理输入数据报，首先检查其合法性，然后进行寻径。假如该数据报已到达信宿机，则去掉报头，将剩下部分交给适当的传输协议；假如该数据报尚未到达信宿，则转发该数据报。三是负责处理路径、流控、拥塞等问题。该层的主要协议是 IP 协议和 ARP/RARP 地址的解析协议。ARP 是将因特网的 IP 地址转换成物理地址，而 RARP 是反向地址解析，将物理地址转换为因特网的 IP 地址。

（3）传输层：负责应用进程间端到端的通信会话连接，并将数据无差错地传给相邻的上一层或下一层。该层定义了两种主要的协议，即传输控制协议 TCP 和用户数据报协议 UDP（User Datagram Protocol）。其中，TCP 提供的是一种可靠的面向连接的服务，该协议通信的可靠性高，但效率低；UDP 提供的是一种不太可靠的无连接服务，通信效率高，但可靠性低。

（4）应用层：TCP/IP 协议的最高层，该层向用户提供各种 Internet 管理和服务，如 WWW 服务、电子邮件、文件传输、远程登录、域名服务等。应用层提供了大量面向用户的协议，主要有以下几种：

Telnet：网络终端协议，负责用户远程登录服务。

FTP（File Transfer Protocol）：文件传输协议，负责网络中主机间的文件拷贝传送。

SMTP（Simple Mail Transfer Protocol）：简单邮件传输协议，负责电子邮件的传送。

POP 3（Post Office Protocol 3）：邮局协议第 3 版本，用于接收邮件。

DNS（Domain Name Service）：域名解析服务协议，负责域名到 IP 地址之间的转换。

HTTP（Hyper Text Transfer Protocol）：超文本传输协议，用于客户机与 WWW 服务器间的数据传输。

SNMP（Simple Net Management Protocol）：简单网络管理协议，负责网络的管理。

三、Internet 的 IP 地址及域名

（一）IP 地址

IP 地址就是为了区分在因特网上成千上万台不同的计算机，给每个连接在因特网上的主机分配的一个 32bit 地址。因特网上的每台计算机都有一个唯一的地址，每个 IP 地址的长度为 32 位，分为 4 段，每段 8 位，用十进制数字表示，每段数字范围为 0 ~ 255，段与段之间用"."隔开。例如，202.108.22.5 即表示某台计算机的 IP 地址。

现有的互联网是在 IPv4 协议的基础上运行的。IPv6 是新版本，也是下一代的互联网协议，它的提出最初是因为随着互联网的迅速发展，IPv4 定义的有限地址空间将被耗尽，而地址空间的不足必将妨碍互联网的进一步发展。为了扩大地址空间，拟通过 IPv6 以重新定义地址空间。IPv4 采用 32 位地址长度，只有大约 43 亿个地址，而 IPv6 采用 128 位地址长度，几乎可以不受限制地提供地址。按保守方法估算，整个地球的每平方米面积上可实际分配 1 000 多个 IPv6 网络地址。

当前，IPv4 地址已经面临资源枯竭，预测 2013 年将全部用完，因此加强 IPv6 的下一代互联网建设势在必行。目前，IPv6 已经用到了多种通信业务上，如 2011 年 8 月的深圳大运会，中国电信率先为大运会构筑起下一代互联网（IPv6）的试商用体系，共覆盖大运会 58 个场馆，囊括了七大应用系统，涉及 RFID、无线宽带视频监控、高清赛事直播等多个领域。这也是 IPv6 新技术首次在国际大型赛事上实现规模应用，随着 IPv6 新技术在大运会上付诸实践，预计 IPv6 在国内商用的步伐将会加快。

IPv6 具备以下四大技术优势：

（1）地址资源更多。与 IPv4 相比较，IPv6 最直观的技术优势在于其可以提供的地址资源近乎无限。据了解，IPv6 能够为现在和将来的互联网应用提供更多的网络地址，它能够在现在 40 亿个 IPv4 的网络地址的基础上增加 340 万亿个 IPv6 网络地址。

（2）更加有利于物联网。IPv6 地址的无限充足意味着在人类世界，每件物品都能分到一个独立的 IP 地址。也正是因此，IPv6 技术的运用将会让物联网成为现实。这意味着，

所有的家具、电视、相机、手机、电脑、汽车……全部都可以纳入成为互联网的一部分。

（3）网络安全性更高。目前，病毒和互联网蠕虫是最让人头疼的网络攻击行为。但这种传播方式在 IPv6 的网络中就不再适用，因为 IPv6 的地址空间太大了，如果这些病毒或者蠕虫还想通过扫描地址段的方式来找到有可乘之机的其他主机，就犹如大海捞针了。

（4）网络实名管理更可行。IPv6 普及的另外一个重要的应用就是网络实名制下的互联网身份证。目前，基于 IPv4 的网络之所以难以实现网络实名制，一个重要原因就是因为 IP 资源的共用。但 IPv6 的出现使得 IP 资源将不再紧张，用户均可分配一个固定 IP 地址，这样实际上就实现了实名制。

（二）域名

域名是因特网上的计算机地址的另一种表现形式，它和 IP 地址一一对应，易于记忆，用得更普遍。域名由若干部分组成，之间用"."分开，每个部分由字母、数字、下划线组成。当用户要和因特网上某台计算机交换信息时，只需使用域名，由域名服务器将域名转换成 IP 地址。

域名是企业、组织和个人在网络上的重要标识，起着识别作用，便于他人识别和检索某一企业、组织或个人的信息资源，从而更好地实现网络上的资源共享。除了识别功能外，在虚拟环境下，域名还可以起到引导、宣传、代表等作用。目前，域名已经成为互联网的品牌、网上商标保护必备的产品之一。因此设计域名时，除了要根据公司名称或信息内容的性质来选择外，还要使域名简洁、易记、标识性强，并具有一定内涵。一个好的域名显然会大大有助于网址的推广，扩大站点的知名度。可以用品牌和企业名称作为域名，如 ibm. com，amazon. com，3721. com 等。

1. 域名的格式

域名系统（DNS）规定，域名由若干个英文字母、数字或下划线等标号组成，由"."分隔成几部分。域名中的每一部分标号不超过 63 个字符，也不区分大小写字母。由多个标号组成的完整域名总共不超过 255 个字符。级别最低的域名写在最左边，而级别最高的域名写在最右边，从右向左分别称作顶级域名、二级域名、三级域名，如 baidu. com. cn，sohu. com 等。

顶级域名主要分为两类：

（1）国家顶级域名。国家顶级域名指由"国家域"两个字符组成的域名。以国际国别识别符标准 ISO31660 为规范，各个国家都有自己固定的国家域名，如 cn 为中国、us 为美国、uk 为英国、sg 为新加坡等。以国家域名为后缀的域名通常也叫国内域名，如 baidu. com. cn 就是一个中国国内域名。

（2）类别顶级域名。类别顶级域名是指 com、net、org、gov、edu、mil、int 等域名，这些不同的标号分别代表了不同的机构性质。如 com 是商业机构，net 是网络服务机构，org 是社团组织机构，gov 是政府机构，edu 是教育机构，mil 是军事部门机构，int 是国际组织机构等。其中 com、net、org、int 可以直接作为最高顶级域名，不加国家域名后缀，直接写在整体域名的最右边，通常也叫国际顶级域名，如 www. sohu. com，www. ibm. com，www. cnnic. net 等。而 gov、edu、mil 等顶级域名在实际应用时，只有美国才能把它们作为最高顶级域名，其后省略了其国家域名 us，其他国家则不能省略国家域名后缀，以免混淆。例如，中华人民共和国中央人民政府 www. gov. cn、美国政府网站 www. usa. gov、广东省人民政府 www. gd. gov. cn 等。

后来，全球域名最高管理机构 ICANN 为满足和扩大域名市场的需求，又新增了一些类别域名，如 firm（公司企业机构）、cc（商业机构）、store（商业机构）、web（网络机构）、arts（文化机构）、biz（商业公司）、info（提供信息服务的企业）、name（个人）、pro（医生、律师、会计师等）、coop（商业合作社）、aero（航空运输业）、museum（博物馆）等。

二级域名是指顶级域名之下的域名，写在顶级域名的左边。在国际顶级域名下，它是指域名注册人的网上名称，如 sohu，ibm，cnnic 等；在国家顶级域名下，它是指注册单位的类别符号，如 com，edu，gov，net 等。我国在国际互联网络信息中心正式注册并运行的顶级域名是 cn，这也是我国的一级域名。在国家顶级域名之下，我国的二级域名又分为类别域名和行政区域名两类。类别域名共 6 个，包括用于科研机构的 ac、用于工商金融企业的 com、用于教育机构的 edu、用于政府部门的 gov、用于互联网络信息中心和运行中心的 net 和用于非营利组织的 org；而行政区域名有 34 个，分别对应我国各省、自治区和直辖市，如吉林为 jl、广东是 gd 等。

2. 域名的注册

域名注册是因特网中用于解决地址对应问题的一种方法。域名未经法定机构注册不得使用，注册域名遵循先申请先注册原则，一旦取得注册便具有唯一性，其他任何人不得注册、使用相同的域名。域名一经获得即可永久使用，并且无须定期续展，域名的使用是全球范围的，没有传统的地域性的严格限制。

注册国内域名和国际域名是有区别的。国际域名是指在美国的域名注册管理机构 ICANN 注册的域名；国内域名是指在中国国际互联网信息中心 CNNIC 注册的。两者的区别在于，国际域名没有国别标识，而国内域名最后加了 ". cn" 这个中国的国别标识。注册国内域名可以自己到 CNNIC 办理，也可委托代理办理，注册国际域名一般都由代理办理。

ICANN（The Internet Corporation for Assigned Names and Numbers）即互联网名称与数字地址分配机构，它是 1998 年 10 月成立的一个集合了全球网络界商业、技术及学术各领域专家的非营利性国际组织，负责互联网协议（IP）地址的空间分配、协议标识符的指派、通用顶级域名（gTLD）、国家和地区顶级域名（ccTLD）系统以及根服务器系统的管理。CNNIC（China Internet Network Information Center）即中国互联网络信息中心，是中国 CN 域名的管理机构。CNNIC 授权注册商，注册商直接从 ICANN 批发域名。最为通用的域名 .com/. net 的管理机构是 ICANN，但 ICANN 并不负责域名注册，只是管理其授权的域名注册商。在 ICANN 和注册商之间还有一个 Verisign 公司，注册商相当于从 Verisign 公司批发域名，但管理注册商的机构是 ICANN。

四、Internet 的接入方法

要使用因特网，必须以某种方式将计算机与因特网相连接，因特网的接入是电子商务交易的首要条件，常用的连接方法有以下五种：

（一）PSTN 拨号接入

PSTN（Published Switched Telephone Network，公用电话交换网）拨号上网是 20 世纪 90 年代中后期刚有互联网的时候，家庭用户上网使用最为普遍的一种方式。只要用户拥有一台个人电脑、一个外置或内置的调制解调器（Modem）和一根电话线，再向本地互联网服务提供商（ISP）申请自己的账号或购买上网卡，拥有自己的用户名和密码后，通过拨打 ISP 的接入号连接到 Internet 上。这种方式费用较低，但速度慢，可靠性差。

（二）ISDN 综合业务数字网

ISDN（Integrated Service Digital Network，综合业务数字网）接入技术俗称"一线通"，是一个数字电话网络国际标准，也是一种典型的电路交换网络系统。它采用数字传输和数字交换技术，将电话、传真、数据、图像等多种业务综合在一个统一的数字网络中进行传输和处理。用户利用一条 ISDN 用户线路，可以在上网的同时拨打电话、收发传真，就像两条电话线一样。ISDN 网络接入主要适用于普通家庭用户，其缺点是速率仍然较低，无法实现一些高速率要求的网络服务，且费用较高（接入费用由电话通信费和网络使用费组成）。

（三）DDN 数字数据网络

DDN（Digital Data Network）数字数据网络是利用光纤数字传输通道和数字交叉复用节点组成的，随着数据通信业务发展而迅速发展起来的一种新型传输网网络。DDN 的主干网传输媒介有光纤、数字微波、卫星信道等，用户端多使用普通电缆和双绞线。DDN 将数字通信技术、计算机技术、光纤通信技术以及数字交叉连接技术有机地结合在一起，提供了高速度、高质量的通信环境，可以向用户提供点对点、点对多点透明传输的数据专线出租电路，为用户传输数据、图像、声音等信息。DDN 网络接入速度快，但费用较高，适合社区商业的使用。

（四）xDSL 数字用户线路

xDSL 是一种通过在现有的电信网络上采用较高的频率和高级调制技术，即利用在模拟线路中加入或获取更多的数字数据的信号处理技术来获得高传输速率，从而使用户和电信运营商之间形成高速网络连接的技术。xDSL 是各种类型 DSL（Digital Subscriber Line）数字用户线路的总称，包括 ADSL（Asymmetrical Digital Subscriber Line）、HDSL（High data rate Digital Subscriber Line）和 VDSL（Very high data rate Digital Subscriber Line）等。各种 DSL 技术最大的区别体现在信号传输速率和距离的不同，以及上行信道和下行信道的对称性不同这两个方面。在 xDSL 技术体系中，目前在中国应用最为广泛的是 ADSL 技术。

ADSL 是一种能够通过普通电话线提供宽带数据业务的技术，也是目前极具发展前景的一种接入技术。ADSL 素有"网络快车"之美誉，因其下行速率高、频带宽、性能优、安装方便、不需交纳电话费等特点而深受广大用户喜爱，成为继 Modem、ISDN 之后的又一种全新的高效接入方式。

（五）无线网络

无线网络接入是一种有线接入的延伸技术，使用无线射频技术或红外线技术收发数据，利用无线电取代电线连接，既可达到接入因特网的目的，又可让设备自由安排和搬动。它是通过无线介质将用户终端与网络节点连接起来，以实现用户与网络间的信息传递。无线信道传输的信号应遵循一定的协议，这些协议即构成无线接入技术的主要内容。无线接入的优势在于不需要布线，非常适合移动办公。

1. Wi－Fi 无线接入

Wi－Fi 即无线保真技术，是一种可以将个人电脑、手持设备（如掌上电脑、手机）等终端以无线方式互相连接的短程无线传输技术，能够在数百米范围内支持互联网接入的无线电信号。随着技术的发展，以及 IEEE 802.11a 和 IEEE 802.11g 等标准的出现，现在 IEEE 802.11 这个标准已被统称作 Wi－Fi。通过在公共开放的场所、机场、车站、图书馆、企业内部等人员密集区设置"热点"，装有无线网卡的移动终端通过无线手段即可方便接入互联网。Wi－Fi 最主要的优势在于不需要布线，可以不受布线条件的限制，因此容易满足移动办公用户的需要，具有广阔的市场前景。目前，它已经从传统的医疗保健、库存控制和管理服务等特殊行业向更多行业拓展，甚至开始进入家庭以及教育机构等领域。

2. 3G 无线接入

3G 即第三代移动通信技术（3rd－generation），是指将无线通信与国际互联网等多媒体通信结合的新一代移动通信系统。3G 与 2G 的主要区别是在传输声音和数据的速度上，3G 能够在全球范围内更好地实现无线漫游，并处理图像、音乐、视频流等多种媒体形式，提供包括网页浏览、电话会议、电子商务等多种信息服务，速率一般在几百 kbps 以上。目前 3G 存在四种标准，即 CDMA2000，WCDMA，TD－SCDMA，WiMAX。

WiMAX 即微波存取全球互通（Worldwide Interoperability for Microwave Access），又称为 802.16 无线城域网，是又一种为企业和家庭用户提供"最后一英里"的宽带无线连接方案。2007 年 10 月 19 日，在国际电信联盟于日内瓦举行的无线通信全体会议上，经过多数国家投票通过，WiMAX 正式被批准成为继 WCDMA、CDMA2000 和 TD－SCDMA 之后的第四个全球3G 标准。

2008 年 6 月中国电信业重组，中国移动和铁通组成新中国移动，中国联通（CDMA 网）和中国电信组成中国电信，中国联通（GSM 网）和中国网通组成中国联通，从而中国电信运营商形成了三足鼎立之势。2009 年 1 月，工业和信息化部为中国移动、中国电信和中国联通发放三张第三代移动通信（3G）牌照，此举标志着我国正式进入 3G 时代。其中，批准中国移动增加基于 TD－SCDMA 技术制式的 3G 牌照（TD－SCDMA 为我国拥有自主产权的 3G技术标准）；批准中国电信增加基于 CDMA2000 技术制式的 3G 牌照；批准中国联通增加基于 WCDMA 技术制式的 3G 牌照。

五、Internet 的 WWW 技术

WWW 技术诞生于 1990 年，随后便迅速占据了因特网技术的主流地位。目前，WWW 技

术已经在因特网中广泛应用，日益显现出无穷的魅力和广阔的应用前景。WWW 技术是 Internet 的技术基础，是电子商务系统的主要实现技术，也是构建电子商务网站的基本要求。

（一）WWW 概述

WWW 即 World Wide Web，也称 Web 或万维网。Web 是基于客户机/服务器（C/S，Client/Server）的一种体系结构（如图 3-4 所示），是以 HTML 语言和 HTTP 协议为基础，能够提供面向各种因特网服务的一种分布式信息系统。其通信原理是：由浏览器（客户机）向服务器发出 HTTP 请求，服务器接到请求后，进行相应的处理，并将处理结果以 HTML 文件的形式返回浏览器，客户浏览器对其进行解释并显示给用户。

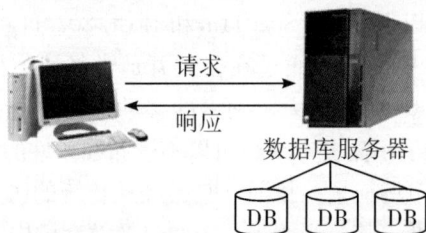

图 3-4 C/S 结构示意图

Web 是因特网提供的一种服务，通过它可以访问因特网的每一个角落。由于 WWW 的使用最普遍，使得许多人认为 Web 就等于因特网。而实际上 Web 只是建立在因特网上的一种体系结构，是存储在世界范围的因特网服务器中数量巨大的文档的集合。

（二）WWW 技术

1. HTTP 协议

HTTP（Hyper Text Transfer Protocol）即超文本传输协议，是 Web 服务器和客户浏览器之间传输 Web 文档时应遵守的协议规则。所谓"超文本"是指信息组织形式不是简单地按顺序排列，而是对不同来源的信息加以连接，可连接的信息有文本、图像、动画、声音和影像等，这种连接关系称为"超链接"。HTTP 是 WWW 技术的核心，它通过一种超链接的方式，将分布在不同服务器上的多媒体信息网页连接成一个有机的整体，建立起超链接指向不同的网页，当通过鼠标点击超级链接时，被指向的网页内容即被显示。

与其他的 Internet 协议一样，HTTP 采用 C/S 结构。人们将数据等大量信息存储在共享的服务器上，使价格低廉的个人计算机（客户机）与之相连，以便享用服务器提供的高性能服务。一个客户机可以向多个不同的服务器请求，一个服务器也可向多个不同的客户机提供服务。

HTTP 协议是一个无连接的协议，即限制每次连接只处理一个请求，当客户接到来自服务器的应答后即关闭连接。一次完整的 HTTP 操作必须要有一个客户和一个服务器才能完成。一个完整的 HTTP 事务由以下四个阶段组成：一是客户与服务器建立 TCP 连接；二是客户向服务器发送请求；三是如果请求被接受，则服务器响应请求，发送应答；四是客户与服务器关闭连接。

2. HTML 语言

HTML（Hypertext Markup Language）即超文本标识语言，它不是一种程序设计语言，而是一种网页描述语言，是一些代码的组合，这些代码放置在文本中，使文本能被浏览器解释并以指定的方式显示出来，这个被解释和显示的语言就是 HTML。由 HTML 生成的文档叫做超文本文档，是以 . Htm 或 . Html 为后缀的文件。

HTML 语言并不复杂，它有一定的语法格式和十几种语句。编辑 HTML 文本时需加一些标记（tag），说明段落、标题、图像、字体等。当用户通过网页浏览器阅读 HTML 文件时，浏览器负责解释插入到 HTML 文本中的各种标记，并以此为依据显示文本的内容。对于服务器来说，访问 HTML 编码信息的是哪种计算机或浏览器都没关系，只要浏览器支持该版本的 HTML 即可。HTML 是典型的标记语言，不受平台的限制，很适合在 Internet 各种平台之间传送信息。早期的网页主要通过使用 HTML 语言编制实现，它可以通过各种可视化工具软件如 Frontpage，Dreamweaver，Flash 等来设计。

3. XML 语言

XML（Extensible Markup Language）即可扩展标识语言，是互联网联合组织 W3C（World Wide Web Consortium）构想并创建的一组数据格式规范。在国内，很多人将 XML 理解为 HTML 的简单扩展，其实不然。

在 XML 出现之前，因特网上数据交换主要是通过 HTML 来完成，那时 HTML 已成为网上信息交流的标准格式。尽管 HTML 在人机界面、网页布局等方面做得非常好，但其标签大部分是用来对页面进行布局的，缺乏对数据信息含义的表达，对用户自己定义的标记是不认识的，也不能支持特定领域的标记语言。

XML 是一种简单通用的数据格式，它可以由用户自定义标签，极大地增强了对信息含义的表达能力。用户可以按照自己的要求组织数据的格式，只要双方遵循同一 XML 数据格式，就可以在不同的用户、不同的系统之间利用 XML 作为媒介进行数据交换，极大地方便了数据在因特网上的交流。XML 以一种开放的自我描述方式定义数据结构的特点，使得 XML 在电子商务的应用上具有广阔的前景。从长远来看，XML 将成为设备、网页浏览器、计算机、服务器和应用程序之间通信的混合语言，任何两个应用程序（不管是谁建立或何时建立的）之间都能相互交换信息。

4. Java 与 Java Script 语言

为了提高 WWW 的交互性，Sun 公司开发了 Java 语言。Java 语言是一种非常适合因特网环境编程的语言，具有简单、安全、跨平台、分布式、可移植、高性能、动态性等优点，成为网络计算及因特网应用的良好平台。尤其是 Java 的跨平台和安全性两大特性很适合涉及多种平台的商务应用，也满足了电子商务安全性的需要。

Java Script 是一种介于 Java 与 HTML 之间、基于对象的脚本语言，1996 年由 Netscape 公司首创。Java Script 继承了 Java 的特征，具有安全性和跨平台性，是大多数浏览器都支持的脚本语言。Java Script 可嵌入 HTML 文档中，使静态的 HTML 网页成为动态交互式网页，从而使网页变得生动。

VBScript（Visual Basic Script）也是一种具备类似于 Java Script 功能的脚本语言，由 Microsoft（微软）公司推出，建立在微软公司 Visual Basic 编程语言的基础上，是 Visual Basic 的简化版，也是 ASP 默认脚本语言。不同的是，VBScript 是针对服务器端的脚本语言，缺乏浏览器的广泛支持，只局限于在微软的 Internet Explorer 浏览器上使用。

5. ASP 技术

ASP（Active Server Page）即动态服务器页面的缩写，是一种服务器端的脚本运行环境，通过它可以建立并运行动态、交互、高性能的 WWW 服务器，它是建立动态网站所需要的技术之一。ASP 页面是一种嵌入用某种脚本语言（如 VBScript 和 Java Script）书写的程序代码的 HTML 页面。与一般的带有脚本的 HTML 页面不同，ASP 页面中的脚本程序代码不发送至客户浏览器解释执行，而是由 IIS 服务器解释，在 WWW 服务器中运行，并将结果生成 HTML 语句，与 ASP 页面中非脚本代码的 HTML 部分合并成一个完整的网页，返回至浏览器。所以，不需考虑浏览器是否支持 ASP，一切工作都在服务器端进行，浏览器只需支持标准 HTML 文件即可。

与 ASP 技术类似的还有 PHP（Hypertext Preprocessor）超文本预处理器技术。PHP 是一种用于服务器端的脚本程序并运行在服务器端，它支持大多数的 WWW 服务器，如 Unix，Microsoft Internet Information Server（IIS）和 Personal Web Server（PWS）等。

6. JSP 技术

JSP（Java Server Page）是 1999 年 6 月由 Sun 公司推出的一种动态网页技术标准，它为创建显示动态生成内容的 WWW 页面提供了一个简捷而快速的方法，已经得到广泛应用。JSP 技术类似于 ASP 技术，它是在传统的网页 HTML 文件中插入 Java 程序段或 JSP 标记，从而形成 JSP 文件。用 JSP 开发的 Web 应用是跨平台的，既能在 Linux 下运行，也能在其他操作系统上运行。

JSP 技术使用 Java 编程语言编写 XML 的标记和 Java 程序段来封装产生动态网页的处理逻辑。网页还能通过标记和程序段访问存在于服务端的资源的应用逻辑。JSP 将网页逻辑与网页设计和显示分离，支持可重用的基于组件的设计，使基于 Web 的应用程序的开发变得迅速和容易。Web 服务器在遇到访问 JSP 网页的请求时，首先执行其中的程序段，然后将执行结果连同 JSP 文件中的 HTML 代码一起返回给客户。插入的 Java 程序段可以操作数据库、重新定向网页等，以实现建立动态网站所需要的功能。

第三节　Intranet 和 Extranet 相关技术

一、Intranet 技术

Intranet 又称企业内部网，是指采用 Internet 技术（软件、服务和工具），以 TCP/IP 协议作为基础，以 Web 为核心应用，服务于企业内部事务，将企业内部作业计算机化，以实现企业内部资源共享的网络。简单来讲，Intranet 是一个既具有防止外界入侵的安全措施，又可以与因特网连接的内部网络。

目前，企业内部网已经成为企业在电子商务时代为了提高竞争力、强化企业内部管理、降低成本而建立的应用网络之一。Intranet 的最大优势就是加快了企业内部的信息交流，并能在最短的时间内将相关信息传送到世界的每一个角落。通过它，一方面企业可以方便地享受诸如 e-mail、文件传输（FTP）、电子公告和新闻、数据查询等服务，增强员工之间的互助与合作，简化工作流程，使企业内部的运作更加有效；另一方面它可以与 Internet 连接，实现企业内部网上用户对 Internet 的浏览、查询，同时对外提供信息服务，可发布本企业信息，实现企业业务增值。

（一）Intranet 的基本结构

Intranet 是一组沿用 TCP/IP 协议的、采用客户/服务器结构的内部网络，主要由客户机、服务器、防火墙、物理网络设备等部分构成，其结构图如图 3 – 5 所示。

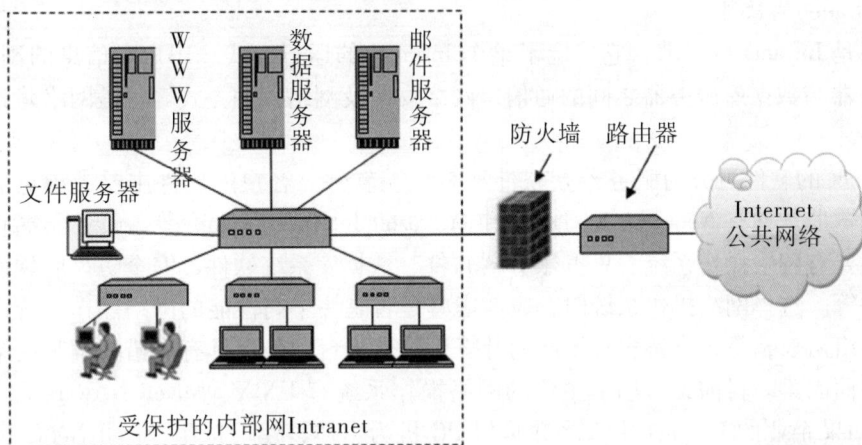

图 3 – 5　企业内部网 Intranet 的基本结构

服务器端是一组 Web 服务器，用以存放 Intranet 上共享的 HTML 标准格式信息以及应用，客户端则为配置了浏览器的工作站，用户通过浏览器以 HTTP 协议提出存取请求，Web 服务器则将结果回送到原始客户。Intranet 通常可包含多个 Web 服务器，如一个大型国际企业集团的 Intranet 常常会有多达数百个 Web 服务器及数千个客户工作站。这些服务器有的与机构组织的全局信息及应用有关，有的仅与某个具体部门有关，这些分布组织方式不仅有利于降低系统的复杂度，也便于开发和维护管理。由于 Intranet 采用标准的因特网协议，某些内部使用的信息能随时方便地发布到公共的 Internet 上去。另外，考虑到安全性，可以使用防火墙将 Intranet 与 Internet 隔离开来。这样，既可提供对公共 Internet 的访问，又可防止机构内部机密的泄露。

（二）Intranet 的构建

企业组建 Intranet 的目的是满足企业自身发展的需要，因此应根据企业的实际情况和要求来确立所建立的 Intranet 应具有哪些具体功能以及如何去实现这样一个 Intranet。所以，不同的企业构建 Intranet 会有不同的方法，但不管哪种 Intranet 的构建，都会涉及网络基础设施及接入方式、软硬件的配置和选择、安全的需求和实施、Intranet 的日常维护等问题，其中 Intranet 构建的技术方面更是不容忽视。

1. Intranet 的硬件配置

在选择组成 Intranet 的硬件时，应着重考虑服务器的选择。由于服务器在网络中运行网络操作系统、进行网络管理或是提供网络上可用的共享资源，因此对服务器的选择显然不同于一般的普通客户机，应该按照服务器的不同类型，如 WWW 服务器、数据库服务器、打印服务器等而有所侧重。一般要求所选用的服务器具有大的存储容量以及足够的内存和较高的运行速度，并且具有良好的可扩展性，以满足将来更新换代的需要，保证当前的投资不至于在短时间内被消耗掉。

其余的硬件设备有路由器、交换机、集线器、网卡和传输介质等。所选择的这些设备应具有良好的性能，能使网络稳定地运行。此外，在此前提下，还应遵循经济性原则。

2. Intranet 的软件配置

软件是 Intranet 的灵魂，它决定了整个 Intranet 的运行方式、用户对信息的浏览方式、Web 服务器与数据库服务器之间的通信、网络安全及网络管理方式等，是网络建设中极为重要的一环。

Intranet 的软件可分为服务器端软件和客户端软件。客户端软件主要为浏览器，目前常用的浏览器软件有 Netscape Navigator 和 Microsoft Internet Explore 等。服务器端软件较为复杂，主要有网络操作系统、Web 服务器软件、数据库系统软件、安全防火墙软件和网络管理软件等。选择网络操作系统时，应考虑其是否是一个高性能的网络操作系统，是否支持多种网络协议，是否支持多种不同的计算机硬件平台，是否具有容错技术和网络管理功能等多方面因素。目前，市场上主流的网络操作系统有 UNIX、Novell Netware 和 Windows NT 等。如果企业的 Intranet 中大多数是以 PC 机为主体，建议选用 Novell Netware 和 Windows NT。

3. 网络安全技术

Intranet 一般都与 Internet 互连，很容易受到非法用户的入侵，因此，网络安全技术对于企业内部网来说非常重要，目前常用的安全措施主要有分组过滤、防火墙、代理技术、数据加密技术、网络监测和病毒监测等。

（1）防火墙技术。为确保企业信息和机密的安全，需要在 Intranet 与 Internet 之间设置防火墙。防火墙可看做是一个过滤器，用于监视和检查流动信息的合法性。目前，防火墙技术主要有包过滤技术（Packet Filter）、电路级网关（Circuit Gateway）、应用级网关（Application Gateway）以及规则检查防火墙（Stalaful Inspection）等。在实际应用中，防火墙的设置并非单纯采用某一种技术，而是几种技术相结合。

（2）数据加密技术。数据加密技术是数据保护的最主要和最基本的手段。通过数据加密技术，把数据变成不可读的格式，防止企业的数据信息在传输过程中被篡改、删除和替换。目前，数据加密技术大致可分为对称密钥加密和非对称密钥加密两大类。

二、Extranet 技术

Extranet 即企业外部网，它是企业之间遵循同样的协议和标准，将多个企业内部网连接起来的信息网络。Extranet 是一种广义上的企业内部网，它把企业以及供应商或经销商等贸易伙伴有机地联系在一起，通过它企业间可以非常密切地进行信息交换和联系，以提高社会协同生产的能力和水平。

外部网的信息传递是安全的，既可以防止信息泄露给未经授权的用户，授权用户又可以公开地通过外部网络连入其他企业的网络。通过 Extranet，企业之间可以协调采购、交换业务单证等，实现彼此之间的交流和沟通。外部网与因特网不同，它是企业间业务联系的独立网络。通过存取权限的控制，Extranet 允许合法使用者存取远程企业的内部网络资源，达到企业与企业间资源共享的目的。

（一）Extranet 的作用

Extranet 采用 Internet 技术，应用成本低，并且可以把网络连向全球的每个角落，这使得 Extranet 成为实现电子商务的重要媒介。Extranet 在电子商务中的应用很多，其作用非常明显。例如，可以减少中间环节和库存积压、缩短运营周期、方便供应链管理等。

1. 减少库存积压

任何企业都需要降低库存，甚至希望达到零库存生产。要想达到这一目标必须具备两个条件：一是预知上游供货商的供货情况，即能否及时供货；二是掌握下游用户的需求情况，即能否及时出货。通过 Extranet，生产企业与上、下游企业之间可以共享信息数据库，有计划地安排生产，减少库存积压。

2. 缩短运营周期

利用 Extranet，供货商可以在网上随时把握客户的生产进度和库存状况，从而适时调整生产计划；采购方可以在网上随时掌握订单的进展情况和所采购货物的物流情况；分销商则可以在网上随时查询供货商的情况和商品的相关信息。通过整个供应链上供求信息的共享，可以提高整体供应链管理的效率，缩短运营周期。据资料统计，美国通用电气公司采用 Extranet 替代传统的电话、传真和寄送邮件等方式与自己的供应商进行沟通后，其产品的采购周期由原来的 14 天缩短到了 7 天。

（二）Extranet 的基本结构

Extranet 通常是 Intranet 和 Internet 基础设施上的逻辑覆盖，仅用访问控制和路由表进行控制，而不是建立新的物理网络。Extranet 通常连接两个或多个已经存在的 Intranet，每个 Intranet 由分布在各地的多个 Web 和其他设施构成。因此，构成 Extranet 的主要有防火墙、Intranet 以及用于连接企业内部网的专用网络、虚拟专用网络 VPN、公共网络和其他公用网等，如图 3 - 6 所示。

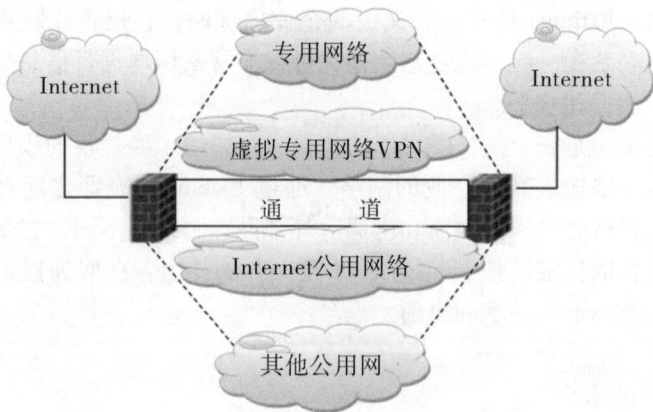

图 3 – 6 外部网 Extranet 的基本结构

1. 公共网络

如果一个企业允许公众通过任何公共网络访问该企业的内部网，或两个以上的企业同意用公共网络把他们的内部网连在一起，这就形成了公共外部网。在这种结构中，因为公共网络不提供任何安全保护措施，因此保证安全性是其关键问题。为了企业外部网的安全，可以通过设置防火墙来完成，但防火墙也不能保证 100% 的安全，因此用公共网构建的 Extranet 风险很大。

2. 专用网络

专用网络是指两个企业间的专线连接，即两个企业之间的内部网的物理连接。与一般的拨号连接不同，专线网络始终在线，且只有合法授权的企业能够在线，未经许可的其他任何个人或企业均不能进入专用网。因此，这种网络的安全性非常高，但专用网络需要每个企业都有一条独立的专线连入专用网，成本很高。

3. 虚拟专用网络

虚拟专用网（Virtual Private Network，VPN）是目前外部网的主要形式，它通过一个公用网络（通常是因特网）建立一个临时的、安全的连接，是一条穿过混乱的公用网络的安全、稳定的隧道。使用这条隧道可以对数据进行几倍加密达到安全使用互联网的目的。虚拟专用网可以帮助远程用户、公司分支机构、商业伙伴及供应商同公司的内部网建立可信的安全连接，用于经济有效地连接到商业伙伴和用户的安全外联网虚拟专用网。VPN 主要采用隧道技术、加解密技术、密钥管理技术和使用者与设备身份认证技术。

本章小结：

本章首先介绍了计算机网络的相关知识，如计算机网络的概念、计算机网络的拓扑结构和体系结构、计算机网络的通信设备及传输介质等，让大家对计算机网络有一个较为全面的了解和认识。

接下来就电子商务的基础网络因特网技术作了详细的介绍和探讨，包括因特网的起源、ARPANET 军事通信网及其发展、因特网的 TCP/IP 通信协议、因特网的 IP 地址及域名系统、因特网的五种主要接入方法和因特网的核心技术 WWW 技术。其中，还涉及网站建设、网页设计和 WWW 服务所用到的编程语言、网页编制语言及相关协议等，如 Java、ASP、HTML、XML、HTTP 等。

最后，简单介绍了企业开展电子商务的另外两个常用网络的应用及技术，即企业内部网 Intranet 和企业外部网 Extranet。

【案例 3 - 1】

海尔的电子商务系统

海尔是国内大型企业中第一家开展电子商务业务的公司，它率先推出了电子商务业务平台。为进入一体化的世界经济，海尔累计投资 1 亿多元建立了自己的 IT 支持平台，为电子商务服务。2000 年 3 月 10 日，海尔投资成立电子商务有限公司。4 月 18 日，海尔电子商务平台开始试运行，6 月份正式运营。到当年 12 月 31 日，海尔 B2B 的采购额已达到 77.8 亿元，B2C 的销售额达到 608 万元。

在海尔集团内部有内部网和 ERP 的后台支持体系。海尔有七个工业园区，各地还有工贸公司和工厂，相互之间的信息传递全靠信息化网络，没有内部网络的支持是无法想象的。各种信息系统（如物料管理系统、分销管理系统、电话中心、C3P 系统等）的应用也日益深入。海尔以企业内部网络、企业内部信息系统为基础，以因特网（外部网、海尔自己的网站）为窗口，搭建起了真正的电子商务平台。

一、业务流程重组：信息系统建立

海尔现有 10 800 多个产品品种，平均每天开发 1.3 个新产品，每天有 50 000 台产品出库；一年的资金运作进出达 996 亿元，平均每天需做 2.76 亿元结算，1 800 多笔账目；在全球有近 1 000 家供方（其中世界 500 强企业 44 个），营销网络 53 000 多个；拥有 15 个设计中心和 3 000 多名海外经理人。如此庞大的业务体系，依靠传统的金字塔式管理架构或者矩阵式模式是很难维持正常运转的，因而业务流程重组势在必行。

总结多年管理经验，结合市场链模式，海尔集团对组织机构和业务流程进行了调整。商流本部、海外推进本部从全球营销网络获得的订单形成订单信息流，传递到产品本部、事业部和物流本部，物流本部按照订单安排采购配送，产品事业部组织安排生产；生产的产品通过物流的配送系统送到用户手中，而用户的货款也通过资金流依次传递到商流、产品本部、物流和供方手中。这样就形成横向网络化的同步业务流程。

在业务流程再造的基础上，海尔形成了"前台一张网，后台一条链"（前台的一张网是海尔客户关系管理网站，后台的一条链是海尔的市场链）的闭环系统，构筑了企业内部供应链系统、ERP 系统、物流配送系统、资金流管理结算系统和遍布全国的分销管理系统及客户服务响应 Call-center 系统，并形成了以订单信息流为核心的各子系统之间无缝连接的系统集成。

二、ERP 和 CRM：快速响应客户需求

海尔 ERP（企业资源计划）系统和 CRM（客户关系管理）系统的目的是一致的，都是快速响应市场和客户的需求。前台的 CRM 网站作为与客户快速沟通的桥梁，将客户的需求快速收集、反馈，实现与客户的零距离沟通；后台的 ERP 系统可以将客户需求快速

触发到供应链系统、物流配送系统、财务结算系统、客户服务系统等流程系统，实现对客户需求的协同服务，大大缩短对客户需求的响应时间。

海尔集团于2000年3月10日投资成立海尔电子商务有限公司，全面开展面对供应商的B2B业务和针对消费者个性化需求的B2C业务。通过电子商务采购平台和定制平台与供应商和销售终端建立紧密的互联网关系，建立起动态企业联盟，达到双赢的目标，提高双方的市场竞争力。在海尔搭建的电子商务平台上，企业和供应商、消费者实现互动沟通，使信息增值。

面对个人消费者，海尔可以实现全国范围内网上销售业务。消费者可以在海尔的网站上浏览、选购、支付，然后在家里静候海尔的快捷配送及安装服务。

三、CIMS和JIT：海尔e制造

海尔的e制造是根据订单进行的大批量定制。海尔ERP系统每天准确自动地生成向生产线配送物料的BOM（Biu of Material，物料清单），通过无线扫描、红外传输等现代物流技术的支持，实现定时、定量、定点的三定配送；海尔独创的过站式物流，实现了从大批量生产到大批量定制的转化。

实现e制造还需要柔性制造系统。在满足用户个性化需求的过程中，海尔采用计算机辅助设计与制造（CAD/CAM），建立计算机集成制造系统（CIMS）。在开发决策支持系统（DSS）的基础上，通过人机对话实施计划与控制，从物料需求计划（MRP）发展到制造资源计划（MRP - Ⅱ）和企业资源计划（ERP）。还有集开发、生产和实物分销于一体的适时生产（JIT），供应链管理中的快速响应和柔性制造（Agile Manufacturing），以及通过网络协调设计与生产的并行工程（Concurrent Engineering）等。这些新的生产方式把信息技术革命和管理融为一体。

如今海尔在全集团范围内已经实施CIMS，生产线可以实现不同型号产品的混流生产。为了使生产线的生产模式更加灵活，海尔有针对性地开发了EOS商务系统、ERP系统、JIT三定配送系统等六大辅助系统。正是因为采用了这种CIMS柔性制造系统，海尔不但能够实现单台电脑客户定制，还能同时生产千余种配置的电脑，而且还可以实现36小时快速交货。

四、全面信息化管理：同步协作

海尔的企业全面信息化管理是以订单信息流为中心，带动物流、资金流的运动，所以，在海尔的信息化管理中，同步工程非常重要。

比如，美国海尔销售公司在网上下达一万台的订单，订单在网上发布之时，所有的部门都可以看到，并同时开始准备，相关工作并行推进。不用召开会议，每个部门只要知道与订单有关的数据，做好自己应该做的事就行了。如采购部门一看订单就会做出采购计划，设计部门也会按订单要求把图纸设计好。2001年3月24日，河北华联通过海尔网站的电子商务平台下达了5台商用空调的订单，订单号为5000541，海尔物流采购部门和生产制造部门同时接到订单信息，在计算机系统上，马上显示出负责生产制造的海尔商用空调事业部的缺料情况，采购部门与压缩机供应商在网上实现招投标工作，配送部门根据网上显示的配送清单4小时以内及时送料到工位。3月31日，海尔商用空调已经完成定制产品生产，5台商用空调室外机组已经入库。

由此可见，海尔电子商务的特色可由"两个加速"来概括：首先是加速信息的增值。无论何时何地，只要用户点击 www.ehaier.com，海尔就可以在瞬间提供一个 E＋T＞T 的惊喜——E 代表电子手段，T 代表传统业务，而 E＋T＞T，就是传统业务优势加上电子技术手段大于传统业务，强于传统业务。其次是加速与全球用户的零距离化，无论何时何地，www.ehaier.com 都会提供一个在线设计的平台，用户可以实现自我设计的梦想。

案例思考：

1. 海尔的 IT 技术应用都有哪些？
2. 海尔是如何开展电子商务的？

复习与讨论：

1. 简述计算机网络技术的核心及在电子商务中的作用。
2. 比较 OSI 模型的层次与 TCP/IP 协议。
3. 有几种方式可接入互联网，其各自的特点是什么？
4. 分析 WWW 技术所涉及的内容。
5. 讨论 Internet、Intranet、Extranet 三者之间的区别与联系。

第四章　电子商务的安全问题

主要内容：电子商务的不安全因素、网络安全措施、防火墙技术、加密技术和认证技术等。

教学目标：

1. 了解电子商务的不安全因素。

2. 了解网络安全措施，包括防火墙、DDN 专线、病毒防治等。

3. 了解网上信息传送的加密技术的原理，包括对称加密、非对称加密、混合加密。

4. 了解电子商务的认证技术，如数字摘要、数字签名、数字信封、数字时间戳、数字证书、认证机构、安全套接层协议（SSL）、安全电子交易协议（SET）等。

重点：加密技术的原理、数字签名。

难点：混合加密、数字证书的申请安装。

开章引例：

> 　　赵小姐在某品牌专卖店看中一件外套，于是决定回家上网找代购，搜索了很多网店，虽然有图片，但店主都称没货。赵小姐正感到失望的时候，终于有一个店主说有货，码数也齐全，而且还比别人便宜几十元，原价 498 元的衣服，代购只需 320 元，还包邮寄，确实很诱人。赵小姐立即决定拍下这件商品，但是卖家发来一个链接，称只有点击这个链接才有货，而且才有包邮寄的优惠。"虽然觉得有点不对劲，但还是打开了。"赵小姐说，"点开那个页面和正常的购物页面没什么区别，我毫无戒心地输入了信用卡号、身份证号码等。但回头打开自己的购物记录，却发现已购的宝贝中没有这件外套，而卖家的店铺已无法登录了。"赵小姐这才意识到自己被骗了。

　　电子商务给企业带来了前所未有的商机，同时也带来了一些特殊的风险。由于电子商务是通过因特网进行的商务活动，企业的经营和资产的安全不再是企业内部所能完全控制的。不诚信的交易伙伴、黑客攻击、计算机病毒等，都可以从地球上的任何一个角落通过网络威胁到电子商务的安全；通信线路和设备的故障问题也会造成业务的中断或数据出错，使企业蒙受巨大损失。本章对电子商务中的主要不安全因素及其控制技术等问题进行综述和剖析，主要集中在数据通信控制和交易伙伴的有效性认证、电子文件完整性和不可抵赖性等方面。

第一节　电子商务的安全要求和不安全因素

电子商务的前提和保证是安全，既能保证业务可靠、准确地进行，保证交易双方能顺利、正确地实现买卖的最终目标，商家能及时收到应收的款项，客户能及时收到所买的商品或服务，整个过程又不会导致各方机密信息的外泄。

一、电子商务的安全要求

1. 信息的真实性、有效性

电子商务以电子形式取代了纸张，如何保证这种电子形式的贸易信息的有效性和真实性是开展电子商务的前提。电子商务作为贸易的一种形式，其信息的有效性和真实性将直接关系到个人、企业或国家的经济利益和声誉。如果一个商家按客户的电子订单发出了所要求的商品，结果却没人收货，或者收货人否认订购过这些商品，或者说数量、规格不是他所订购的数量和规格，又或者收了货物但不支付货款，等等，这生意就白做了。同样，如是客户订了货，支付了货款，却收不到货，或者货不对板，还无处申诉，客户也亏大了。

2. 信息的机密性

电子商务作为贸易的一种手段，许多信息直接代表着个人、企业或国家的商业机密。传统的纸面贸易都是通过邮寄封装的信件或通过可靠的通信渠道发送商业报文来达到保守机密的目的。电子商务是建立在一个开放的网络环境上的，商业防泄密是电子商务全面推广应用的重要保障。例如，客户网上支付时如果其银行账号、密码外泄，客户的银行存款就很危险；商家的销售额、客户、价格、折扣折让等信息为竞争对手所获取，就可能对其产生不利，等等。

3. 信息的完整性

电子商务简化了贸易过程，减少了人为的干预，同时也带来维护商业信息的完整、统一的问题。由于数据输入时的意外差错，可能会导致贸易各方信息产生差异。此外，数据传输过程中信息的丢失、信息重复或信息传送的次序差异也会导致贸易各方信息的不同。因此，电子商务系统应充分保证数据传输、存储及电子业务完整性检查的正确和可靠。

4. 信息的可靠性和不可抵赖性

可靠性要求交易双方对自己所发送的交易信息完全负责，对对方的合法信息不会不正当地拒绝；不可抵赖性要求交易实体无法否认其确实发出过的信息和做过的行为。在传统的纸面贸易中，贸易双方通过在交易合同、契约或贸易单据等书面文件上手写签名或盖印章来鉴别贸易伙伴，确定合同、契约、单据的可靠性并预防抵赖行为的发生。在无纸化的电子商务方式下，通过手写签名和盖印章进行贸易方的鉴别已不可能，因此要在交易信息的传输过程中为参与交易的个人、企业或政府提供可靠的标识，保证发送方在发送数据后以及接收方在接收数据后都不能抵赖。

二、电子商务的不安全因素

在网上购物中，由于买卖双方一般不是在同一地区，也不是面对面交易，从而使买卖具有较大的不确定性。因为消费者是在网络上获悉商品的一切信息，一些无良商家就利用这一点，为了获得更大的利润，用次品代替正品来蒙骗消费者。由此导致了部分人对网上购物产生误解，他们认为网上的商品介绍均不直观、不可靠，对商品的质量保证和售后服务没有信心，这些给网上购物的发展带来了很大的阻力。综合起来，电子商务有许多不安全因素，主要有以下几种：

1. 信息有效性、完整性易受破坏

电子商务以电子文件取代了传统纸性凭证等文件，其信息的有效性难以保证。如网络故障、操作错误、应用程序错误、硬件故障、系统软件错误、计算机病毒所产生的潜在威胁、黑客攻击及人为诈骗等都可能使电子商务收到错误、无效的信息，必须从这些方面加以严密的控制和预防，以保证收到的贸易数据在确定的时刻、确定的地点是有效的。对信息的随意生成、修改和删除，多人、多次、多地对信息的输入、修改、存储，不规范的备份、复制等也都可能对数据信息的完整性造成威胁。

2. 机密信息外泄

电子商务建立在一个开放的网络环境上，交易中又要来往传送商家、客户、银行、中介等许多重要或机密的信息（最典型的如银行账号、密码），网上又有许多窃密高手和自动侦听的窃密软件，要保证机密信息不外泄，殊为不易。更有一些企业，为了一己私欲，将消费者的个人信息进行出售，或者没有得到消费者本人同意就利用消费者的个人信息进行商业活动。这种种情况都会使消费者对网上购物失去信心，阻碍了网上购物的发展。这是妨碍电子商务普及、发展以及提高的最大障碍。

3. 可靠性和不可抵赖性难以保证

在无纸化的电子商务方式下，购物网站是可靠的吗？供应商是真实存在的吗？商家的信息、产品广告、产品质量、商家信用可靠吗？客户身份、订单、信用真实吗？会不会出现发货后不付款或付款后收不到商品的情况，等等。下面举例说明这些不安全因素。

（1）货不对板。

李小姐在网上购买了一件299元的"百搭真皮皮衣"，但当她收到货时却大失所望，所谓的"真皮皮衣"原来是仿皮制造的。李小姐网购的这家店是韩国某品牌的专卖店，信用评价有3颗钻，好评度达99.83%，她正是相信了这些才放心购买的。后来调查发现，这家店铺之前并不是卖皮衣的，其所谓3钻的评价只是原来卖便宜的小饰品时得来的。

有许多网店宣称低价甩卖原装尾货，实际上却是极其粗糙的假货；据报道，国内某最大的网购平台之一曾以三年有机转换期的大米冒充有机大米销售；有的商品展示的图片十分光鲜逼真，消费者情不自禁地就将其放入了购物车，但收货后却发现实物与图片大相径庭，原来这些网店上展示的图片是杂志的图片，不是实物商品的照片；许多团购的美容、餐饮、旅游等服务产品质量和优惠与网上承诺的差别也很大。

（2）拖延发货时间。

由于第三方支付平台都设有默认交易期限，比如 20 天——自客户确认购物付款 20 天后如未收到异议，款项将自动划入卖家账户，自动结束交易。不诚实的商家故意拖延发货时间，当客户收到货时交易已自动结束，使消费者追诉无门。

（3）请消费者用柜员机转账划走消费者账户里的钱。

据说，网上购买机票时请消费者用柜员机转账的，十有八九是骗局。宛女士一次上网检索廉价机票时，发现一家名为中科航空的机票价格特别低，马上订了两张并通过网银付款，但完成交易时，对方网页却显示：网络速度慢，付款未完成，请再付一次。宛女士如是操作了三次，多给了 2 700 元。在联系对方客服时，对方要其去柜员机操作要回多付的款项，结果却是又被转走了 2 789 元。

（4）以相似的邮件地址冒充公司。

2011 年 6 月，偷渡入境的四名外籍人员用与江门市某公司电子邮箱相似的地址要求国外客户将公司货款汇到某指定账户，使该公司损失 137 万多元。[①]

（5）网站随意取消订单。

2011 年 7 月 28 日晚，何小姐在中国收藏热线网订购了一本标价 6 元的连环画，第二天晚上查阅该订单已确认成交，就在准备付款时，却发现该订单被卖家取消了，其解释是该书应是 60 元，为了节省上传费才标价为 6 元。

2011 年 7 月 28 日，当当网上出现 680 元的正品阿迪达斯运动鞋只卖 1 元，不少消费者下单付款成功，后来在未被告知的情况下被取消订单，或者随后收到的只是一双拖鞋和两双袜子。[②]

由于电子商务没有手写签名和盖印章等传统贸易的鉴别确认标识，也没有实地考察、商谈，可靠性没有保证。因此，未来要在交易信息的传输过程中为参与交易的个人、企业或国家提供可靠的标识，提高电子商务的可靠性和不可抵赖性。

第二节　网络安全措施

互联网的普及和应用，正逐步改变着人类的生活和工作方式。越来越多的政府、企业组织建立了依赖于互联网的业务信息系统，如电子政务、电子商务、网上银行、网络办公等，对社会的各行各业产生了巨大深远的影响，网络信息安全的重要性也在不断提升。近年来，企业所面临的网络安全问题越来越复杂，安全威胁的风险正在飞速增长，尤其是混

---

① 见 2011 年 8 月 4 日《广州日报》A19 版。

② 见 2011 年 8 月 4 日《广州日报》A15 版。

合威胁的风险，如黑客攻击、蠕虫病毒、木马后门、间谍软件、僵尸网络、DDOS 攻击①、垃圾邮件、网络资源滥用（P2P 下载、IM 即时通讯、网游、视频）等，极大地困扰着用户，对企业的信息网络造成严重的破坏，对电子商务安全构成严重威胁。而信息窃取、业务否认抵赖、信息欺诈等更是电子商务之大患。为避免或降低这些安全隐患，电子商务一般采取以下五种网络安全措施。

一、防火墙（Firewall）

防火墙是一台电脑（如 PC 机或服务器）或一个局域网（如 Intranet 或早期的 LAN）内由硬件或软件或硬、软件共同组成的一道屏障，它检查来自 Internet 或其他网络的信息，根据防火墙事先的设置，拒绝信息或允许信息到达个人计算机或局域网。在局域网中，防火墙通常设置在控制网关或代理服务器中，可检查局域网外来访问者的权限级别而自动堵塞或引导到本局域网内相应的服务器上，也可分隔 Intranet 局域网内不同部分之间的访问。防火墙在网络或不同部门间建立安全屏障，根据指定策略对数据进行过滤、分析和审计，对各种攻击提供防范。其安全策略有两条：一是"凡是未被准许的就是禁止的"，防火墙先封闭所有信息流，再审查要求通过的信息，符合条件的就让其通过；二是"凡是未被禁止的就是允许的"，防火墙先接收所有信息，然后逐项剔除有害内容，再转发到目标地址。

1. Windows 防火墙②

Windows 防火墙在安装 Windows 系统时就已安装好了。Windows 防火墙限制从其他计算机发送到用户计算机上的信息，这使用户可以更好地控制其计算机上的数据，并针对那些未经邀请而尝试连接到自己的计算机的其他用户或程序（包括病毒和蠕虫）提供了一条防御线。

在 Microsoft Windows XP Service Pack 2（SP2）中，Windows 防火墙在默认情况下处于打开状态（但一些计算机制造商和网络管理员可能会将其关闭）。不一定必须使用 Windows 防火墙，也可以安装和运行其他防火墙。但用户应先评估其他防火墙的功能，然后确定哪种防火墙能最好地满足自己的需要。如果选择安装和运行另一个防火墙，要先关闭 Windows 防火墙。

Windows 防火墙是如何工作的呢？当 Internet 或网络上的某人尝试连接到用户计算机时，我们将这种尝试称为"未经请求的请求"。当用户的计算机收到未经请求的请求时，Windows 防火墙会阻止该连接。如果用户运行的程序（如即时消息程序或多人网络游戏）需要从 Internet 或网络接收信息，那么防火墙会询问用户阻止连接还是取消阻止（允许）连接。如果用户选择取消阻止连接，Windows 防火墙将创建一个"例外"，这样当该程序日后需要接收信息时，防火墙就不会再询问了。例如，如果某个人在与您进行即时消息通信时要向您发送文件（比如照片），那么 Windows 防火墙将询问您是否要取消阻止该连

---

① DDOS 全名是 Distributed Denial of Service，即分布式拒绝服务攻击。很多 DOS 攻击源一起攻击某台服务器就组成了 DDOS 攻击，最基本的 DOS 攻击就是利用合理的服务请求来占用过多的服务资源，从而使服务器无法处理合法用户的指令。DDOS 最早可追溯到 1996 年年初，2002 年开始在中国频繁出现。

② 引自 Windows 控制面板设置中的防火墙说明。

接，以便允许照片到达您的计算机。或者，如果您要在 Internet 上与朋友玩多人网络游戏，那么可以将游戏添加为例外，这样，防火墙就会允许游戏信息到达您的计算机。

虽然可以为特定 Internet 连接和网络连接关闭 Windows 防火墙，但这样做会增加计算机安全性受到威胁的风险。

2. 局域网防火墙

局域网防火墙通常设置在局域网的控制网关或代理服务器中，可分为网络级防火墙和应用级防火墙。

网络级防火墙价格低但功能也低，它检查信息包的源地址和目标地址，依设定好的规则过滤信息，但其原则是引导信息到达相应的目标地址而非拒绝信息，所以黑客可通过 IP 地址的循询方法把自己伪装成合法的用户而攻入内部网。

应用级防火墙提供高级的用户化的网络安全控制设置，但价格相当高。它安装代理服务软件 Proxies，使得所有的电子邮件都可以进来，但对某些特定任务则可授权决定其访问权限，或使用一次性口令控制。应用级防火墙也对传送的信息进行登记、审查、生成报告以报告非授权的活动。

防火墙技术主要有以下三种：①包过滤技术，在网络层根据系统设定的安全策略决定是否让数据包通过，其核心是安全策略即过滤算法设计。②代理服务技术，提供应用层服务控制，起到外部网络向内部网络申请服务时中间转接作用。代理服务还用于实施较强数据流监控、过滤、记录等功能。③状态监控技术，在网络层完成所有必要的包过滤与网络服务代理防火墙功能。

防火墙的控制授权功能越复杂、越高级，其灵活性就越差，从而影响对外来信息访问的授权及方便性，严重时甚至会影响企业在 Internet 上做电子商务的能力，所以必须全面考虑安装何种级别的防火墙为宜。

防火墙实例：FortiGate – 3600A

（1）出品：北京泰和永安科技有限公司。

（2）外观：如图 4 – 1 所示。

图 4 – 1　　FortiGate – 3600A 防火墙外观

（3）主要参数：

设备类型：企业级防火墙

并发连接数：1 000 000

网络端口：8 个 10/100/1000 接口、2 个 1GB SFP 接口

用户数限制：无用户数限制

安全标准：FCC Class A、Part 15、UL/CUL、C Tick、CE、VCCI

VPN 支持：支持

（4）一般参数：

适用环境：工作温度：0℃~40℃；存储温度：-25℃~70℃；湿度：5%~95% 非凝结

电源：双 100 VAC~240 VAC，50 Hz~60 Hz

防火墙尺寸：88.9mm×429.3mm×429.3mm

防火墙重量：11.8kg

传统防火墙的不足主要体现在以下几个方面：

（1）有些主动或被动的攻击行为是来自防火墙内部的，防火墙无法发现内部网络中的攻击行为；不能防范内部用户的误操作产生的威胁；不能防范因口令、账号等泄密而被外部用户攻击；不能防止病毒的传播。

（2）防火墙作为访问控制设备，无法检测或拦截嵌入普通流量中的恶意攻击代码，如针对 Web 服务的 Code Red 蠕虫等。

（3）作为网络访问控制设备，受限于功能设计，防火墙难以识别复杂的网络攻击并保存相关信息，以协助后续调查和取证工作的开展。

二、入侵检测系统（Intrusion Detection System，IDS）

入侵检测系统是继防火墙之后迅猛发展起来的一类安全产品，它通过检测、分析网络中的数据流量，从中发现网络系统中是否有违反安全策略的行为和被攻击的迹象，及时识别入侵行为和未授权网络流量并实时报警。

IDS 弥补了防火墙的某些设计和功能缺陷，侧重网络监控，注重安全审计，但随着网络攻击技术的发展，IDS 也面临着新的挑战：例如，IDS 检测出黑客入侵攻击时，攻击已到达目标造成损失；IDS 无法有效阻断攻击，如蠕虫爆发造成企业网络瘫痪时，IDS 无能为力。

三、入侵防护系统（Intrusion Prevention System，IPS）

21 世纪的前三年中，Code Red、Nimda、SQL Slammer 等蠕虫先后爆发，暴露了网络防火墙的不足，后来蠕虫、病毒、DDOS 攻击、垃圾邮件等混合威胁越来越多，传播速度越来越快，留给用户响应的时间越来越短，使用户来不及对入侵作出反应，往往造成企业网络瘫痪。2008 年开始，大规模 SQL 注入的出现，意味着 Web 开始成为黑客攻击的焦点。IDS 无法把攻击防御在企业网络之外，这样就直接催生了入侵防御系统。IPS 在原有防火墙架构下加强了对 Web 的防护。通常 IPS 的部署位置在防火墙和 Web 服务器群之间，对 Web 服务器群的出入流量进行有效监控，提供主动的、实时的防护。其设计目标旨在准确监测网络异常流量，自动对各类攻击性的流量，尤其是应用层的威胁进行实时阻断，而不是简单地在监测到恶意流量的同时或之后才发出警告。由于 IPS 是通过直接串联到网络链路中实现这一功能的，当 IPS 接收到外部数据流量时，如果检测到攻击企图，就会自动将攻击包丢掉或采取措施将攻击源阻断，而不是把攻击流量放进内部网络，从而确保 Web 应用的安全。

实例：绿盟网络入侵防护系统

针对日趋复杂的应用安全威胁和混合型网络攻击，绿盟科技提供了完善的安全防护方案。绿盟网络入侵防护系统（以下简称"NSFOCUS NIPS"）是绿盟科技拥有完全自主知识产权的新一代安全产品，作为一种在线部署的产品，其设计目标旨在准确监测网络异常流量，自动应对各类攻击流量，第一时间将安全威胁阻隔在企业网络外部。这类产品弥补了防火墙、入侵检测等产品的不足，提供动态的、深度的、主动的安全防御，为企业提供了一个全新的入侵防护解决方案。图4-2是绿盟网络入侵防护系统外貌。

图4-2　绿盟网络入侵防护系统外貌

（1）主要功能：NSFOCUS NIPS产品高度融合高性能、高安全性、高可靠性和易操作性等特性，产品内置先进的Web信誉机制，同时具备深度入侵防护、精细流量控制以及全面用户上网行为监管等多项功能，能够为用户提供深度攻击防御和应用带宽保护。

（2）入侵防护：实时、主动拦截黑客攻击、蠕虫、网络病毒、后门木马、DDOS等恶意流量，保护企业信息系统和网络架构免受侵害，防止操作系统和应用程序损坏或宕机。

四、DDN专线或虚拟专用网

如今，越来越多的公司向集团性或国际化方向发展，一个公司的子公司或机构可能分布于全国各地或在多个国家都有办事机构或销售中心，每一个子公司或机构都有自己的局域网（LAN），公司希望将这些LAN联结在一起组成一个公司的广域网。他们一般租用DDN（Digital Data Network）专用线路（实际上是租用一条一定带宽的专用信道，而不是一条专用的物理线路）来联结这些局域网，考虑的就是网络的安全问题。现在具有加密/解密功能的路由器已到处都是，这就使人们通过互联网连接这些局域网成为可能，这也就是我们通常所说的虚拟专用网（Virtual Private Network，VPN）。当数据离开发送者所在的局域网前，首先被该局域网连接到互联网上的路由器进行硬件加密，数据在互联网上是以加密的形式传送的；当到达目的局域网的路由器时，该路由器就会对数据进行解密，这样目的局域网中的用户就可以看到真正的信息了。不同公司间的电子商务也可采用这种安全保密方法传送数据。

五、病毒防治

病毒防治主要是通过在计算机上安装病毒防治软件来实现的，如金山毒霸、瑞星杀毒软件、360安全卫士等。其功能主要有以下三个方面：

1. 预防病毒

通过自身常驻系统内存，优先获取系统控制权，监视系统中是否有病毒，阻止计算机病毒进入计算机系统和对系统进行破坏。

2. 检测病毒

通过对计算机病毒特征进行判断的侦测技术，如自身校验、关键字、文件长度变化等来发现病毒。

3. 消除病毒

杀除病毒程序并恢复中毒原文件。用户若认真执行病毒定期清理制度，可以清除处于潜伏期的病毒。

第三节　数据加密技术

数据加密（Data Encryption）是重要数据传输时必用的方法，以防止中途被人窃取。互联网上的电子商务活动往往涉及许多高度保密的信息，如身份证号码、信用卡号码、个人签名、交易文件等，通常都要加密传送。

常用的数据加密方法有对称加密（即标准数据加密，Data Encryption Standard，简称DES）、非对称加密（即公共密钥加密，Public Key Encryption，简称PKE）和混合加密。

一、对称加密

对称加密又称标准数据加密、通用密码体制或单密钥体制，是加密钥和解密钥（即密码字）相同的密码体制，通信的双方用相同的加密、解密字，但接收方的解密算法是发送方加密算法的逆运算。对称加密是美国商业部于1977年制定的，是目前普遍应用的加密方法。它把明文按64位分组，经复杂算法变为64位的密文，接收方用相反算法变换解密（如图4-3所示）。

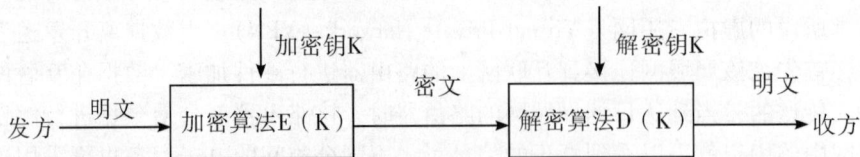

图4-3　对称加密法

例如，若明文 M = 50，密钥 K = 6，加密算法为密文 C = M * K + 30 = 330；那么，解密算法为 M = （C - 30）/K，则解密后 M = （330 - 30）/6 = 50。

对称加密法的最大优点是比较简单。但因为一个发信者与不同的收信者通信应使用不同的密钥，所以他必须保存有许多不同的密钥，以便能跟不同用户通信（如供应商对客户）；同样，每一个收信者要接收许多不同信源发来的信息，他也必须保存有每一个发信者的密钥（如客户必须有每一个供应商的加密密钥）。也就是说，网络上的每个交易伙伴都要记住许多密钥，并且不能泄露出去，这是对称加密法的致命缺点。

二、非对称加密

非对称加密又称公共密钥加密，最典型的是 RSA（Revest，Shamir 和 Adleman 三人于 1978 年共同发明的）非对称密码体制或称双钥体制。其加密钥 Ke 为 e，n 为两个整数，解密钥 Kd 为 d，n 为两个整数。n 足够大，e 和 d 这样确定：

找两个充分大的素数 p、q，使 n = pq；

找一个小于 n 的整数 e，使 GCD［e，(p−1)·(q−1)］= 1，即 e 与 (p−1)·(q−1) 互质；

再找 d，使 (e. d) MOD［(p−1)·(q−1)］= 1。则有：

加密后密文 C = M^eMOD n   （4−1式）

解密后明文 M = C^dMOD n   （4−2式）

由 4−1 和 4−2 两式可见，明文 M 经加密得密文 C，但若把 4−2 式的 C 看成明文，M 看成密文（即用 d，n 作为加密钥对明文 C 进行加密得密文 M），则用 e，n 对密文 M 解密，也会得到明文 C（4−1式）。公共密钥体制正是利用了这种互换性但两个密钥又不相同而实现通信甲方可以把一个密钥 d（和 n 一起）公开作为公共密钥，让乙方可以用 d（和 n 一起）解密甲方用私有密钥 e（和 n 一起）加密过的文件而得到明文 M，又使乙方必要时还可用甲方的公开密钥 d（和 n 一起）加密文件 C 后发给甲方，甲方用其私有密钥 e（和 n 一起）解密也可得到乙方所发来信息的明文 C。

发信方若对不同的收信者用不同的 (e，n) 加密，则不同的收信者要用不同的 (d，n) 解密，也就是说，每个用户如果要与许多别的用户通信，他必须有许多不同的加密钥 (e，n) 和解密钥 (d，n)，这样和单密钥体制一样，一个用户就要保存许多密钥。为了改变这种不利，双钥体制把其中的一个密钥公开。例如，把解密钥 d（和 n 一起）公开，加密钥 e 不公开，则他可以对许多用户（如客户或供应商）用同一个不公开密钥 e 加密发送信息，全部收信者用其公开的解密密钥 d 解密，但这样实则变成不加密，因为谁都可以解密。同时，他可以接收并用 e 解密任一用户用他公开的密钥 d 加密的信息，任何人都可以用他公开的密钥 d 给他发加密信息，但无法确认发信者是谁，因为任何人都可以冒充某一用户给他发信。

如果公开的是加密密钥 e，则没有什么意义，因为对方不知道解密密钥 d，还是解不了密，对收到的密文无法译出。

实用的可行方法是收发双方都有一对自己的密钥，一个公开，称为公钥；一个不公开，称为私钥。发信方用自己的不公开私钥和收信方的公开密钥对发送的信息同时加密，接收方对信息用自己的不公开私钥和发方的公开密钥一起解密，如图 4−4 所示。

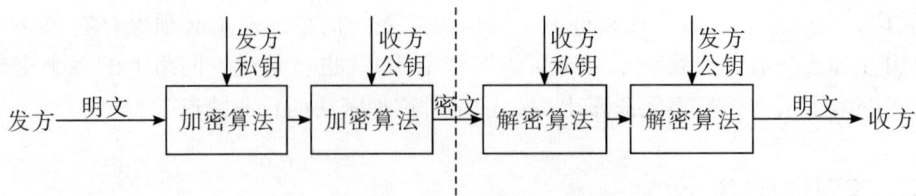

图4-4　实用的非对称加密法

这样，由于私钥是唯一一个人或企业拥有和知道的，从而保证了一个网上传送的信息只有唯一的一个用户可以对其解密，其他人即使截获了这个信息也无法对其解密；同时也保证了所收到的信息必然是拥有发方私钥的用户所发出的，实现了两个用户之间的保密通信，但又不必保管很多密码，仅需保管好自己的私有密钥，然后在自己的网页或其他媒体上公布出自己的公开密钥即可。

由数论可以证明，用非对称法加密的密文，如果不知道解密钥，用其他方法是很难解出明文来的；而要想破解别人的私钥，只要 n 足够大，所选的素数 p，q 不泄露的话，也是不可能的，因为已经证明，其处理步数至少为 EXP｛SQAR［LN（n）·LN（LN（n）]｝步，按现在的计算机技术水平，要破解目前采用的 1024 位 RSA 密钥，需要上千年的计算时间。

三、混合加密

上述的双钥加密的非对称密钥体制在加、解密速度上比单钥的对称加、解密方法要慢，因此可把两种方法结合起来，用对称的单钥加密法加密要传送的主信息，用非对称的双钥体制加密单钥制本身的加密钥。收方收到信息后先用非对称的方法解密，得到单钥加密信息的解密钥，再用它解出传送的主信息，如图 4-5 所示。

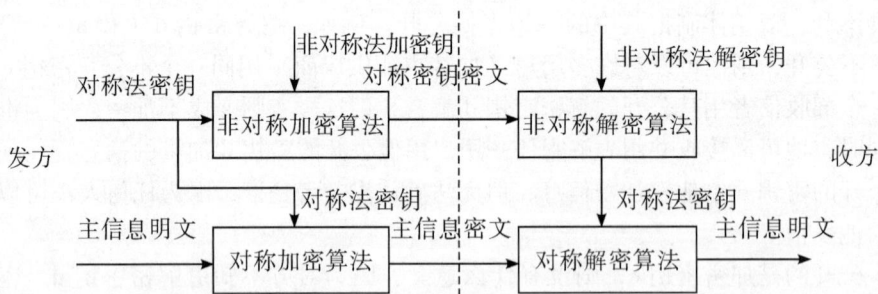

图4-5　混合加密法

电子商务传送的信息都用混合加密法加密、解密，其实际加、解密过程都是由所用的加解密软件设计好自动进行的，无须用户费心。

第四节　认证技术

网上交易双方都必须确信对方是合法有效的交易伙伴，并且所收到的和正在处理的交易业务是完整、有效以及不可抵赖的。纸质文件可通过签名盖章的方式作为发方对文件有效性、文件内容完整性和正确性的一种承诺、证明。在电子商务中，由于传送的是电子文件（如电子采购单、付款单、发票等），为了使收方确信收到的文件是发方有效的、承担法律责任的、不可抵赖的，并确信传输过程中文件内容没有受到破坏、篡改，广泛使用数字签名技术。这种技术是文件 HASH 函数技术加上非对称加密传送技术的综合运用，即数字摘要和数字签名。

一、数字摘要（Digital Digest）

发文方用一个称为 HASH 的函数对待发文件进行处理，产生一个位数不长（如 128 位）的与所要发送的文件内容相关的"浓缩"了的文件信息，称为"数字摘要"或"文件摘要"。

那么，什么是 HASH 函数呢？HASH 函数提供了这样一种计算过程：输入一个长度不固定的字符串，它会返回一串固定长度的字符串，称 HASH 值（摘要值）。HASH 函数用于产生信息摘要。信息摘要简要地描述了一份较长的信息或文件，它可以被看做一份长文件的"数字指纹"。对于特定的文件而言，信息摘要是唯一的，不同的文件其摘要则不同。信息摘要可以被公开，它不会透露相应文件的任何具体内容。目前常用的摘要算法为 MD5、SHA1、SHA256 等，但 MD5 系列算法已经被破解，一般建议不再使用。目前，较安全的算法是 SHA256。

二、数字签名（Digital Signature）

发送方把文件摘要用私钥加密后称为数字签名（也称电子签名），因为私钥是发送方唯一拥有的，所以可以代表发送方。数字签名的使用过程是这样的：

（1）发方把数字签名与文件正文一起用对称加密法加密传给收方。

（2）发方把对称加密的密钥用收方公钥加密传给收方。

（3）收方用自己的私钥对对称加密密钥的密文解密后得到对称加密密钥，再用它对文件正文的密文解密后得到文件正文和数字签名。

（4）收方对数字签名用发方公钥解密，得到文件摘要。

（5）收方对文件正文用 HASH 函数作用后再产生一个文件摘要。

（6）收方对两个文件摘要进行比较，如果一样，则说明文件内容在传送和解密过程中没有被改变过，是原发的有效文件，文件可信、有效，对方不可抵赖。

数字签名及其应用原理如图 4-6 所示。

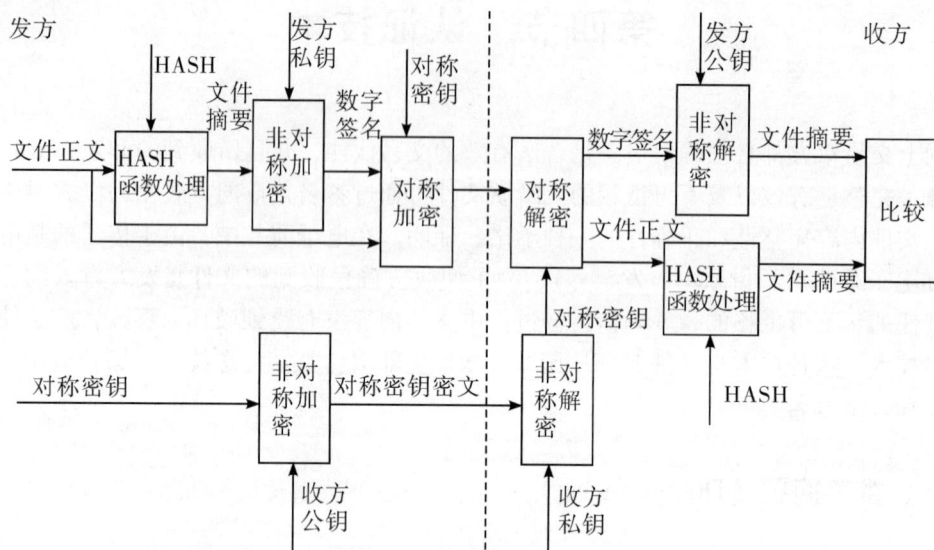

图 4-6 数字签名及其应用原理

三、数字信封（Digital Envelope）

在图 4-6 中要发送的文件正文使用对称密钥来加密，然后将此对称密钥用收方的公钥加密，称为加密数据的"数字信封"。将其和加密数据一起发送给接收者，接收者接收后先用自己的私钥解密数字信封，得到对称密钥，然后使用对称密钥解密正文文件和数字签名。

打开数字信封是要使用收方私钥才能实现的，类似于普通纸质信封在法律的约束下只有收信人才能拆开信封阅读信的内容。数字信封则采用密码技术保证了只有规定的接收人才能解密得到对称密钥，然后才能解密所收到的文件正文，这样就保证了数据传输的保密性和不被他人篡改。

四、数字时间戳（Digital Time-stamp）

在各种政务和商务文件中，时间是十分重要的信息。如在书面合同中，文件签署的日期和签名一样均是十分重要的防止文件被抵赖、伪造和篡改的关键性证据。因此，成功的电子商务应用，要求参与交易各方不但不能否认其行为，还要明确其业务或事件发生或进行的时间，以避免可能的法律纠纷。如订购黄金，订货时金价较低，但收到订单后，金价上涨了，如果收单方否认收到订单的实际时间，甚至否认收到订单的事实，则订货方就会蒙受损失。因此，电子交易通信过程的各个环节发生或处理的时间都必须是不可否认的。

这就需要在经过数字签名的交易文件上打上一个可信赖的时间戳，这个时间戳称为数字时间戳。由于用户计算机的桌面时间很容易改变，由该时间产生的时间戳不可信赖，因此需要一个权威的第三方来提供可信赖的且不可抵赖的时间戳服务，以证明事件所发生的时间。权威的第三方数字时间戳服务（Digital Time-stamp Service，DTS）是网上安全服务项目，其提供的数字时间戳是一个经加密后形成的凭证文档，它包括需加时间戳的文件的摘要、DTS 收到文件的日期和时间以及 DTS 的数字签名三个部分。

时间戳的生成过程为：用户首先将要加时间戳的文件用 HASH 函数形成文件摘要，然后将该摘要发送到 DTS，DTS 在加入了收到文件摘要的日期和时间信息后再对该文件用 DTS 机构的私钥加密（即加上该机构的数字签名），最后发送回用户。需要注意的是，书面签署文件的时间是由签署人自己写上的，而数字时间戳则不然，它是由认证单位的 DTS 来加的，以 DTS 收到文件的时间为准。

五、数字证书（Digital Certification）

从前面所述的加密方法中可知，一个单位只要公开一个公钥，自己保留一个不公开的私钥，发出电子文件时加上数字签名，即用其私钥对文件摘要进行加密，收方只有用发方公钥才能解密，这样才能确保所收到的文件的确是拥有并发布了此公钥的单位所发出的，是不可抵赖的。

但是，发布了此公钥的单位究竟是一个什么样的单位，在什么地方，有无经济能力，是真实存在的组织还是骗子虚构的，所发来的文件是真的要办文件所谈的事情还是诈骗行为，如果与其交易一旦出了问题如何能找到该单位追究其责任，等等，都还是未解决的问题。

为了解决以上问题，在电子商务发展过程中又发明了所谓的数字证书。数字证书又称为数字标识（Digital ID），是用来确证一个网络通信方身份的数字信息文件，因此数字证书就是个人或单位在 Internet 网络环境中的身份证明，其作用类似于公民的身份证或司机的驾驶执照等身份证明。它是由一个权威的认证机构，又称为证书授权（Certificate Authority，CA）中心发行的，人们可以在网上用它来识别通信对方的身份。数字证书是一个经证书授权中心数字签名的包含私有密钥拥有者基本信息及其公开密钥的文件。通常，一个标准的数字证书包含的内容有：证书的版本信息；证书的序列号（每个证书都有一个唯一的证书序列号）；证书所使用的签名算法；证书的发行机构名称及其私钥的签名；证书的有效期；证书使用者的名称及其公钥的信息。

例如，广东省电子商务认证有限公司[①]的数字证书信息如下[②]：

颁发给：www. cnca. net

颁发者：NETCA Server ClassA CA

---

①　简称"网证通"，网址为 http：//www. cnca. net/cn。

②　本例及后面与广东省电子商务认证有限公司相关内容节选整理自广东省电子商务认证有限公司网站（http：//www. cnca. net/cn）上的介绍。

有效起讫日期：2007 – 11 – 16 至 2012 – 11 – 16

详细信息：

版本：V3

序列号：01 00

签名算法：Sha1 RSA

颁发者：NETCA Server ClassA CA

有效起始日期：2007 年 11 月 16 日   0：00：00

有效终止日期：2012 年 11 月 16 日   0：00：00

主题：webmaster@ cnca. net，www. cnca. net 广东省电子商务认证有限公司，广州市天河区广州大道北 138 号 7—8 楼

公钥：RSA（1024Bits）

颁发机构密钥标识符：KeyID = ba f3 4a 05 24 e6 f8 24 c8 e6 57 da 78 8d 0c 59 e4 43 64 ca

主题密钥标识符：0f 86 08 c8 4e fb a5 c1 f8 11 50 a4 5c 5e 9b 7e 2d 15 e7 d0

密钥用法：Digital Signature，Key Encipherment ，Data Encipherment（bo）

基本限制：Subject Type = End Entity，Path Length Constraint = None

数字证书中的私有密钥（数字证书的核心内容）是不能被泄漏的，因此数字证书必须安全地保存好。数字证书可以保存在多种存储介质中，目前最为方便安全的存储方式是将数字证书保存在便携式的 USB 电子密钥中（也称电子令牌）。电子密钥是一种外形像 U 盘的安全存储体，有 PIN（Personal Identification Number）码保护，具有相当高的安全性。网证通的电子密钥外形如图 4 – 7 所示。使用 USB 电子密钥作为证书存储介质具有安全防护性能高、运算速度快、安装驱动程序后直接插于 USB 口而不需要读卡器、携带方便等优点。用户在使用数字证书进行数据加密等操作的时候，要插入电子密钥。电子密钥在初次使用前要先安装电子密钥的驱动程序（发证机构在签发数字证书时会提供驱动程序和安装指南）。

图 4 – 7　网证通的电子密钥外形

图 4 – 8 是单位数字证书存储体的另一种外形，使用时也要先安装相应的驱动程序。

图 4 – 8　数字证书外观

确认数字证书已正确安装有两种方法：

方法一：打开 IE 浏览器，点击工具→Internet 选项→内容→证书，双击证书，点击"常规"按钮，系统显示证书详细信息，表明证书已正确安装。

方式二：双击证书的驱动，查看是否显示数字证书的信息。若正常显示，则表示已正确安装。

若查看数字证书时，显示"证书不可信任"，这表示电脑没有安装数字证书的根证书（即该证书颁发机构及其上级机构——如果有此凭证的证书，即"祖先"证书，也称证书链），请找到并进行安装（通常在颁发该数字证书的机构的网站上可下载证书链）。安装了某个 CA 认证中心的根证书就表示信任这个 CA 认证中心颁发的所有证书，即认为这些人的身份是可靠的，然后才能进行各种交易和操作。通过执行浏览器的工具→Internet 选项→内容→证书→受信任的根证书颁发机构，可以看到计算机已安装的所有 CA 根证书。

CA 认证中心有很多，为了方便用户，微软操作系统已经预装了一些 CA 认证中心的根证书（如图 4-9 所示）。但这里面没有国内的 CA 认证中心根证书，凡是使用不在系统里面的 CA 证书，都需要客户机安装相应的 CA 根证书。由于证书是按照 X. 509 国际标准生成的文件，安装了根证书后的任何厂商颁发的证书都是一样的。

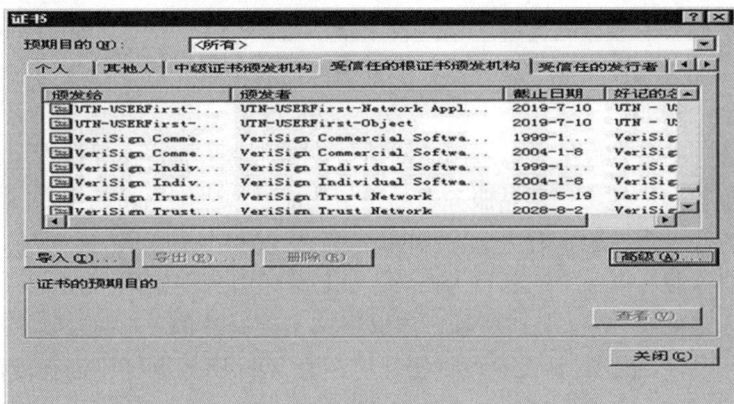

图 4-9　微软操作系统已经预装的 CA 认证中心的根证书

数字证书分为个人证书、机构证书、机构员工证书、设备证书、全球服务器证书和代码签名证书（即软件证书）等。对前三种证书，许多认证中心又把它们分为数字签名证书和数据加密证书，把签名和正文分别使用不同的密码对加密传输。

1. 个人证书

用户使用此证书向对方表明个人的身份，进行合法的数字签名。个人证书可用于安全的电子邮件、网上购物、网上证券等电子交易处理和电子事务处理。个人证书的载体是智能卡或 USB 电子密钥等符合国家密码管理相关要求的设备。

例如，广东省电子商务认证有限公司（网证通）签发的个人数字证书支持 1024 bit 的非对称加密算法和 128 bit SSL 加密协议，在安装了高强度加密包的 IE 浏览器中可以正常使用，建立 128 bit SSL 加密通道；网证通电子认证系统的证书生命周期检测程序可以在证书有效期满之前一个月，通过电子邮件自动通知用户办理证书更新手续，以免影响信息系统的正常工作；一旦发生私钥泄露、密码遗失等紧急情况，可以通过 Internet 第一时间在线挂失该证书，暂停该证书的正常使用，以将损失减少到最小限度；挂失后再凭相关身份证明材料到证书业务点办理证书撤销手续，正式废除挂失的证书。

2. 机构证书

机构证书颁发给独立的单位、组织，在网上证明该单位、组织的身份，进行合法的电子签名。机构证书对外代表整个单位，可用于网上报关、网上报税、网上采购、网上招投标、网上签约、网上公文和商务文件的安全传递等电子事务处理和电子交易处理。

网证通的机构证书支持现在主流的浏览器产品（包括 Microsoft IE 4.0 及后续版本、Netscape 4.0 及后续版本）和电子邮件客户端软件（包括 Microsoft Outlook 等），可存放于计算机硬盘、智能卡、USB 电子密钥中。

3. 机构员工证书

机构员工证书颁发给独立的机构员工，在网上证明机构中某个人的身份，对对外代表单位中具体的某一位员工进行合法的电子签名。

4. 设备证书

设备证书主要颁发给 Web 站点或其他需要安全鉴别的服务器，证明服务器的身份信息。服务器数字证书一般应能支持主流的服务器，如 IIS（Internet Information Server）、Lotus Domino、Apache、iPlant 等。服务器数字证书可存放于服务器硬盘或加密硬件设备上。

5. 全球服务器证书

全球服务器证书是发放给全球范围内网站的数字证书，支持业界所有主流的浏览器和 Web 服务器，能够轻松地实现网站服务器的身份认证，解决网站访问中的网络钓鱼、网络窃听、数据篡改等安全问题，有力地提高网站的公信度和市场竞争力。

网证通的全球服务器证书产品分为两种：SSL 全球服务器证书（SSL 证书）和增强型验证全球服务器证书（EV 证书）两种，能够快速实现网站的安全保护。SSL 证书是专业级 Web 服务器证书产品，支持 256 位加密强度，为 Web 服务器提供高强度的 SSL 安全保障，无须安装根证书，支持业界 99% 以上的 Web 浏览器。EV 证书具有 SSL 证书的全部功能，用户使用 IE 7 或以上级别的浏览器访问安装了 EV 证书的网站时地址栏将呈现绿色，革命性地实现了"安全看得见"的问题，可以帮助客户更加有效地防范目前极为猖獗的网络钓鱼攻击。

数字证书颁发过程一般为：用户（或在认证中心帮助下）首先产生自己的密钥对[①]，并将公共密钥及用户基本身份信息传送给认证中心；认证中心在核实身份后，将执行一些必要的步骤，以确信请求由该用户发送而来；在完成缴费手续后，认证中心将发给用户一个数字证书，该证书内包含用户的个人信息和其公钥信息，同时还附有认证中心的数字签名信息。这样，用户就可以使用自己的数字证书进行各种电子商务活动了。当然，在使用之前，用户要按发证机构给的使用说明安装好证书。有些机构的证书会自动安装好，如支

---

① http://www.bjca.org.cn，电子认证业务规则 4.11.1：通常订户的签名密钥对由订户的密码设备，如 USB Key 或智能 IC 卡生成，由订户的密码设备保管，加密密钥对由密钥管理中心生成并备份保管。

付宝数字证书可以即时申请、即时开通、即时使用，不需要使用者掌握任何数字证书相关知识。

要产生服务器证书的密钥对，还可在 IIS 服务器上的"管理工具"下，打开"Internet服务管理器"，然后打开要为之申请证书的站点的属性；打开"目录安全"页，在"目录安全"页中点击"安全通信"区中的"服务器证书"，选择"创建一个新证书"，便可以准备证书申请了，但一般只能在认证机构的证书申请页上提交证书请求，按其规定步骤进行。通常，认证中心的密钥管理中心（Key Management Centre，KMC）都有产生密钥对的设备和服务，许多数字证书申请者也是由认证中心帮助产生密钥对的。但如果是电子（数字）签名证书的密钥对，一般是由证书订户用自己的密码设备（如电子密钥或智能 IC 卡）产生并保管。公钥一般标示于认证中心的在线数据库、存储库或其他公共目录中，任何人都可以得到。

只有通过国家认证的电子认证服务机构（CA 机构）才有制作和发放合法数字证书的资格，用户可以到任何一家具有资质的 CA 机构为自己申请数字证书，也可以为一台设备申请设备证书（服务器证书）。广东省电子商务认证有限公司就是国内第一批获得电子认证服务行政许可等相关资质的 CA 认证机构之一。

如何获得好友或往来客户、供应商的数字证书以便与其加密通信呢？最简单的方法是请对方发送一份电子签名邮件，即可获得其数字证书。也可以在 CA 中心查询对方数字证书，下载并安装该数字证书。

六、认证机构（Certificate Authority，CA）

理论上，图 4-5 或图 4-6 的加密方法和数字签名技术可以保证发文单位的确认，保证收到的文件是该单位发出的、完整有效和不可抵赖的。但如果发方单位的公开密钥的可靠性不能保证，则发方单位是否真实存在、是否合法可信、是否有法律责任能力等就不那么容易确定了。为了使收方能确定发方是客观存在的、合法的、有法律责任能力的单位，可设立权威的第三方机构负责确认收发双方是否均是合法存在的法人单位机构，这第三方权威机构称为认证机构或认证中心。它确认一个交易法人的合法名称、法人代表、地址，并对其分配一对唯一的私钥和公钥，然后颁发一张证书给该单位，该证书称为数字证书。数字证书上有认证中心的数字签名。数字证书发布于单位自己或认证中心的网页上，供交易对方查阅，从而使交易对方能确信该单位的合法性和可信性。

第十届全国人大常委会第十一次会议审议通过的《中华人民共和国电子签名法》对电子认证机构的义务进行了规定，主要包括：①电子认证服务提供者应当制定、公布符合国家有关规定的电子认证业务规则；②电子认证服务提供者应当对电子签名认证申请人的身份进行查验，并对有关材料进行审查；③电子认证服务提供者应当保证电子签名认证证书内容在有效期内完整、准确，并保证电子签名依赖方能够证实或者了解电子签名认证证书所载内容及其他有关事项；④电子认证服务提供者拟暂停或者终止电子认证服务的，应当在暂停或者终止服务九十日前，就业务承接及其他有关事项通知有关各方，同时应当在暂停或者终止服务六十日前向国务院信息产业主管部门报告，并与其他电子认证服务提供者就业务承接进行协商，作出妥善安排；⑤电子认证服务提供者应当妥善保存与认证相关的信息，保存时间为电子签名认证证书失效后至少五年。

CA 机构作为电子商务交易中受信任的第三方，承担公钥体系中公钥的合法性检验的责任。CA 机构的数字签名使得攻击者不能伪造和篡改证书。它负责产生、分配并管理所有参与网上交易的个体所需的数字证书，因此是安全电子交易的核心环节。由此可见，建设证书授权中心是开拓和规范电子商务市场必不可少的一步。

CA 机构自己也拥有一个证书（内含公钥）和私钥。网上的公众用户通过验证 CA 的签字从而信任 CA，任何人都可以得到 CA 的证书（含公钥），用以验证它所签发的其他证书的权威性、合法性。如果用户想得到一份属于自己的证书，应先向 CA 提出申请。在 CA 判明申请者的身份后，便为他分配一个唯一的公钥，并且将该公钥与申请者的身份信息绑在一起，为之签字后，便形成证书发给申请者。如果一个用户想鉴别另一个商务用户证书的真伪，就可以用 CA 的公钥对该证书上的签字进行验证，一旦验证通过，该证书就被认为是有效的。

CA 认证系统主要由以下三个部分组成：

（1）密钥管理中心（Key Management Centre，KMC）：提供加密证书密钥对全过程管理的功能，包括密钥生成、密钥存储、密钥分发、密钥备份、密钥更新、密钥撤销、密钥归档、密钥恢复以及安全管理等。

（2）证书签发管理系统（CA）：提供用户数字证书的签发和管理。

（3）证书注册管理系统（Registration Authority，RA）：提供用户数字证书的申请、身份审核、证书下载与证书管理等服务。

除此之外，很多认证中心还提供许多其他安全产品和增值服务。

【案例 4 - 1】

国内电子商务认证机构实例

一、广东省电子商务认证有限公司（简称网证通，网址 http：//www. cnca. net）

国内的 CA 认证中心主要分为区域性 CA 认证中心和行业性 CA 认证中心，国家工业和信息化部以资质合规的方式，陆续向天威诚信数字认证中心等 30 家相关机构颁发了从业资质。

广东省电子商务认证有限公司是在 2000 年经广东省人民政府批准成立的专业权威数字证书认证机构，也是在 2005 年《中华人民共和国电子签名法》和《电子认证服务管理办法》出台以来，首批依据该法通过国家认证的八家电子认证服务机构之一。

广东省电子商务认证有限公司数字证书办理流程为：

第一步：填写证书申请表

登陆 http：//www. cnca. net，在首页"客户快捷通道"选择"广东省电子政府采购平台数字证书办理"，点击"下载数字证书申请表"下载《数字证书申请表》，根据表格的相关要求填写各项信息。

第二步：准备证书申请资料

需要准备的申请资料包括：

①数字证书申请表（一式两份，包括协议书，加盖单位公章）。

②营业执照（复印件一份，加盖公章，原件备查），企业用户提供。

③组织机构代码证（复印件一份，加盖公章，原件备查），所有用户均需提供。

④经办人身份证（复印件一份，加盖公章，原件备查）。

第三步：提交申请资料

提交申请资料可选择以下两种方式的其中一种：

（1）到受理点办理。需要将第二步中的全部资料提交到业务受理点，审核通过后，缴纳证书相关费用。

广东省电子商务认证有限公司有以下受理点：

受理点一：

业务受理点地址：广州市广州大道中938号1楼

受理点名称：广东省电子商务认证有限公司中心营业厅

业务受理点联系电话：800－830－1330

缴费可选方式：现金、刷卡、转账、汇款

受理点二：

业务受理点地址：深圳市福田区景田东路9号财政大厦附楼1楼大厅

受理点名称：深圳政府采购中心营业厅

业务受理点联系电话：0755－83948165，15994777520

缴费可选方式：刷卡、转账、汇款

（2）快递方式办理。通过银行转账或汇款缴纳相关费用，需要将第二步中的全部资料（包括银行单据复印件加盖单位公章，原件除外）快递到业务受理点。

业务受理点地址：广州市广州大道中938号1楼

受理点名称：广东省电子商务认证有限公司中心营业厅

业务受理点联系电话：800－830－1330

缴费可选方式：转账、汇款

数字证书的相关费用一般有证书费、服务年费、应用开通费、密钥恢复手续费、解锁手续费、补办手续费等，从几百元到几万元不等。

第四步：数字证书发放

（1）到受理点办理，数字证书当即可取。

（2）快递。五个工作日后，将证书及发票通过快递形式快递给证书经办人。

广东省电子商务认证有限公司除发放数字证书外，还提供许多其他电子商务安全产品，如：

①文件保密柜。该产品既可以部署在服务器端，也可以用在个人电脑终端上。其主要作用是结合用户数字证书的加密功能，在计算机的硬盘上开辟一个受证书保护的安全文件区域，所有置放在该区域中的文件、数据、图片、视频等信息，平时均为加密状态，必须借助相应的数字证书才能访问其真实内容。通过这种保密处理，可以有效地保护硬盘上的核心数据和敏感信息不受病毒、黑客的攻击和窃取。同时也可以防止意外的文件删除操作

和文件泄露（如恶意拷贝），在没有原证书作为解密辅助设备的状态下，即便文件拷贝出去了也无济于事，因为文件依然处于加密状态。

②密码服务器。密码服务器是部署在服务器端的密码设备，负责提供各种基础密码服务，主要包括加解密、签名、签名验证、数字信封等安全服务，以支持信息的机密性、完整性、不可抵赖性和身份认证及有效授权。

③电子认证网关。电子认证网关根据客户的实际应用需求分为 R/L 两个系列。

R 系列主要面向对远程安全访问有需求的客户。可以通过在局域网中部署该设备，使得通过外部 Internet 上网的用户也能通过 SSL、VPN 安全地访问到企业局域网中的应用服务资源，并且整个过程始终处于加密和安全状态之下。

L 系列产品可以帮助企业在本地快速完成数字证书用户身份合法性的验证，无需再通过互联网去连接 CA 进行认证，提高了认证环节的效率。

④统一认证平台（SSO）。SSO 为应用系统提供集中统一的身份认证、单点登录、访问授权，在保障信息安全的前提下实现"一点登录、多点漫游"的目标，方便用户使用。

统一身份认证平台是基于 PKI 理论体系，利用 CA、数字签名和数字证书认证机制，综合应用 USB 接口智能卡、安全通道、VPN 等技术，为门户、OA 等多业务系统用户提供各业务系统统一的身份认证和综合安全服务，以实现内联网、外联网及移动办公的统一认证。它可以有效地整合现有业务系统，解决多个业务系统的用户统一认证问题，实现单点登录、访问控制，并采用相关的安全机制，增强用户身份认证过程的安全性。

⑤证书助手。证书助手是专门为数字证书用户开发的客户端软件。通过该软件，数字证书用户可以在自己的计算机上轻而易举地管理数字证书，包括申请、挂失、修改个人密码等基础的证书管理功能在内的一系列操作，通过自助的方式处理证书的大部分业务问题，无需再去网证通的营业厅登记、办理。

⑥电子印章。电子印章通过数字证书的电子签名实现对电子文档（包括 office/pdf/web 等多种格式）进行数字签名、验证以及加/解密等操作，使传统签章电子化，既保证了文档数据的安全保密性和完整性（即不可篡改性），又可以确认操作者的真实身份，保证文档操作过程的不可抵赖性。同时可以通过各种灵活的方式来定制电子印章的表现方式，如可以使其在文档中出现时的外观表现形式和传统印章无异。

⑦电子凭证客户端。电子商务交易强调的是记录交易活动中的每个过程，在适当的节点由双方共同签署某项协议或者文件，并留下凭据，作为交易过程的见证和记录。这些电子凭据可看做今后出现争端时的原始参考材料。而数字凭证终端可以理解成是完成此项工作的一个辅助终端，其功能就是通过在用户本地或者第三方权威认证机构保留一份数字凭证的方式来提供法律参考依据，为整个交易过程的关键操作进行记录和备案。

⑧数字时间戳服务。数字时间戳是网证通提供给客户的一项增值服务，可以将其理解成是数字签名技术的一种变种应用，给电子文件的日期和时间信息提供安全保护。

二、北京开敏科技有限公司

公司地址：北京市海淀区知春路西五道口 2 号 1603

邮编：100190

网址：http：//www.ca365.com（中国数字认证网）

电话：13001102279

电子邮箱：ca365@ sohu. com

其网站上有数字证书的信任关系原理、浏览器的安全设置、如何安装根证书、如何申请证书、如何保存密钥和证书、如何发送签名加密邮件、如何设置服务器证书、如何用证书进行客户身份认证、如何将根证书安装到本地计算机、如何在用户的客户机上自动安装根证书、数字证书使用中的常见问题等知识介绍。网站还提供申请证书、下载并安装根CA证书、证书查询、证书吊销列表等服务，特别是有免费证书、试用的测试证书申请，方便用户熟识数字证书。

三、北京数字证书认证中心有限公司（简称 BJCA）

地址：北京市海淀区北四环西路 68 号双桥大厦 15 层（左岸工社）

邮编：100080

网址：http：//www. bjca. org. cn

电话：010 - 58045600

电子邮箱：service@ bjca. org. cn

BJCA 成立于 2001 年 2 月，是获得国家信息产业部电子认证服务许可资质的电子认证服务商，是具有国家涉密集成资质、国家信息安全服务安全工程类资质和北京市信息安全服务能力一级资质的信息安全服务商。BJCA 为用户提供全面的数字证书申请、审核等服务，并通过一系列应用安全产品和信息安全解决方案，为电子政务、电子商务、企业信息化的发展构建安全、可靠的环境。

四、GlobalSign

GlobalSign 源自欧洲比利时，在美国、英国、日本、比利时、澳大利亚以及中国上海有办公点，是一家历史悠久且备受全球客户信赖的 CA 中心和 SSL 数字证书提供商。2006 年 10 月，GlobalSign 正式成为日本上市公司 GMO Internet Inc（东京证券市场）旗下公司。其核心技术有 SSL 数字证书、代码签名证书、身份认证、电子认证、电子签名、电子签章、PDF 文档签名证书及客户端证书、根证书、服务器证书等信息安全服务。SSL 证书发行量超过 10 万张，数字证书发行量超过 140 万张（包括个人数字签名、网站、IC 卡等），是拥有总计超过 2 000 万张数字证书发行量（包含次级 CA 的发行量）的公开认证机构。

GlobalSign China 环玺信息科技（上海）有限公司

地址：上海市普陀区西康路 1255 号普陀科技大厦 18 楼 C 座

电话：021 - 60762537

网址：http：//www. globalsign. com

电子邮箱：marketing-china@ globalsign. com

第五节　安全套接层和安全电子交易协议

一、安全套接层协议（Secure Sockets Layer，SSL）

SSL 是 Internet 主要的安全协议。SSL 安全协议最初是由 Netscape 公司设计开发的，称为安全套接层（Secure Sockets Layer）协议，主要用于提高应用程序之间传输数据的安全系数。SSL 协议的整体概念可以总结为：一个保证任何安装了安全套接层的客户机和服务器间通信安全的协议。它涉及所有 TCP/IP 应用程序，是互联网浏览器和 Web 服务器用于传输机密信息的互联网安全协议。SSL 现在已经成为总体安全协议传输层安全（Transport Layer Security，TLS）的一部分，已成为事实上的工业标准，并被广泛应用于 Internet 和 Intranet 的服务器产品和客户端产品中。如 Netscape 公司、微软公司、IBM 公司等领导 Internet/Intranet 的网络产品公司都在其产品中使用该协议。此外，微软公司和 Visa 机构也共同研究制定了一种类似于 SSL 的协议——PCT（专用通信技术），该协议只是对 SSL 进行了少量的改进。

当地址行中的"http"显示为"https"，并在浏览器窗口底部右侧的状态栏中看到一个小的挂锁符号，即表示通信正在使用 SSL 安全协议。

由于公钥加密占用大量计算资源，所以大多数系统结合使用公钥和对称密钥，即图 4-5 的混合加密法。SSL 就是使用这种方法，当两台计算机发起安全会话时，一台计算机创建一个对称密钥，并使用对方公钥加密将其发送给对方计算机，然后这两台计算机使用对称密钥加密进行通信。一旦完成会话，每台计算机都会丢弃该会话使用的对称密钥。进行新的会话时再创建新的对称密钥，然后再进行会话。

SSL 主要提供三方面的服务：

1. 用户和服务器的合法性认证

认证用户和服务器的合法性使得它们能够确信数据将被发送到正确的客户机和服务器上。客户机和服务器有各自的识别号，这些识别号由公开密钥进行编号，为了验证用户是否合法，安全套接层协议要求在握手交换数据时进行数字认证，以此来确保用户的合法性。

2. 加密被传送的数据

安全套接层协议采用对称密钥技术和公开密钥技术加密，以保证其机密性和数据的完整性，并且用数字证书进行鉴别，这样就可以防止非法用户进行破译。

3. 保护数据的完整性

安全套接层协议采用 HASH 函数和机密共享的方法来提供信息的完整性服务，建立客户机与服务器之间的安全通道，使所有经过安全套接层协议处理的业务在传输过程中能完整、准确地到达目的地。

安全套接层协议对通信对话过程进行安全保护的实现过程包括以下六个阶段：

（1）接通阶段：客户机通过网络向服务器打招呼，服务器回应。

（2）密码交换阶段：客户机与服务器之间交换双方认可的密码，一般选用 RSA 密码算法，有的也选用 Diffie-Hellman 和 Fortezza-KEA 密码算法。

（3）会谈密码阶段：客户机与服务器间产生彼此交谈的对称密码。

（4）检验阶段：客户机检验取得的服务器密码。

（5）客户认证阶段：服务器验证客户机的可信度。

（6）结束阶段：客户机与服务器之间相互交换结束的信息。

当上述动作完成之后，两者间的资料传送就会加密，另外一方收到资料后，再将加密资料还原。即使盗窃者在网络上取得编码后的资料，如果没有原先编制的密码算法，也不能获得可读的有用资料。

上述案例 4 – 1 中的 GlobalSign 网站上就可申请 SSL 证书。

通过网上自动支付交易款项，是电子商务的一项重要内容，但必须有严密的安全控制才能顺利实施：一要保证收付双方收、付的是准确的应收、应付款数；二要保证双方的机密信息，如银行的账号、密码以及信用卡密码等不会泄露；三要保证付款后能及时收到所购的商品。采用安全套接层协议的电子商务中，客户首先把购物意向通知商家，得到商家的确定回应后，客户把正式订单和自己的银行信息发往商家；商家再把客户信息发往银行要求银行付款，银行验证客户身份并划款后通知商家；商家再通知客户购买成功并发货给客户。显然，这种安全协议保障了商家的利益，但对客户没有保障。其假设前提是商家承诺对客户信息保密且收到款项后会发货。它是在电子商务发展初期，客户基于对商家的信赖而采用的。随着进入电子商务的商家迅速增加，SSL 协议的缺点已充分暴露，正逐步被 SET 协议取代。

二、安全电子交易协议（Secure Electronic Transaction，SET）

安全电子交易协议由两大信用卡组织 Visa 和 MasterCard（万事达）联合制定的一个能保证通过开放网络（包括 Internet）进行安全资金支付的技术标准。参与该标准研究的还有微软公司、IBM 公司、Netscape 公司以及 RSA 公司等。SET 主要由三个文件组成，分别是 SET 业务描述、SET 程序员指南和 SET 协议描述。SET 可应用于任何银行支付服务。采用此协议的交易过程如下：

（1）消费者提出电子订货。

（2）商家应答消费者请求。

（3）消费者把自己的信用卡号、密码等支付授权资料用发卡公司的公钥加密，与正式订单加上自己的数字签名发给商家。

（4）商家接受订单后，通过支付网关向自己的开户银行传送消费者支付授权资料，开户行把资料送到发卡行请求支付认可，发卡行审核后把确认信息返回商家开户行，开户行再把确认信息返回商家。

（5）商家确认订单并发货，同时把发货证明送至开户银行请求付款。

（6）开户银行把有关资料通知发卡行，发卡行根据授权划款。

此协议可保证客户资料加密打包后传送到商家和银行，但商家看不到客户的账户和信用卡密码，并可保证信息在网络上安全传输，不仅对商家进行保障，对消费者也有保障。SET 协议可在不同的硬件与操作平台上运行。

第六节　其他安全控制措施

Internet 网络环境下数据通信所受到的威胁可分为两大类：一是人为的破坏；二是线路传输故障。前者如有意窃取所传送的信息、黑客的攻击、未经许可的入侵访问、传播病毒等；后者如通信线路、设备的故障等。

一、对人为破坏的控制

通过 Internet 通信的开放性进行信息拦截，恶意攻击企业网站和数据库，窃取现金、商品和企业机密等是网络系统常见的隐患。对付这些隐患，除前文所列的安全措施外，以下的一些技术性措施也可起到一定的控制防范作用。

1. 一次性口令（One-time Password）

访问网络的用户需使用一个智能卡，它与存储在服务器上的相应软件同步地每 60 秒产生一个相同的密码，不同用户的智能卡有不同的同步密码，且每次产生的密码是不同的。当用户访问网络时，首先必须输入用户标识 PIN（Personal Identification Number），然后输入自己智能卡上当前显示的密码。这样即使黑客使用循询方法，也很难得到用户当时的准确密码；即使有人捡到了一张智能卡，但他不知道该智能卡的 PIN 码，也无法冒充。

另一种一次性口令的产生方法是所谓挑战/应战方式。当用户登录网络时，网络防火墙的授权软件发出一个 6 位的挑战字给用户的计算机，用户的智能卡可接收或通过屏幕上的显示进行光扫描将挑战字送入智能卡，经智能卡的内置密码生成程序产生一个即时密码于显示屏上，用户键入此密码才可登录网络。

2. 对轰炸式进攻的控制（Controlling Denial-of-Service Attacks）

Internet 上通过 TCP/IP 协议访问一个目标时其应答过程是这样的：访问者首先发出一个同步信号 SYN 给被访者，被访服务器发回一个 SYN/ACK 的确认信号，最后访问者再发一个 ACK 信号确认，即开始通信。如果一个黑客一直发送 SYN 信号给某目标服务器，但总不发 ACK 确认信号给该服务器，则该服务器一直发 SYN/ACK 信号给黑客所在的服务器，使其他用户的访问请求无法进入该服务器，形成堵塞状态。被炸的服务器端的防火墙很难查出黑客所在地址，因为他会使用不断变更的 IP 地址，使轰炸似乎是来自整个 Internet 的。这一问题的解决办法是安装半开放的连接软件，当检查到只有 SYN 信号而没有 ACK 回音的访问者时，屏蔽其访问。

3. 自动登记收发的信息业务（Message Transaction Log）

入侵者往往能成功侵入收发方的系统中窃取机密。通过自动登记收发业务，把每次的收发信息和入侵者的用户名、终端地址、电话号码、入侵时间等自动记录下来，可抓获恶意的入侵者。

二、对线路故障所产生问题的控制

线路故障包括由线路噪音等引起的信号位改变、信号丢失等，一般通过探测收到数据是否正确来控制，其方法有回波检测和奇偶校验等，本书从略。

三、电子商务业务的控制

1. 业务授权和有效性控制（Transaction Authorization and Validation Control）

VPN 和 VAN 网均有检查客户 ID 和密码的功能，合法的客户 ID 和口令存储在一个有效的客户文件中，如不匹配的客户，则业务被拒绝。

对于电子购物中的个人客户，购物前需先向商家登记一个账号，通常商家会要求客户把自己的真实姓名、地址、电话、电子邮件地址、身份证号、工作单位等特征信息提供给商家存储起来，并通过电话、邮件等对客户身份进行验证，以确保个人客户是有效的。

2. 业务处理控制（Transactions Processing Control）

企业数据库中保存着交易伙伴的 ID 和口令，在把收到的业务数据进行翻译处理时先检查 ID 和口令是否匹配，如不匹配，则不进行翻译处理。

业务处理应用程序正式处理该业务时也先检查客户 ID 和口令，如不匹配，则不进行该业务的正式处理。

3. 访问控制（Access Control）

在电子数据交换中，往往需要访问对方的数据库，如客户向供应商下订单前，可能要查找供应商的存货数据库中有关存货编号、名称、规格型号、价格等资料，有些经常向该供应商订货的客户可能会想把资料下载到自己的数据库中，以方便以后订货时查阅。对于供应商而言，当其某些参数（如价格）改变后他可能希望能自动及时地通知客户，因而想直接把数据送到客户的数据库上并进行修改。双方能访问对方的哪些数据，有何种访问权限，需要双方事前订好合同，按合同设置访问参数。

4. 保留审计线索（Audit Trail）

由于互联网上的电子商务没有了纸质的原始凭证，审计就没有了线索，这对审计、税收征管等都带来风险。其解决的办法是在电子商务的接收、处理软件中加上自动登记收到业务和各阶段业务处理的记录，存于业务登记文件中，以备查阅，并保证收到的业务都能得到及时完整的处理。

四、对电子商务安全控制进行审计

电子商务过程中数据的处理完全由交易双方的信息系统自动进行，由于没有人工的干预，对其控制的审查和测试尤其重要。

1. 审计目标

（1）审查所有电子数据交换和电子商务业务的授权，确认均符合企业的规定。

（2）未经授权的企业不能访问企业的数据库。

（3）已授权的单位只能访问批准其访问的数据。

（4）审查为保留审计线索而设置的控制措施都在发挥其作用。

2. 控制的测试审查

（1）授权和有效性测试。审计人员应审查：①交易伙伴是否都经认证机构认证，有无合法的数字证书或经其他途径所确认的证明，可作抽样审查。②审查和评价 Internet 上的加密技术、防火墙技术等网络安全控制措施的有效性。但所有这些都由每个单位组织审查和评价是不实际的，也是不必要的。解决电子商务有关单位的真实、可靠性审计，可以聘请信誉和资质都较高的独立审计机构对这些单位的资格、能力、安全及可靠性进行审计，并出具报告，各有关单位则依赖这些审计报告进行评价。对有关安全保密技术有效性的审查，同样可由有信誉和技术水平较高的独立部门或机构对这些技术组织评审和鉴定，并提出评价报告，供审计人员参考。

审查数字凭证等业务文件有无数字签名，或系统中有无保证交易伙伴的信息是完整、正确的功能，可抽样检查交易伙伴文件的准确性和完整性。

（2）审查访问控制。交易伙伴文件和交易数据库的安全是电子数据交换和电子商务控制的核心，审计人员应审查这些控制是否适当：是否只有经授权的人员才能访问交易伙伴文件，权限表和口令是否加密存储；交易伙伴访问企业数据库的内容范围（如存货水平、价格等）是否依据合约规定；访问权限表的权限是否与合约的规定相符；模仿一些交易伙伴企图越权访问，看系统是否会拒绝等。

（3）审查审计线索和审计功能。审查电子商务业务各处理阶段的业务处理自动记录，看是否每个阶段的关键字、关键数据都自动登记下来了；审查系统中是否建有审计子系统，提供审计程序、审计工具和审计档案库，以便审计人员进行网上审计。

（4）对电子商务管理制度的完善性和有效性进行审计。抽样审查这些控制是否都被严格遵守。

本章小结：

本章简要阐述了电子商务的安全要求和不安全因素。电子商务主要有信息的真实性、有效性、机密性、完整性、可靠性和不可抵赖性方面的要求与不安全因素。从发生的案例看，可靠性和不可抵赖性的问题最为突出，也较难防范。针对这些安全要求和不安全因素，本章比较深入地介绍了包括防火墙、DDN 专线、病毒防治、加密技术（包括对称加密、非对称加密和混合加密）、认证技术（包括数字摘要、数字签名、数字信封、数字时间戳和数字证书）、认证机构、安全套接层协议（SSL）、安全电子交易协议（SET）等电子商务安全措施和方法。

防火墙是一台电脑或一个局域网内由硬件或软件或硬、软件共同组成的一道屏障，它检查来自 Internet 或其他网络的信息，并根据事前的设置，拒绝信息或允许信息到达用户的计算机。

常用的数据加密方法有对称加密、非对称加密和混合加密法。

对称加密即标准数据加密（Data Encryption Standard，DES），又称为通用密码体制或单密钥体制，是加密钥和解密钥相同的密码体制。对称加密方法的加/解密过程相对简单，效率高，用于大容量文件加/解密有优势，但一个单位要同时保留许多与不同单位通信用的不同密钥，不方便也不安全，现已很少单独使用，一般是用在混合加密方法中。

非对称加密又称公共密钥加密（Public Key Encryption，PKE）。典型的是 RSA 双钥体制。一个单位只需一个私有密钥 Ke 和一个公开的公共密钥（公钥）Kd 即可。但加密文件时需同时用发方私钥和收方公钥进行双重加密，因而解密也要双重解密才能确保收、发方的唯一性，从而达到保密和不可抵赖的目的。非对称加密法效率较低，用于加密容量小的文件较合适。

混合加密法把对称和非对称两种加密方法结合起来，用对称加密法加密要传送的主信息，用非对称的双钥体制加密单钥制的加密钥本身。收方收到信息后先用非对称的方法解密，得到单钥加密信息的解密钥，再用它解出传送的主信息。混合加密法加密及保管密钥不多、加/解密效率高且能保证收/发方唯一性和不可抵赖。

数字摘要（Digital Digest）又称文件摘要，是一个文件经 HASH 函数处理后得到的一个位数不长的与原文件内容相关的"浓缩"了的文件信息。

数字签名（Digital Signature）就是把要发送的文件的文件摘要用私钥加密，也称电子签名。因为是用私钥加密的，收方需用发方公钥才能解密，故能代表发方的签名保证，不可抵赖。

数字信封（Digital Envelope）是指要发送的文件正文用对称密钥来加密，然后将此对称密钥用收方的公钥加密后一起传给收方，以保证只有唯一的收方能解读到正文。

数字时间戳（Digital Time-stamp）是由权威的第三方如认证机构，在电子商务发文方待发文件的文件摘要上加上权威第三方收到该文件的日期、时间和数字签名。

数字证书（Digital Certification）是由一个权威的认证机构颁发的，可以在网上用作识别通信对方身份的证明文件。一个标准的数字证书包含的内容有证书的版本、序列号、数字签名算法、证书的发行机构名称及其用私钥的签名、证书的有效期、证书使用者的名称及其公钥等。数字证书分为个人证书、机构证书、机构员工证书、设备证书和全球服务器证书等。

认证机构（Certificate Authority，CA）是为电子商务交易者保证和确认交易对方确是客观存在的、合法的、有法律责任能力的单位而设立的权威的第三方机构。它确认一个交易法人的合法名称、法人代表、地址，并对其分配一对唯一的私钥、公钥，颁发一张数字证书给该单位，处理与数字证书申请、审核、更改、查询、作废等相关的问题。

安全套接层协议（Secure Sockets Layer，SSL）是 Internet 主要的安全协议，能保证任何安装了安全套接层协议的客户机和服务器间通信不外泄，被广泛应用于 Internet 和 Intranet 的服务器产品和客户端产品中。它使用混合加密法传送数据信息，通过客户机和服务器的识别号保证数据发送到正确的客户机和服务器上，即使中途被拦截，由于是混合加密的，也不能被破译。但 SSL 不能防止商家看到客户的支付账号、密码等机密的付款信息，因为这些信息在客户和商家用 SSL 协议通信时商家都能收到并译出。

安全电子交易协议（Secure Electronic Transaction，SET）是由两大信用卡组织 Visa 和 MasterCard（万事达）联合制定的一个能保证通过开放网络（包括 Internet）进行安全资金支付的技术标准。SET 可应用于任何银行支付服务。消费者是把自己的信用卡号、密码等支付授权资料用发卡公司的公钥加密，加上自己的数字签名发给商家再转到发卡公司的，只有发卡公司能解密，这样可保证商家看不到客户的账户和信用卡密码，不仅对商家进行保障，对消费者也有保障。SET 可在不同的硬件与操作平台上运行。

【案例 4-2】

网上付款的安全控制解决方案

许多公司开发了自己的网上支付系统，下面是一些网上支付系统的解决方案及其控制原理：

1. 网上结算公司（CyberCash）

该公司给客户一个专用的加密软件。客户购物时把给商家的订单和用该软件加密的信用卡信息和支付授权一起发送给商家，商家要把客户信用卡信息和支付授权转送至 CyberCash 服务器解密后发往商家开户银行，银行再把客户信用卡信息和支付授权送发卡银行请求支付，发卡行核对确认后把支付（或拒绝）指令发给 CyberCash 服务器，由它通知商家发货和通知客户已付款。采用此结算方法，商家不可能知道客户的信用卡信息，付款安全性较好。

2. 网上收费公司（CyberCharge）

CyberCharge 的作用像银行网络和微软商家服务器（Microsoft Merchant Server）之间的中介，是微软为在网络上进行销售而开发的。有了它，消费者就不需要专门的客户软件。CyberCharge 使用高速连接技术把安装有微软商家服务器软件的用户（商家）与联邦银行网络连接起来。当消费者通过商家网站购物并输入支付信息后，自动被加密送到 Cyber-Charge 服务器，再送往银行网络，通过 CyberCharge 主干网实现授权直接把资金从客户账户转入商家的银行账户，并通知商家发货。

3. 数字现金支付（DigiCash）

采用此支付方式，首先客户要告知银行把一定金额转为电子现金，银行按要求把客户一定数额的银行存款转为电子现金（有银行的数字签名），装入电子信封（即用客户的公钥加密）发送给客户。客户网上购物时以电子现金付款给商家，就像用现金或支票购物一样，无需提供信用卡号码和密码了。商家可以用电子现金从银行换回实际货币。

4. 第一网上虚拟支付系统（First Virtual Internet Payment System）

使用此支付系统的客户和商家首先都要申请一个唯一的身份识别号码（Virtual Personal Identification Number，Virtual PIN），与他们自己的信用卡号码一起存于 First Virtual 公司才能访问的计算机上。顾客购物时，发给商家的除订单外还有自己的 Virtual PIN 号码，而不是信用卡号码。商家把自己的和客户的 Virtual PIN 一起发给 First Virtual 公司才能访问的计算机，First Virtual 核对后从客户账上划出货款存入商家账号，并通知顾客款项已支付，通知商家发货。

案例思考：

1. 这几种安全付款方法最主要的不同点是什么？相同点又是什么？

2. 你认为这几种支付系统哪种最好？哪种最不好？为什么？

3. "商家要把客户信用卡信息和支付授权转送至 CyberCash 服务器解密后发往商家开户银行。"这里所说的 CyberCash 服务器你认为是怎样的？是 CyberCash 公司所拥有的唯一的一个服务器吗？如果是，那么 CyberCash 公司所在国以外的客户能使用这个系统购物付款吗？CyberCash 服务器是否可指安装了 CyberCash 的网上支付系统软件的服务器？如果是，你认为其他商家若引进安装这种服务器，要解决哪些问题才能使用？其他几种支付系统也有这样的问题吗？

4. 本案例的几种支付方案与 SSL、SET 有什么不同和联系？实际安装时是否都要安装所有这些软件？为什么？

练习题：

1. 电子商务的安全要求和不安全因素主要分为哪几个方面？请每个方面举一个例子。

2. 电子商务数据加密采用哪几种方法？请总结各自的优点和缺点。

3. 何谓数字摘要、数字签名、数字信封、数字证书、数字时间戳和认证机构？

上机操作：

1. 在网证通网站上了解和操作认证机构、数字证书的相关内容。

（1）浏览学习：打开网证通主页 http：//www. cnca. net，浏览各主题中的内容（重点是基础知识和客户服务两大部分），从中了解 CA 的组织构成及业务、数字证书、电子商务安全问题和解决办法等相关知识。

（2）查询数字证书：选击"客户快捷通道"→"查询证书"①→在证书类型处选"单位数字证书"→在证书通用名称栏输入"中山大学"，点"确定"查到所有有中山大学字样的单位的数字证书，任选一个查看该证书的详细内容。

（3）安装上一项正查看着的单位的数字证书②：在上一项显示的"常规"项页面点击"安装证书"，按提示完成安装。

（4）了解数字证书办理流程：在网证通网站首页选击"客户快捷通道"→"广东省电子政府采购平台数字证书办理流程"→"数字证书办理流程"，浏览其内容。

（5）了解数字证书申请表内容：选击"客户快捷通道"→"广东省电子政府采购平台数字证书办理"，点击"下载数字证书申请表"下载《数字证书申请表》，根据表格的相关要求填写各项信息。

（6）数字证书驱动程序的安装：在网证通网站首页选击"客户服务"→"下载中

---

① 如出现"……是否显示不安全的内容？"（这可能是由于你的计算机尚未安装对方证书的证书链的缘故）的提问，要选"是"。

② 因为电子商务通信中数据加/解密要用到对方数字证书，故查到后可把其证书安装在自己的计算机上，这是取得并安装对方数字证书的一种方法。

心"→"驱动程序"→"电子密钥安装使用指南"或"组织机构证书安装使用指南",阅读后点击"电子密钥驱动程序"或"组织机构数字证书驱动程序",双击所出现的.exe文件进行安装。

（7）上面安装的所有程序，安装后可在桌面生成快捷图标，点击试用（试用后应通过控制面板的程序卸载功能将它们全部卸载，以免计算机程序太多影响其运行）。

2．打开中国数字认证网（http：//www.ca365.com）申请一个免费试用证书。

3．打开 GlobalSign China（http：//www.globalsign.com）申请一个 SSL 证书。

第五章　电子支付与网络银行

主要内容：电子支付的概念和类型、电子支付系统的构成、电子支付工具以及网络银行。

教学目标：

1. 了解电子支付及网络银行的发展和类型。
2. 熟悉电子支付的概念、电子支付系统的构成以及网络银行的业务和特点。
3. 掌握不同电子支付工具的特点、支付流程和应用。

重点： 电子现金、电子钱包、智能卡、银行卡以及电子支票的特点、支付流程和应用。

难点： 电子现金、电子钱包、智能卡、银行卡和电子支票的支付流程。

开章引例：

校园中的电子支付

广州某大学的小刘是位来自贵州一个小县城的一年级新生。到校不久，他打电话给远在贵州的爸爸，请他放心，自己的钱保管得很好。原来，在接到录取通知书后，按照学校提供的招商银行账号，小刘的爸爸汇入了小刘在学校所需的学费、生活费等费用。到学校以后，小刘领到了一张集学籍管理、学业管理、内部消费、图书借阅、就餐、医疗和存取款功能于一体的招商银行校园卡。利用这张卡，小刘交了学费、办了饭卡，还可以到小卖部买东西。

星期天，小刘和同学一块儿逛街，在商场买了一部手机。付款时，他高兴地发现该卡还可以在商场使用。售货员告诉他，他还可以在学校的自助存取款机上缴电话费，而不用去电信公司或者银行。这样，小刘基本上可以不用现金了。而且，这张集磁卡、IC卡于一体的校园卡还有一个特别的功能——可以在自助存取款机上将小额的钱从需要密码的磁卡上转到不需要密码的IC卡电子钱包上。这样，在食堂吃饭、小卖部买东西等进行小额消费时就免除了输密码联机验证的麻烦，而且卡即使丢了损失也不大。后来，小刘成为网民一族，在网上购物时开通了招商银行网上支付功能，这样他既可以在线完成支付，也可以通过送货人员随身携带的手持卡读写设备刷卡结账，潇洒地体验电子商务了。

后来，小刘到同学家里玩时了解到，买电、买水、买气、买油、就医等都可以通过刷卡结账。同学家虽然远在偏僻小区，但他们楼下就有一台自助存取款机，可以在电卡上只有1度电时从容地下楼充值电卡。同学的妈妈是个股民，她告诉小刘，在炒股时IC卡特别有用。如果看准一只股票，而卡里没有足够的钱时，可以及时从自己的账户转账，抢占买入时机，从而充分把握市场先机。同学的爸爸是个交通警察，他也告诉小刘，现在实行收支两条线，司机可以用IC卡交罚款，记扣去的分；不但如此，司机到加油站加油时也可以通过加油站的自助刷卡设备进行缴费。

（资料来源：http：//www. worlduc. com/blog. aspx? bid = 107282）

英国著名经济学家 Sapsford 认为："货币可以由得到社会成员一致认可的任何物体充当。"货币的发展历史大致经历了以下几个阶段：公元前10世纪以前，贝壳常常在物品交换中充当货币的角色；公元前10世纪到公元前6世纪之间在希腊和印度出现了金属货币，从此金属货币主宰物品交易达两千年之久；中世纪的时候，支票被意大利商人引入市场；在美国，纸币于1690年在马塞诸塞州首次发行；1950年，大莱俱乐部（Diners Club）的大莱卡在美国发行了第一张信用卡。

如今，我们正处于支付方式的变革当中，其主要特征便是以信用卡为主的电子支付方式正逐步替代现金及支票。2003年，美国的信用卡和借记卡在商店中的支付额首次超过了现金和支票。2005年被称为中国的电子支付元年，这一年中国电子支付市场高速增长，并且很多电子支付法规也得到了完善，中国的电子支付实现了飞跃式发展。

第一节　电子支付的定义和类型

一、电子支付的定义

电子支付是指电子交易的当事人，包括消费者、厂商和金融机构，以商用电子化机具和各类交易卡为媒介，依赖计算机和通信技术等安全电子支付手段，通过金融电子化网络，以电子信息传递形式实现的货币支付和资金流通。

电子支付方式的出现要早于互联网，图5-1中电子支付的五种形式分别代表着电子支付的不同发展阶段：

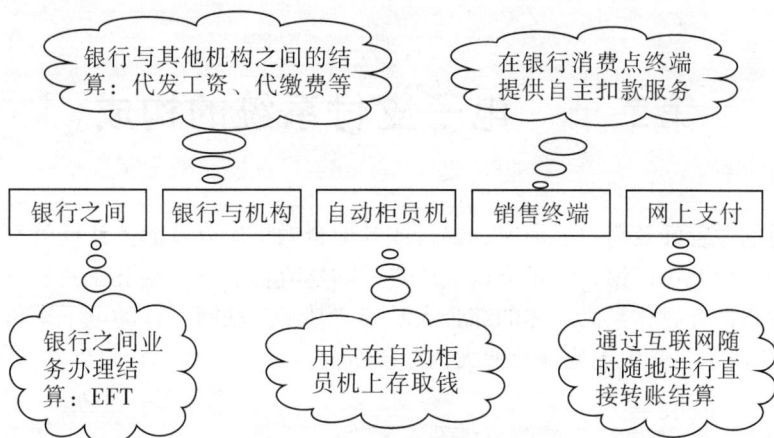

图 5-1　电子支付的发展阶段

二、电子支付的类型

按电子支付指令发起方式，电子支付可分为网上支付、电话支付、移动支付、销售点终端交易以及自动柜员机交易等。

按电子商务交易对象，电子支付可分为企业与企业之间的电子支付、企业与消费者之间的电子支付和消费者与消费者之间的电子支付等。

三、电子支付的特点

与传统的支付方式相比，电子支付具有以下特点：

（1）传输方式的数字化。电子支付是采用先进的技术通过数字流转来完成信息传输的，其各种支付方式都是通过数字化的方式进行款项支付的；而传统的支付方式则是通过现金的流转、票据的转让及银行的汇兑等物理实体来完成款项支付的。

（2）支付环境的开放化。电子支付的工作环境基于一个开放的系统平台（即互联网）；而传统支付则是在较为封闭的系统中运作的。

（3）通信手段的先进性。电子支付使用的是最先进的通信手段，如 Internet、Extranet，而传统支付使用的则是传统的通信媒介；电子支付对软、硬件设施的要求很高，一般要求有联网的微机、相关的软件及其他一些配套设施，而传统支付则没有这么高的要求。

（4）其他经济优势。电子支付具有方便、快捷、高效、经济的优势。用户只要拥有一台上网的 PC 机，便可足不出户，在很短的时间内完成整个支付过程。

在电子商务中，电子支付过程是整个电子商贸活动中非常重要的一个环节，同时也是电子商务中对准确性、安全性要求最高的业务过程。电子支付系统是电子商务系统中最重要的组成部分之一。

第二节　电子支付系统的构成

电子支付的过程涉及客户、商家、银行或其他金融机构以及商务认证管理部门之间的安全商务互动，因此可以说，电子支付系统是融购物流程、支付结算工具、安全技术、信用体系以及现在的金融体系为一体的综合大系统。基于互联网平台的电子支付系统的基本构成如图 5-2 所示，其中主要涉及七大构成要素。

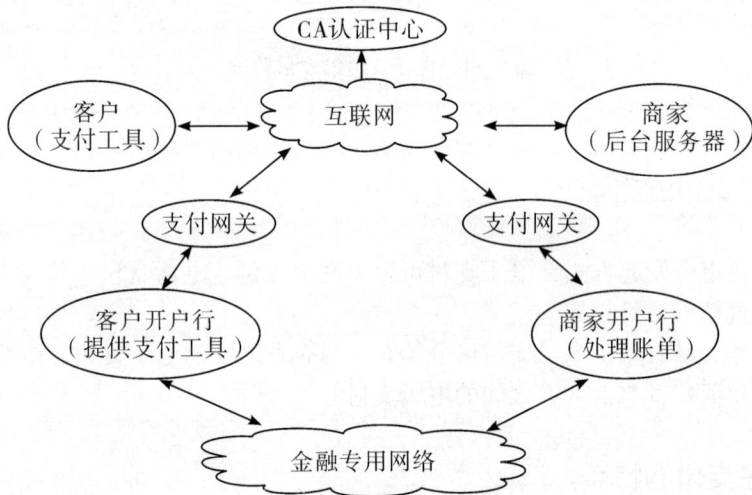

图 5-2　电子支付系统的基本构成

一、客户

客户是指通过购买产品或服务满足其某种需求的群体，也就是指与个人或企业有直接经济关系并且存在未清偿的债务的一方。客户用自己拥有的电子支付工具（如信用卡、电子支票等）发起支付，它是电子支付系统运作的原因和起点。

二、商家

商家是指从事商业活动（生产、经营相关物品）的个人和各种组织的统称，是拥有债权的商品交易的另一方，可以根据客户发起的支付指令向中介的金融体系请求获取货币给付，即请求结算。商家一般设置专门的后台服务器来处理这一过程，包括协助身份认证及不同电子支付工具的处理。

三、客户开户行

客户开户行是指客户在其中拥有资金账户的银行，客户所拥有的电子支付工具也主要是由开户银行提供的。客户开户行在提供电子支付工具的同时，提供一种银行信用，即保证支付工具是真实并可兑付的。

四、商家开户行

商家开户行是指商家在其中拥有资金账户的银行，其账户是整个支付结算过程中资金流向的地方或目的地。商家将收到的客户支付指令提交其开户行后，就由开户行进行支付授权的请求，以及进行商家开户行与客户开户行之间的清算等工作。

五、支付网关

支付网关是银行金融网络系统和互联网之间的接口，是由银行操作的，将互联网上传输的数据转换为金融机构内部数据的一组服务器设备。电子支付的电子信息必须通过支付网关进行处理后才能进入安全的银行内部支付结算系统。

六、金融专用网络

金融专用网络是指银行内部及银行间进行通信的专用网络，它不对外开放，因此具有很高的安全性。

七、CA 认证中心

CA 认证中心是采用 PKI 公开密钥基础架构技术，专门提供网络身份认证服务，负责签发和管理数字证书，且具有权威性和公正性的第三方信任机构，它与传统商务中的工商局的作用类似。

第三节　电子支付工具

随着计算机技术的发展，电子支付的工具越来越多。这些支付工具可以分为三大类：电子货币类，包括电子现金、电子钱包等；电子支付卡类，包括信用卡、借记卡、智能卡等；电子票据类，包括电子支票、电子汇款、信用证等。

这些支付方式各有各的特点和运作模式，适用于不同的交易过程。

一、电子现金

电子现金（E-cash），又叫数字现金，是一种以数据形式流通的货币。它把现金数值转换成为一系列的加密序列数，通过这些序列数来表示现实中各种金额的市值，用户在开展电子现金业务的金融机构开设账户并购买电子现金后，就可以在接受电子现金的商店购物了。

电子现金在经济领域中起着与普通现金相同的作用，对正常的经济运行至关重要。电子现金应具备以下性质：

（1）独立性。电子现金的安全性不能只靠物理上的安全来保证，必须通过电子现金自身使用的各项密码技术来保证其安全。

（2）不可重复花费。电子现金只能使用一次，重复花费很容易就能被检查出来。

（3）匿名性。银行和商家相互勾结也不能跟踪电子现金的使用，也就是无法将电子现金与用户的购买行为联系到一起，从而隐蔽电子现金用户的购买历史。

（4）不可伪造性。用户不能造假币，包括两种情况：一是用户不能凭空制造有效的电子现金；二是用户从银行提取 N 个有效的电子现金后，也不能根据提取和支付这 N 个电子现金的信息制造出有效的电子现金。

（5）可传递性。用户能将电子现金像普通现金一样，在用户之间任意转让，且不能被跟踪。

（6）可分性。电子现金不仅能作为整体使用，还应能被分为更小的部分多次使用，只要各部分的面额之和与原电子现金面额相等，就可以进行任意金额的支付。

电子现金的应用过程如图 5-3 所示。

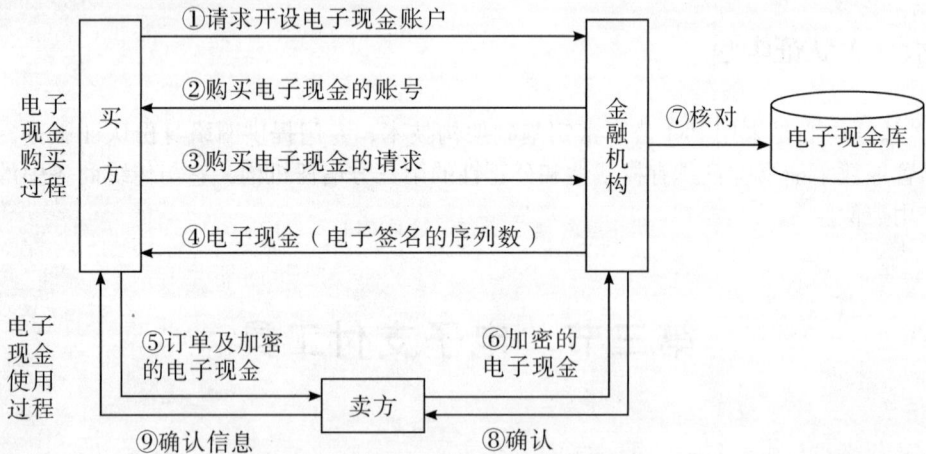

图 5-3　电子现金的应用过程

1994 年，DigiCash 公司开始使用电子现金，消费者首先要在 DigiCash 银行内开设自己的账户，将实际货币（信用卡或支票）转换成 DigiCash 公司的数字货币并存入 DigiCash 银行。商家也需要与 DigiCash 建立合作关系，在 DigiCash 银行开设自己的账户。当消费者在网上购物时，就可以使用 DigiCash 提供的密码，通过电子函件方式从 DigiCash 银行提取电子现金。经 DigiCash 银行核实取款人身份后，在电子现金上加上 DigiCash 银行的电子签名，然后传给消费者。消费者把电子现金付给商家，商家再从 DigiCash 银行将这些电子现金兑换成实际货币。

之后，eCoin 公司推出了电子硬币支付方式，该系统包括用户、商家和电子硬币服务器三个参与方。用户打开 ecoin. net 的账户，下载一个特殊的电子钱包软件，然后用信用卡购买电子硬币。一枚电子硬币是一个长 15 字节的字符串，价值 5 美分，每个字符串都是唯一的，因此能被方便地识别。为了接受电子硬币，商家只需要在其付款页面上放置一个电子硬币图标即可。电子硬币服务器管理客户和商家账户，接收客户电子钱包的支付请求，并计算商家的应收款额。

电子现金适用于小额支付，具有匿名性和支付灵活方便的优点。但是目前电子现金的使用量比较小，主要是由于存在成本较高、货币兑换和可能导致丢失等问题。

DigiCash 公司已经于 1998 年破产，迄今为止，电子现金在美国还没有获得成功，发明了用于小额支付的 CyberCoin 的 CyberCash 也没有获得所期望的巨大成功。美国电子现金失败的原因主要有两点：一是操作复杂，电子现金系统大多数要求用户下载和安装复杂的客户端软件；二是由于存在许多相互竞争的技术，没有一个统一的电子现金系统标准，这就意味着用户必须面对多种专用的电子现金方案，而且相互之间支持度不高。迄今为止，我国还没有关于银行应用电子现金的报道。

二、电子钱包

电子钱包是电子商务购物活动中常用的一种支付工具，适用于小额购物。在电子钱包内存放着电子现金、银行卡等支付工具和所有者的身份证书、地址以及在电子商务网站的收款台上所需的其他信息等。

目前，电子钱包的形式主要分为两类：一类是电子钱包软件，随时能够进行在线支付；另一类是以智能卡为载体的电子钱包支付系统，可以在正确配置的 POS 系统上进行电子支付和消费。

电子钱包软件的功能大致可分为下列四项：

（1）个人资料管理。消费者成功申请电子钱包后，系统将在电子钱包服务器为其建立一个属于个人的电子钱包档案，消费者可在此档案中增加、修改、删除个人资料。

（2）网上付款。消费者在网上选择商品后，可以登录到电子钱包，选择入网银行卡，向银行的支付网关发出付款指令来进行支付。

（3）交易记录查询。消费者可以对通过电子钱包完成支付的所有历史记录进行查询。

（4）银行卡余额查询。消费者可通过电子钱包查询个人银行卡余额。

电子钱包用户通常在银行里是有账户的，用户在使用电子钱包支付之前都必须先申请电子钱包。我国暂时还没有电子现金业务，因此电子钱包主要是借助银行卡来进行支付。

电子钱包软件可以分为两大类：

1. 服务器端电子钱包

服务器端电子钱包是指在商家服务器或电子钱包软件公司的服务器上存储钱包所有者的信息，只要连上网络就可以购物支付。如华夏银行的电子钱包管理系统，图5-4为其登录界面。

图5-4　电子钱包登录界面

华夏银行的电子钱包系统主要有以下功能：

（1）申请电子钱包。登录华夏银行网站，签订电子钱包协议，输入网银客户号、网银密码、身份证号等信息即可申请。

（2）登录电子钱包。申请成功后，客户根据网银客户号和网银密码登录电子钱包系统。

（3）卡管理。

①增加卡。在菜单栏选择"卡管理—增加"，客户可增加一张或多张签约个人网上银行的华夏卡，并为其设定个性好记的别名，支付时选择卡别名，无需输入繁琐的卡号。

②修改卡别名。选择"卡管理—修改卡别名"可修改卡别名。

③删除卡。选择"卡管理—删除卡"可删除之前增加到电子钱包的华夏卡，删除后可重新增加。

④查询余额。选择"查询余额"可查询增加到电子钱包里的卡内余额。

（4）交易查询和交易统计。可以选择"交易查询"与"交易统计"对利用电子钱包进行网上支付的交易进行查询和统计，便于了解用户历史交易情况。

（5）钱包维护。可设置和修改"日提醒限额"和"日通知限额"，只要超出用户设定的每日消费最大限额，系统就会自动发送一封e-mail到用户填写的电子邮箱中，及时提醒用户超出了交易限额。

（6）钱包退订。如果用户对该行的电子钱包业务不满意，也可点击"钱包退订"取消电子钱包业务，退订后如果想继续使用电子钱包还可重新申请。

2. 客户机端电子钱包

客户机端电子钱包是指在消费者自己的计算机上存储所有者的信息，在使用电子钱包前，用户先安装相应的应用软件，必须在自己的计算机上购物支付，如中银电子钱包。图5－5为启动中银电子钱包的界面。

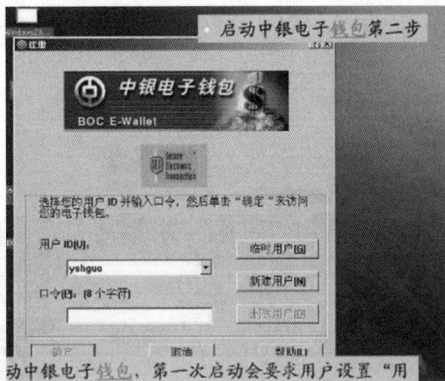

图 5－5　启动中银电子钱包的界面

中银电子钱包的使用流程为：

（1）用户在自己的计算机内安装中银电子钱包软件。

（2）登录中国银行网站，在线申请并获得持卡人电子安全证书。

（3）登录到中国银行网上特约商户的站点，选购商品、填写送货地址并最后确定订单。

（4）点击长城电子借记卡支付，浏览器会自动启动电子钱包软件，用户只要按照提示输入借记卡卡号、密码等信息即可实时完成在线支付。

从全球范围来看，电子钱包软件市场远远没有起飞。而使用智能卡作为电子钱包，是智能卡被广泛寄予的厚望，也是目前的普遍做法。有人把这种电子钱包叫做储值卡或预付费卡，它使用方便，无须携带现金和零钱，通常用于小额消费，如快餐店、加油站、公共交通（地铁、轻轨、公共汽车）、泊车、道路通行以及一些无人值守的环境，如自动售货机、公用电话等。

我国储值卡型的电子钱包大部分是由行业卡演变而来的，公交行业是行业卡最发达的领域，也是行业电子钱包的摇篮，目前全国各大中型城市都在实施公交卡项目。另一种可与公交卡媲美的行业电子钱包是各地发行的餐饮卡和用于超市、百货商店购物的商业卡。

除行业卡之外，各家银行根据人民银行的金融 IC 卡规范发行的 IC 卡基本上都是符合PBOC 标准的通用电子钱包，如北京的牡丹交通卡、中行的石化加油卡等。

三、智能卡

智能卡是一种将具有微处理器及大容量存储器的集成电路芯片嵌装于塑料基础上而制成的卡片，是 IC 卡的一种。

目前，大部分智能卡中的集成电路芯片包含了微处理器、I/O 接口及存储器，提供了数据的计算、访问控制及存储功能。

根据卡与外界数据交换的界面不同，智能卡可划分为以下三种：

（1）接触式智能卡。接触式智能卡通过智能卡读写设备的触点与智能卡的触点接触后进行数据的读写，即需要把智能卡插入读卡器中才能工作。国际标准 ISO7816 对此类卡的机械特性、电器特性等作了严格的规定。一般可以在该类卡的表面看到金属制的微型芯片，如图 5-6 所示。

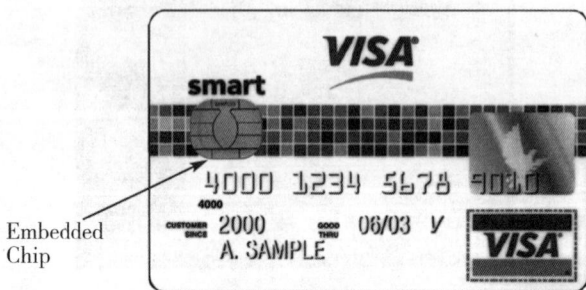

Source：Courtesy of Visa USA，Inc.

图 5-6　接触式智能卡

（2）非接触式智能卡。该类卡与智能卡设备无电路接触，而是通过非接触式的读写技术进行读写（如光或无线技术），其内嵌芯片主要增加了射频收发电路。国际标准 ISO10536 系列阐述了对非接触式 IC 卡的规定。该类卡一般用在使用频繁、信息量相对较少、对数据读取要求快速完成、可靠性要求较高的场合（如公交卡）。

（3）混合卡。混合卡又叫双面智能卡，它将接触式智能卡与非接触式智能卡集成到一张卡片中，操作独立，但可以共用 CPU 和存储空间。

与传统的支付卡相比，智能卡具有以下优点：

（1）方便性。智能卡交易简单易行，既可在线使用，也可脱机处理。由于智能卡本身就是一个微机，能够记录全部授权额度和交易日志等信息核实数据，只要不超额消费或非法透支，在脱机的情况下仍然能够正常使用，不需要通过网络通信就可以直接处理。

（2）可靠性强。智能卡具有防磁、防静电、防机械损坏和防化学破坏等能力，信息可保存 100 年以上，读写次数在 10 万次以上，至少可用 10 年。特别是非接触式智能卡与读写器之间无机械接触，避免了由于接触读写而产生的各种故障，既便于卡片的印刷，又提高了卡片的使用可靠性。

（3）安全性高。智能卡包括的加密和验证技术满足了发行者和用户对安全性的需要。运用加密技术，资料和数据可以通过有线或无线网络安全地传递。

（4）存储容量大。智能卡可存储签名、身份证号码、个人身份证认证资料、交易记录等重要信息，不仅可以进行储蓄、消费，还可以用于支付税金和各种公共费用，甚至可用作电子病历等非金融交易卡。

（5）适用范围广。如今智能卡的用途已经扩大到各行各业和日常生活中。目前在我国，随着金卡工程建设的不断深入发展，IC 卡已在众多领域中获得广泛应用，并取得了初步的社会效益和经济效益。

由于我国大部分智能卡都是匿名使用的，如广州羊城通公交卡，其缺点在于不可跟踪，丢失后就会损失卡内资金。

不管是接触式还是非接触式，智能卡都必须由智能卡和读写设备一起配套使用。因此，使用智能卡进行网上购物需要配置一个硬件——能安装在计算机上的可携式智能卡读写设备。目前我国暂时还没有关于消费者的个人智能卡读写设备的报道。

智能卡的应用流程如图 5-7 所示。

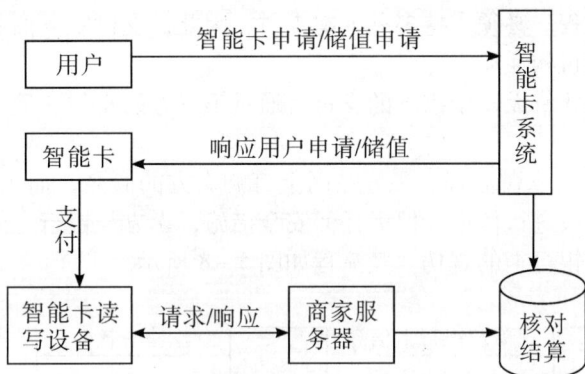

图 5-7　智能卡应用流程

智能卡较传统银行卡更为安全，信用卡管理协会与金融机构都在逐步将传统的信用卡和借记卡发展为多功能智能卡，增加电子钱包的功能。目前，智能卡的支付服务主要针对零售业中那些通常是现金消费，而且非常注重支付速度和便利性的商店。针对零售消费的便捷、迅速等特点，非接触式智能卡系统是最佳选择。

四、银行卡

银行卡分为借记卡和信用卡两种。借记卡使用时必须在储蓄账户存入资金，不能透支使用，消费或提款时资金直接从账户划出。信用卡是发卡银行给予持卡人一定的信用额度，持卡人可在信用额度内先消费后还款。

信用卡和其他银行卡的一个主要区别是：信用卡不仅是一种支付工具，同时也是一种信用工具。信用卡的出现从根本上改变了银行的支付方式和结算方式以及人们的消费方式和消费观念。

银行卡可以进行 POS 消费、通过 ATM 转账和提款，但如果要通过网络进行资金转移就必须开通网上银行业务。银行卡的支付过程主要经过有效性确认和交易结算两个阶段：首先，要确认持卡人的银行卡是否已经被激活并且有足够的资金余额；其次，当以上信息确认无误后，便可以进行转账，将持卡人账户的钱转到商家的账户上。这两个阶段的实现方式随卡的种类不同以及商家采用的支付系统配置的不同而有所差别。电子商务经营者网上支付系统配置可有以下三种选择：

（1）自己拥有一套支付系统软件。商家可以购买一种支付程序组并将它与自己的电子商务系统整合。这种组件能够和与支付相关联的银行或第三方机构的网关进行通信。

（2）利用收单银行方的 POS 系统。商家将持卡人的交易结算转交收单银行的 POS 系统处理，之后再将处理完成后的信息传回商家。这样，商家只需要处理购买者的订购信息，而把转账结算交给收单银行方处理。商家采取这种配置方式的关键是要找到一个可以支持多种类型支付卡和支付工具的收单银行，否则就要与多个收单银行进行联系，增加了操作的复杂性。

（3）利用第三方支付服务提供商的 POS 系统。支付服务商（PSP）作为独立于收单银行和商家的第三方，建立起两者之间联系的纽带，将商家的电子商务系统与相应的收单银行相连，完成支付过程。必须支持多种卡类支付，因此，支付服务商必须为不同的支付卡向不同的银行卡管理机构注册。

银行卡的支付模式有无安全措施的支付、通过第三方的支付、简单加密的支付和基于 SET 协议的支付四种。

（1）无安全措施的支付流程。买方在网上订购卖方的商品，而银行卡信息通过电话、传真、网络等通信手段进行传送，但无任何安全措施，卖方与银行之间使用各自现有的银行专用网授权来检查银行卡的真伪。其流程如图 5-8 所示。

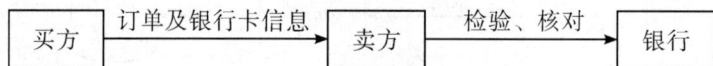

```
┌──────┐  订单及银行卡信息  ┌──────┐  检验、核对  ┌──────┐
│ 买方 │ ─────────────────→ │ 卖方 │ ───────────→ │ 银行 │
└──────┘                    └──────┘              └──────┘
```

图 5-8　无安全措施的支付流程

（2）通过第三方的支付流程。买方在第三方开设一个账号，第三方持有买方的银行卡号和账号；买方用账号在网上订购卖方的商品，并将账号传送给卖方；卖方将买方账号提供给第三方验证，第三方将验证信息返回给卖方，卖方确定并接受订单；同时第三方验证卖方身份，给买方发信息确认购买和支付后，将银行卡信息传给银行，完成支付过程。其流程如图 5-9 所示。

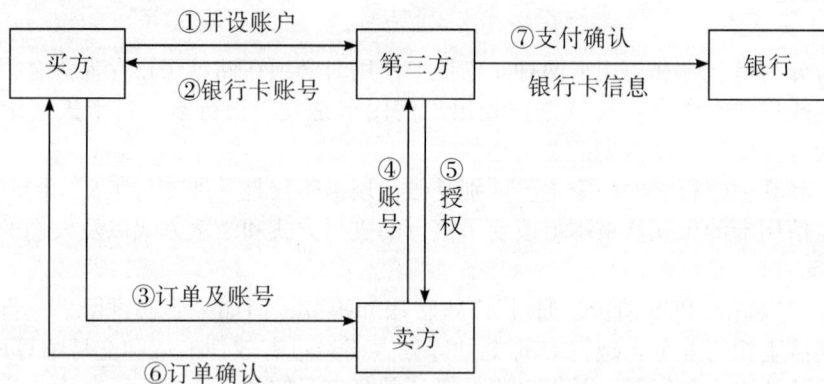

```
              ①开设账户                    ⑦支付确认
┌──────┐ ─────────────→ ┌──────┐ ─────────────→ ┌──────┐
│ 买方 │ ←───────────── │第三方│   银行卡信息    │ 银行 │
└──────┘    ②银行卡账号 └──────┘                 └──────┘
   │                      ↑  │
   │                   ④账│ ⑤│授
   │                    号│   │权
   │     ③订单及账号       ↓  ↓
   │ ─────────────────→ ┌──────┐
   │                    │ 卖方 │
   └──────────────────← └──────┘
         ⑥订单确认
```

图 5-9　通过第三方的支付流程

（3）简单加密的支付流程。当银行卡信息被买方输入浏览器窗口或其他电子商务设备时，银行卡信息就被简单加密，安全地通过网络从买方向卖方传递。常用的加密协议有SHTTP、SSL 等。现以基于 SSL 协议的简单加密支付流程为例：

买方在网上订购卖方的商品，将银行卡信息加密后传给卖方，卖方将加密的银行卡信息传给业务服务器，卖方无法看到买方的银行卡信息；业务服务器验证卖方身份后，将买方加密的银行卡信息转移到安全的地方进行解密，然后将买方银行卡信息通过安全专用网传送到卖方银行；卖方银行通过普通电子通道与买方发卡行联系，确认银行卡信息的有效性；得到验证后，卖方银行将结果传送给业务服务器，业务服务器通知卖方交易完成或者拒绝交易，卖方再通知买方。其流程如图 5-10 所示。

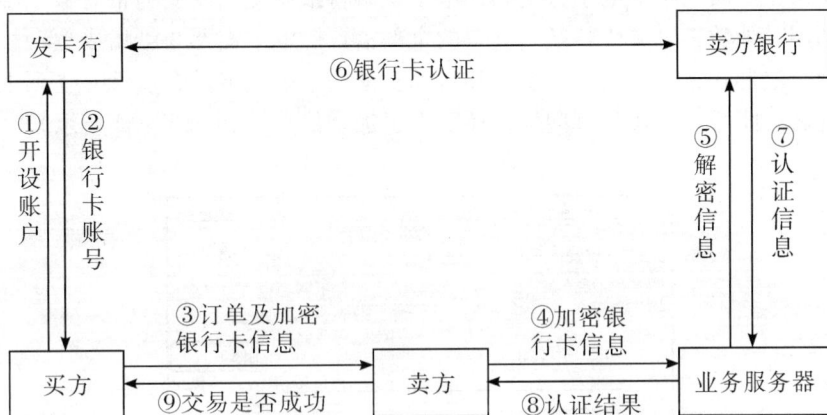

图 5-10 基于 SSL 协议的简单加密的支付流程

（4）基于 SET 协议的支付流程。买方在网上订购卖方的商品，填写订单和付款指令，订单和付款指令分别进行数字签名的加密，使卖方无法看到客户的银行卡信息，该加密信息通过网络传送给卖方；卖方收到订单后，付款信息通过支付网关传送到卖方银行，再到买方的发卡行进行确认；确认后，批准交易，并向卖方返回确认信息；卖方发送订单确认信息给买方，并发货；最后卖方请求银行支付货款，银行将货款由买方的账户转移到卖方的账户。其支付流程如图 5-11 所示。

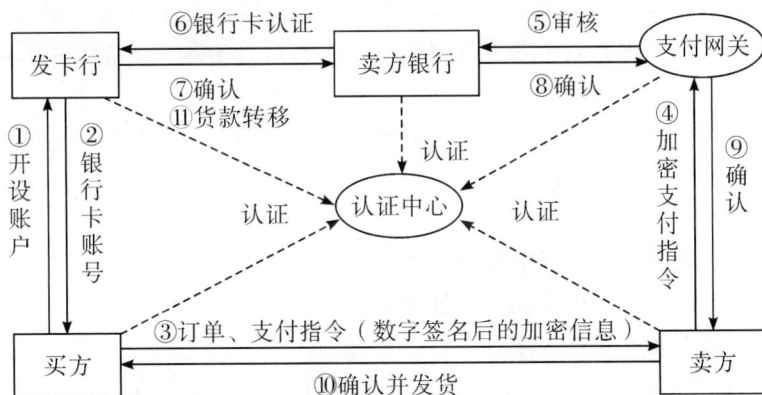

图 5-11 基于 SET 协议的支付流程

上述四种支付方式，基于 SET 协议的支付方式安全性最高，但是交易过程相对复杂，成本较高，因此 SET 协议在我国的使用相对较少。电子支付无论采取哪种支付协议，都应该考虑到安全因素、成本因素和使用的便捷性，由于这三个方面在 SET 协议和 SSL 协议里都无法全部被体现，这就造成现阶段 SET 协议和 SSL 协议并存使用的局面。

五、电子支票

电子支票是纸质支票的电子替代物，电子支票将纸质支票改变为带有数字签名的电子报文，或利用其他数字电文代替纸质支票的全部信息。电子支票与纸质支票一样，是用于支付的一种合法形式，它使用数字签名和自动验证技术来确定其合法性。支票上除了必需的收款人姓名、账号、金额和日期外，还隐含了加密信息（如图 5－12 所示）。

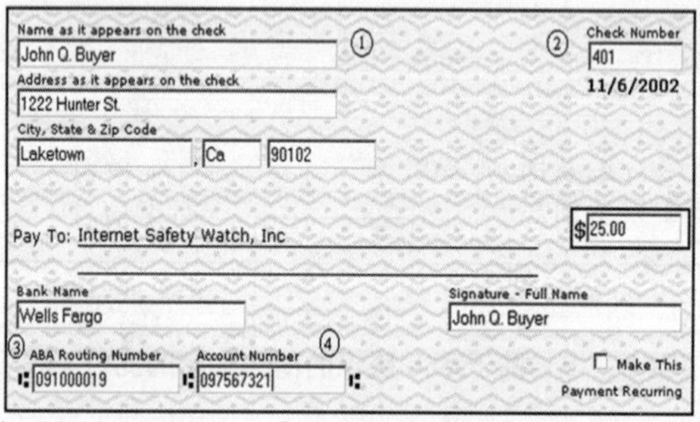

①使用者姓名及地址；②支票号；③传送路由号；④账号

图 5－12　电子支票样式

电子支票通过电子函件直接发送给收款方，收款人从电子邮箱中取出电子支票，并用电子签名签署收到的证实信息，再通过电子函件将电子支票送到银行，把款项存入自己的账户。电子支票的使用流程为：

（1）消费者和商家达成购销协议并选择用电子支票支付。

（2）消费者通过网络向商家发出电子支票，同时向银行发出付款通知单。

（3）商家通过验证中心对消费者提供的电子支票进行验证，验证无误后将电子支票送交银行索付。

（4）银行在商家索付时通过验证中心对消费者提供的电子支票进行验证，验证无误后即向商家兑付或转账。

电子支票的优点主要有：

（1）商家不必再处理一大堆的纸质支票，节约了管理成本。

（2）提高了商家和金融机构的业务处理效率。

（3）提高了消费者的支付速度。

（4）使用数字签名等代替手写签名，并运用了数字证书，安全性能比传统纸质支票高。

大多数商家都依靠第三方软件处理电子支票支付业务。如 CheckFree、Telecheck、AmeriNet、Paymentech 以及 Authorize. Net 便是几个主要的电子支票系统服务提供商。

第四节 网络银行

网络银行又叫网上银行，是银行业务在网络上的延伸，是指通过互联网为客户提供金融产品与服务的金融机构或网站。广义的网络银行又叫电子银行，是指通过互联网或其他电子通信手段为客户提供金融产品与服务的金融机构或网站。无论是广义还是狭义的理解，网络银行主要是让用户可以不受时间和空间的限制，只需要通过相应的电子化渠道就可以享受全天候的金融服务。

网络银行的发展分三个阶段：第一阶段具备查询账户余额、查询当前交易、完成账户间转账的功能；第二阶段增加网上支付等功能；第三阶段推出在线贷款、在线投资和交叉商品销售等服务。

一、网络银行的类型

根据不同的标准，网络银行可以分为不同的类型，如按照服务对象可以分为个人网络银行和企业网络银行；按照通信手段可以分为电话银行、PC 银行、手机银行等；按照建立模式可以分为纯网络银行和传统银行的网络银行业务。

纯网络银行完全是建立在网络之上的虚拟金融服务机构，没有对应的实体形态，如美国的安全第一网络银行（Security First National Bank，SFNB）。SFNB 于 1995 年在因特网上建立，它没有营业网点，而是采用一种全新的服务手段：用户只要输入其网址，屏幕上就显示出类似普通银行营业大厅的页面，上面有"开户"、"个人财务"、"咨询台"、"行长"等柜台。客户只需要单击所需柜台并按给定的指示操作，即可进入自己需要进入的区域。使用纯网络银行，客户完全通过因特网与银行建立服务联系，足不出户就可以进行存款、转账、付款等业务操作。

纯网络银行利用方便、快速、低交易成本、高存款利率来吸引客户，但它也存在一些难以克服的缺点：如银行技术的前期投入非常大；无法收付现金，加重了对第三方发展的依赖性；缺乏客户基础，需要培养新的客户信任度和忠诚度；法律和相关规定不完善等。

我国的网络银行主要是将传统银行业务运用到网络上，也就是传统银行建立的一个网上分支机构。传统银行开办网络银行业务的形式主要有两种：一种是集中型，即由总行设立唯一的网站，所有交易由总行的服务器完成，分支机构只接受客户现场开户申请或发放相关软件、硬件工作；另一种是分散型，即总行和分行机构均设有网站，当地业务由分支机构的服务器完成，然后经内部网络传输给总行服务器。

这样的网络银行具有低成本和便利两大主要优点，让客户突破时间和空间的限制。但是也面临着很多风险，如安全风险、信用风险、交易风险和法律风险等。

二、网络银行的业务和特点

我国的网络银行业务主要包括以下四个方面：

1. 信息服务

信息服务包括新闻资讯、银行内部信息及业务介绍、银行机构设置、网点分布、外汇牌价、存贷款利率等，个别银行还提供特别的信息服务，如股票指数、基金净值等。通过公共信息的发布，网络银行向客户提供有价值的金融信息，同时也起到广告宣传的作用；客户也可以很方便地了解银行及其业务。

2. 基本银行业务

基本银行业务包括财务查询、账户申请和挂失、定期转存或转账、代理缴费等。这些基本业务按照客户对象不同分为个人银行服务和企业银行服务，例如，为企业客户提供跨地区、多账户的查询功能。这些基本业务搬到互联网上，为客户提供了巨大的便利。

3. 网络支付

网络支付主要向客户提供互联网上的资金实时结算功能，是保证电子商务正常开展的关键性的基础功能，也是网络银行的一个标志性功能。网络支付按照交易双方客户的性质分为 B2B 和 B2C 两类，目前，我国大部分银行只提供 B2C 服务，这种服务一般与网上商城结合运用。

4. 网上理财

网络银行通过自身或与其他金融服务网站联合的方式，为客户提供多种金融服务产品，处理客户投资组合服务，包括网上股票买卖、网上保险、网上基金销售等。国外网络银行推出个人理财助理服务，将传统银行业务中的理财助理转移到网上进行，通过网络为客户提供理财的各种解决方案和咨询建议，或者提供金融服务技术的援助，从而大大地拓宽了商业银行的服务范围，并降低了相关的服务成本。

本章小结：

本章首先介绍了电子支付的定义：电子支付是指电子交易的当事人，包括消费者、厂商和金融机构，以商用电子化机具和各类交易卡为媒介，依赖计算机和通信技术等安全电子支付手段，通过金融电子化网络以电子信息传递形式实现的货币支付和资金流通。

电子支付经历了银行之间、银行与机构、自动柜员机、销售终端和网上支付五大发展阶段。电子支付的特点主要是：传输方式的数字化、支付环境的开放化、通信手段的先进性以及其他经济优势。

电子支付系统的基本构成包括客户、商家、客户开户行、商家开户行、支付网关、金融专用网络和 CA 认证中心七大部分。

电子支付工具可以分为三大类：①电子货币类，包括电子现金、电子钱包等；②电子支付卡类，包括智能卡、信用卡、借记卡等；③电子票据类，包括电子支票、电子汇款、信用证等。本章详细介绍了五种常见的电子支付工具：

电子现金（E-cash），又叫数字现金，是一种以数据形式流通的货币。它把现金数值转换成为一系列的加密序列数，通过这些序列数来表示现实中各种金额的市值，用户在开展电子现金业务的金融机构开设账户并购买电子现金后，就可以在接受电子现金的商店购物了。

电子钱包是电子商务购物活动中常用的一种支付工具，适用于小额购物。电子钱包内存放着电子现金、银行卡等支付工具，所有者的身份证书、地址以及在电子商务网站的收款台上所需的其他信息等。目前电子钱包的形式主要分为两类：一类是电子钱包软件，随时能够进行在线支付；另一类是以智能卡为载体的电子钱包支付系统，可以在正确配置的POS系统上进行电子支付和消费。

智能卡是一种将具有微处理器及大容量存储器的集成电路芯片嵌装于塑料基础上而制成的卡片，是IC卡的一种。根据卡与外界数据交换的界面不同，智能卡可分为接触式智能卡、非接触式智能卡和混合卡。

银行卡分为借记卡和信用卡两种。借记卡使用时必须在储蓄账户存入资金，不能透支使用，消费或提款时资金直接从账户划出。信用卡是发卡银行给予持卡人一定的信用额度，持卡人可在信用额度内先消费后还款。

电子支票将纸质支票改变为带有数字签名的电子报文，或利用其他数字电文代替纸质支票的全部信息。电子支票使用数字签名和自动验证技术来确定其合法性，支票上除了必需的收款人姓名、账号、金额和日期外，还隐含了加密信息。

网络银行又叫网上银行，是银行业务在网络上的延伸，是指通过互联网为客户提供金融产品与服务的金融机构或网站。广义的网络银行又叫电子银行，是指通过互联网或其他电子通信手段为客户提供金融产品与服务的金融机构或网站。

按照建立模式，网络银行可以分为纯网络银行和传统银行的网络银行业务。纯网络银行完全是建立在网络之上的虚拟金融服务机构，没有对应的实体形态，如美国的安全第一网络银行（SFNB）。

我国的网络银行业务主要有信息服务、基本银行业务、网络支付和网上理财。

练习题：

一、不定项选择题

1. 智能卡与ATM卡的区别在于两者分别是通过嵌入式芯片和（　　　　）来储存信息。

　A. 条码　　　　　　　B. 存储器　　　　C. 集成电路　　　　D. 磁条

2. 下列以数字形式流通的货币是（　　　　）。

　A. 电子支票　　　　　B. 支票　　　　　C. 现金　　　　　　D. 电子现金

3. 电子钱包的功能有（　　　　）。

　A. 电子安全证书管理　　　　　　　　B. 电子转账

　C. 安全电子交易　　　　　　　　　　D. 交易纪录保存

4. 根据SET协议，网上购物的支付过程中，（　　　　）发送信息时必须同时发送CA中心签发的数字证书。

　A. 消费者和商家

B. 消费者、商家和发卡银行

C. 消费者、商家、发卡机构和接单银行

D. 消费者、商家、发卡机构、接单银行和支付网关

5. 面向网络银行的电子化服务工具中不包括（　　　　）。

A. 电子转账卡　　　　B. 智能卡　　　　C. 传统支票　　　　D. 电子金融卡

二、思考题

1. 电子支付、网络银行的概念。

2. 电子现金的优、缺点及其支付流程。

3. 电子钱包的功能及类型。

4. 智能卡的类型及应用。

5. 银行卡的支付模式。

6. 电子支票的支付流程及应用。

三、操作题

1. 登录招商银行、中国银行、中国工商银行、中国建设银行等网址，了解其开展的网上个人业务和企业业务，并通过列表形式比较分析各银行网上业务的特点。

2. 登录当当网、京东商城和淘宝网三个网站，了解这三家网站购物常用的支付方式，通过列表形式比较各网站支付方式的异同，并谈谈你对各种支付方式的看法。

第六章　网络营销

主要内容：网络营销的概念、内容和理论基础；企业开展网络营销的策略和常用方法；网络营销管理、企业网络营销风险和规避风险的主要策略。

教学目标：

1. 了解网络营销与传统营销的区别与联系。
2. 掌握网络营销的内容和理论基础。
3. 掌握主要的网络营销策略。
4. 熟悉网络营销常用的方法和手段。

重点：企业开展网络营销的策略和常用方法。

难点：企业网络营销风险和规避风险的主要策略。

开章引例：

封杀王老吉

2008年6月18日，CCTV赈灾晚会成为史上收视率最高的节目。在本次晚会中以一介民营企业身份，用1亿元巨款捐助灾区的王老吉饮料，引起了国人的注意。第二天，在国内著名的互动网络论坛——天涯BBS上，一篇名为《封杀王老吉》的帖子迅速走红。

在国难当头之时，封杀一个捐献了亿元巨款的企业，难道不是冒天下之大不韪吗？这篇帖子在短短数小时内点击量飙升到数百万，回帖以十万计，转帖无数，遍及互联网各个角落，影响空前。但其内容却是用极为简短的几句话，借亿元捐款之名，号召大家以实际行动回报慷慨的王老吉。很多人看到标题本想去驳斥，但看到内容后却会心一笑，并被煽动起当时情境下特有的激情，不但引起了网友疯狂的主动转载传播，更直接鼓动了网民对于王老吉的购买热情。于是，网上一度爆出不少王老吉饮料在商场供不应求的新闻，许多网民自发组织购买，导致王老吉在多个城市的终端都出现了断货的情况。这篇帖子借时势用反话成功诱导了网民的心理，是一个成功的网络营销案例，也是一个成功的标题党、一次完美的策划。

《封杀王老吉》帖子热了不多久，同样是在天涯论坛，某网络推手自曝家门，称王老吉网络营销案例全由其一手策划实施，戳破了本来应该是公关机密的窗户纸。该帖虽然没有达到之前封杀帖那样的热度，但同样引来一片哗然。该网络推手是认识到这是推动自己事业发展的良好契机，还是仅仅因为对事后回报不满呢？至今我们不清楚这位推手为何要在热度未退之前急于昭告天下，但我们清楚地看到，诸多网民看到此帖后对王老吉态度骤变，发誓经历过一次欺骗后再也不会碰王老吉产品。这些言论同样被放大到各个论坛角落，引发了王老吉品牌在震后最大的一次"强震"，影响至今仍在。而王老吉自始至终没有发表过任何官方言论，也许对于本次事件，深感意外的王老吉无法采取被动公关的措施应对，否则等于变相承认幕后推手的既定事实，而静待时间的冲淡可能是唯一的方法，王老吉只能打掉牙往肚里咽。

本次事件的发生，圈内人士并不意外。从该网络推手过去的案例不难得出结论，以其专注于"片刻热点营销"的惯例，传播目标仅限于"知道"，是无法将"客户利益"放置于"自身利益"之上的。王老吉在本次营销中从至高峰突然陨落至最低谷，其负面影响甚至远高于王石的"20元捐款负担"言论。无论传统公关传播还是新兴的互联网营销传播，其目的均需诱发受众的"认知"与"喜爱"，进而才能真正长期提升品牌的含金量与受众的认同感。而网络特有的潜移默化式的营销特征，注定了网络营销这种团队只能长期隐形于庞大的互联网帝国之中，为客户品牌慢慢熬炖鲜美的羹汤。

经历"假封杀"到"真戳破"的网络营销案例之后，无数的企业与传播公司都在冷静中思考这样一个问题：互联网营销，当真只是"狼来了"的故事吗？面对如潮的网络舆论攻势，企业究竟该如何掌控好这柄双刃剑？成功的网络营销又需要哪些要素？

（资源来源：http：//www.thldl.org.cn/news/1004/38308.html）

营销策略正确与否，营销方法如何，都关系到企业的生死存亡。20世纪90年代以来，随着互联网技术的发展和电子商务的普及，传统的营销手段已经难以适应时代的发展，一种新的营销手段——网络营销应运而生。尽管历史较短，但网络营销已经成为企业常用的营销方式之一，而且已经在企业经营策略中发挥着越来越重要的作用。

第一节 网络营销概述

一、网络营销的概念

网络营销是随着互联网进入商业应用领域而逐渐诞生的，与许多新兴学科一样，网络营销目前还没有一个公认的、完善的定义，而且网络营销环境在不断地变化，在不同时期从不同的角度对网络营销的认识也会有一定的差异。

从网络营销的内容和表现形式上来看，很多人将网络营销等同于网上销售产品、域名注册、网站建设、网站推广或网络广告等，这些观点都只反映了网络营销的部分内容，没有完整地体现出网络营销的内涵和实质。

简单来讲，凡是以互联网为主要手段来开展的营销活动，都可以称之为网络营销或互联网营销，但实际上并不是每一种手段都符合网络营销的基本准则，都可以发挥网络营销的作用。

为了明确网络营销的基本含义，这里将网络营销定义为：网络营销是企业整体营销战略的一个组成部分，是为了实现企业总体经营目标所进行的、以互联网为基本手段来营造网上经营销售环境的各种活动。

网络营销和传统市场营销都是为最终实现产品销售、提升品牌形象等目的而进行的活动，但网络营销诞生于互联网高速发展的网络时代，其作为依托网络的一种新的营销方式和手段，有助于企业在网络环境下更加有效地实现营销目标。网络营销和传统市场营销并没有冲突，在企业营销实践中，两者往往是并存的，但因各自所依赖的环境不同而有各自的特点和方法体系。网络的全球性、开放性和数字化等特征，使网络营销相对于传统的市场营销，在许多方面存在着明显的优势，也呈现了跨时空、交互式、人性化、高效性和经济性等特点。

二、网络营销的内容

网络营销主要是在互联网上进行各种营销活动，虽然其基本的营销目的和活动内容与传统市场营销大体是一致的，但其实施和操作过程却与传统市场营销有着很大的区别：一方面，网络营销针对的是网上虚拟市场，因此需要营销主体及时了解和把握网上虚拟市场的消费者特征和消费者行为模式的变化，为进一步的营销活动提供可靠的依据；另一方面，网络的特点是信息交流自由、开放、平等、费用低廉，信息交流渠道既直接又高效，因此在网上开展营销活动，必须改变传统的营销方式和手段。具体来讲，网络营销包括下面四个方面的内容：

（一）网上调研

网上调研是指企业利用互联网的交互式信息沟通渠道来实施市场调查活动，具有调查周期短、成本低的特点。网上调研不仅为制定网络营销策略提供支持，也是整个市场研究活动的辅助手段之一。网上调研所采取的方法包括直接在网上（电子邮件、论坛、实时信息等）通过发布问卷进行调查，也可以在网上收集各种所需要的二手资料。网上调研的重点是利用网络调查工具，提高调查效率和效果，同时利用有效的工具和手段收集、整理资料，在互联网浩瀚的信息库中获取需要的信息或分辨出有用的信息。

（二）网络消费者行为分析

网络消费者是网络社会的一个特殊群体，与传统市场上的消费群体截然不同。面对电子商务这种特殊的消费形式，消费者的消费心理和消费行为表现得更加复杂和微妙，因此，深入了解网上用户群体的需求特征、购买动机、购买行为过程及其影响因素非常有必要。互联网作为信息沟通工具，正成为许多兴趣爱好相同的消费群体聚集交流的地方。这些消费者在网上形成了一个个特征鲜明的虚拟社区，为企业了解不同网络消费群体的特征和喜好提供了方便。

（三）网络营销策略制定

企业在进行网络营销实现企业营销目标时，必须制定与之相适应的营销策略。网络营销策略就是企业根据自身所在市场中地位的不同而采取的一些网络营销组合，包括产品策略、价格策略、促销策略、渠道策略、网站策略和顾客服务策略等。网络营销的策略制定需要考虑很多问题，如结合网络特点重新考虑产品的设计、生产、包装和品牌，进行产品策略研究；考虑到互联网的开放、平等和信息基本免费的特征，制定适合互联网营销的定价策略；互联网改变了企业的营销渠道，企业借助互联网企业可以建立网上直销模式，但也要处理好渠道冲突问题；互联网是一种能够进行双向信息沟通的高效率、低成本的新媒体，如何利用互联网建设好网络营销站点、经营好网站推广工作并打造出其网络品牌，为消费者提供更好的服务，更是网络营销策略制定中非常重要的方面。

（四）网络营销实施管理与控制

网络营销的实施需要进行一定的投入，并且也会有一定的风险，所以必须要做好网络营销的管理和控制。网络营销的管理工作是多方面的，如网络营销计划的管理、网络营销组织的管理、网络营销策略实施的管理、网络营销效果评价和控制等。其中每一项网络营销管理都可以细化为若干具体的工作，并且与网络营销具体策略的实施建立对应关系。网络营销依托互联网开展营销活动，必将面临传统营销从未碰到的许多新问题，如网络产品质量的保证、网上知识产权保护、消费者隐私保护信息安全、网上征税和新技术的应用与发展等，这些都是网络营销必须重视并需要有效管理控制的问题。

三、网络营销的理论基础

在传统的市场营销中，产品、价格、渠道和促销（Product、Price、Place、Promotion，4P）被称为市场营销组合，也是市场营销的框架和理论基础，整个市场营销的实施就是以4P为指导的。网络营销是建立在因特网基础上的，这一崭新的营销形式突破了传统营销理论的指导范围，融入了新的内容。

（一）网络直复营销理论

直复营销理论是20世纪80年代引人注目的一个概念。所谓直复营销，是指依靠产品目录、印刷品邮件、电话、附有直接反馈的广告及其他交流方式的媒体面而进行的大范围营销活动。根据美国直复营销协会对其所下的定义，直复营销是一种为了在任何地方产生可度量的反应和（或）达成交易所使用的一种或多种广告媒体的相互作用的市场营销体系，其实质是通过买卖双方的相互交流来销售产品。与传统的从批发商到零售商的分销方式相比，直复营销更直接且无地域障碍，既能提供充分的产品信息，又可以得到顾客直接反馈的信息。

以互联网为基础的网络营销是可测试、可度量、可评价和可控制的，这就从根本上解

决了传统营销效果评价的困难性，为制定更科学的营销决策提供了可能。网络营销成为一种有效的直复营销工具，可以大大提高营销决策的效率和营销执行的效用。

（二）网络软营销理论

软营销理论是针对工业经济时代的以大规模生产为主要特征的"强式营销"而提出的新理论。该理论认为，顾客在购买产品时，不仅要满足其基本的生理需要，还要满足其更高层次的精神和心理需求。软营销理论强调企业进行市场营销活动的同时必须尊重消费者的感受和体验，让消费者能够舒服地主动接收企业的营销活动。传统营销活动中最能体现强式营销特征的是传统广告和人员推销。在传统广告中，消费者常常是被迫、被动地接收广告信息的"轰炸"，传统广告的目标是利用不断的信息灌输方式在消费者心中留下深刻印象，至于消费者是否需要、是否愿意接收则不予考虑；在人员推销中，推销人员根本不考虑被推销对象是否愿意和需要，只是根据推销人员自己的判断强行展开推销活动。事实上，消费者对不请自来的广告和推销表现出反感，消费者在心理上要求成为主动方。在这种个性需求的驱使下，消费者会主动寻找某些产品或信息，对于感兴趣的东西，大多乐于接受相关的营销活动。

在互联网上，信息交流是自由、平等、开放和交互的，强调的是相互尊重和沟通。网上消费者比较注重个人体验和隐私保护，网络软营销恰好就是企业从消费者的体验和需求出发，柔和地把握住对自己产品感兴趣的消费者，通过对网络礼仪的遵循和巧妙运用，采取拉式策略吸引消费者关注企业来达到营销效果。

（三）网络关系营销理论

关系营销是 1990 年以来开始受到重视的营销理论，它指出企业的营销活动是一个与消费者、竞争者、供应商、分销商、政府机构和社会组织发生相互作用的过程，正确理解这些个人与组织的关系是企业营销的核心，也是企业成败的关键。关系营销强调营销的核心是保持顾客、为顾客提供高度满意的产品和服务价值，通过加强与顾客的联系，提供有效的顾客服务，保持与顾客的长期关系，并在与顾客保持长期关系的基础上开展营销活动，以实现企业的营销目标。

互联网作为一种有效的双向沟通渠道，企业与顾客之间不但可以实现低成本和高效率的沟通和交流，企业通过互联网还可以实现从产品质量、服务质量到交易服务等的全程质量控制。企业一方面可以最大限度地满足顾客的需求，从顾客的需求中了解市场、细分市场和锁定市场，降低营销费用，提高对市场的反应速度，为企业与顾客建立长期关系提供有效的保障；另一方面，互联网以低廉成本帮助企业与企业的供应商、分销商等建立协作伙伴关系，实现双赢。

（四）网络整合营销理论

随着消费者在整个营销活动中地位的提升、主动性的加强，企业要满足消费者个性化需求，就必须建立起以服务为主的经营理念，以顾客为中心，为顾客提供适时、适地、适情的服务，最大限度地满足顾客需求。互联网作为跨时空传输的"超导体"媒体，可以为顾客在其所在地提供及时的服务；同时，互联网的交互性可以了解顾客需求并提供针对性的响应，因此可以说互联网是消费者时代中最具魅力的营销工具。它打破了传统市场营销中的技术手段和物质基础的限制，把消费者整合到整个营销过程中来，从消费者的需求出发，把企业利益和顾客利益整合到一起。

因此，互联网的应用改变了传统市场营销的基础，网络营销的理论基础也从传统营销的 4P 逐渐转向 4C（Customer、Cost、Convenience、Communication，顾客、成本、方便、沟通）。在依托互联网的网络营销中，传统营销的 4P 组合理论同样适用，但其可以更好地与以顾客为中心的 4C 相结合，这就逐步形成了网络营销中的整合营销理论。

第二节　网络营销策略

一、产品策略

不同的产品适合采用不同的销售渠道，网络营销也有其适用产品范围，并不是所有的产品与服务都适于在网上销售。在网上进行产品和服务营销，必须结合网络特点重新考虑对产品的设计、开发、包装和品牌的产品策略研究。

目前在网上销售比较成功的产品有很多，如电脑软件及相关产品、知识含量高的产品（如图书、音像制品）、创意独特的新产品（如 DIY 产品）、纪念类等有收藏价值的商品、数字化的信息和娱乐产品、服务类的无形产品（如旅游预订、鲜花预订、咨询服务），等等。据统计，适合于网络营销的商品，按其商品形态不同，可以分为三大类，即实体产品、软体产品和在线服务，如表 6 - 1 所示。

表 6 - 1　适合于网络营销的电子商务产品

实体产品	即有形产品： 如工业产品、农业产品等
软体产品	即数字产品： 电子出版物：报纸、杂志、书籍等 产品信息：产品说明、用户手册、销售培训等 图形图像：照片、地图、海报等 音频产品：音乐唱片、语音文件等 视频产品：电影、电视节目等
在线服务	即无形产品： 情报服务：法律咨询、股市行情分析等 互动式服务：网络交友、线上娱乐、远程教育、远程医疗等 网络预约服务：预订机票、旅游服务等

企业在选择适合网络营销的产品时，除了要考虑其消费市场外，还必须考虑自身产品在营销上的覆盖范围，即在与远距离的消费者发生购买交易时，也能解决好物流配送的问题。

（一）新产品的开发策略

新产品开发是许多企业市场取胜的法宝。但是由于互联网的发展和竞争加剧，新产品开发成功的难度增大，产品的生命周期缩短，产品开发的代价提高。虽然网络营销新产品开发策略的制定和操作方法与传统新产品开发有所不同，但与传统新产品开发一样，网络营销新产品开发策略也有以下几种类型：

（1）全新产品，即开创了一个全新市场的产品。

（2）新产品线，即公司首次进入一个现有市场的新产品，也是模仿型产品。

（3）现有产品线外新增加的产品，即公司在已建成的产品线上增补新产品，也可形成系列型产品。

（4）现有产品的改良产品，即在原有产品的基础上进行了改进，产品在结构、功能、感知价值等方面有较大改善并且可替换现有产品的新产品，如某产品的升级版。

（5）降低成本型产品，即提供同样功能但成本较低的新产品。

（6）重新定位型产品，即以新市场或细分市场为目标市场的现有产品。

（二）产品的品牌策略

优势品牌带给顾客的是对产品和服务的认可，企业能从产品的品牌声望中获得收益。传统品牌并不一定同时具有网络品牌优势，因此，网络营销的重要任务之一就是在互联网上建立并推广企业的品牌。网络营销为企业利用互联网建立品牌形象提供了有利条件，企业无论大小都能找到适合自己的方式展现品牌形象。然而，一个优秀的网络品牌的建设是一个长期过程，它需要企业从以下几个方面采取措施：

（1）企业网站建设。网络品牌建设是以企业网站建设为基础，通过一系列的推广措施，达到顾客和公众对企业的认知和认可。企业网站建设是打造网络品牌的基础，如果企业网站比较专业，就可以为用户提供有价值的信息和服务，那么顾客和公众就会对该品牌产生满意感，从而联想到企业形象，否则便会产生负面影响。

（2）多方位宣传。企业要善于利用互联网媒体和传统媒体，舍得花费资金打品牌广告。在做广告时要对品牌的内涵加以解释，使人们了解品牌的含义和品牌文化，如凡客诚品、拉手网等在公交和地铁站、电视媒体、门户网站、视频网站等投放全方位广告，均起到了较好的宣传效果。

（3）质量保证。品牌的声誉是建立在产品质量和服务质量之上的，所以企业要始终把产品和服务质量放在首位。广告能激发出消费者潜在的购买欲望，这对网络品牌的建立很重要，但消费者在网站上体会到的整体浏览体验和购买经验等对其更为重要。因此，产品质量、网站策划、网页设计、在线服务和售后服务等方面都是企业应关注的重点。

（4）公共关系。企业要把握一切可利用的事件和机会，利用公关造势建立品牌、塑造企业形象。但由于互联网的传播具有全球性和广泛性，企业必须谨慎对待负面的和有损自身形象的信息的传播，要时刻注意树立良好的企业形象。

（5）遵循互联网规则。互联网的开放性和经济性使其成为费用低廉、信息共享、自主平等的公共平台。互联网上很多信息化产品和服务都是免费的，所以企业提供的服务费最好是免费的或是低收费的。企业在信息发布时也要注意遵守道德规范，既不能引起消费者反感，又要保护消费者隐私。

二、价格策略

价格策略是企业营销策略中最富有灵活性和艺术性的策略，是企业非常重要的竞争手段之一。在网络环境下，顾客选择的商品种类增多造成商品的需求价格弹性增大，也使价格确定需考虑的因素增多。一般来说，影响网上定价的主要有成本因素、目标因素、竞争因素和供求关系。网上定价的策略有很多，一些传统的定价策略对网络营销产品定价同样适用，如低成本定价、心理定价、折扣定价等，下面介绍几种常见的网络定价策略。

（一）个性化定制定价策略

个性化定制定价策略是利用网络的互动性和消费者的个性化需求特征，来确定商品价格的一种策略，也是网络营销的重要策略之一。消费者往往对产品外观、颜色、样式等方面有具体的个性化需求，网络的互动性能使企业即时获得消费者的具体需求，使个性化营销成为可能。个性化定制定价策略就是在企业能够实行个性化生产的基础上，利用网络信息技术，使消费者选择或设计能满足其需求的个性化产品，同时承担自己愿意支付的成本。

（二）竞争导向定价策略

竞争导向定价策略是以市场上相互竞争的同类商品价格为定价的基本依据，随着竞争状况的变化来确定和调整价格水平的一种策略。

这种定价策略充分考虑到了产品价格在市场上的竞争力，时刻注意着潜在顾客的需求变化。互联网上的信息公开也为企业了解竞争对手的价格策略提供了方便：企业可以随时掌握竞争者的价格变动以调整自己的竞争策略，时刻保持着同类产品的相对价格优势。但如果过分关注在价格上的竞争，容易忽略其他营销组合可能造成产品差异化的竞争优势，也有可能引起竞争者的报复。

（三）许可使用定价策略

许可使用定价策略是网络营销环境下的一种新型定价方法，是顾客通过网络注册后直接使用企业的产品，类似租赁的方式，顾客只需要根据使用次数进行付费，而不需要将产品完全购买。这种定价方式降低了消费者的购买成本，可以吸引更多的顾客使用产品，进而扩大市场份额；同时还避免了处置产品的麻烦，为消费者节省了不必要的开支，减少了浪费，如很多软件的在线许可使用以及某些音像多媒体的在线观看等。

（四）免费价格策略

免费价格策略就是将企业的产品或服务以零价格或近乎零价格的形式提供给顾客使用，以满足顾客需求的一种价格策略。在传统市场营销中，免费价格策略通常用于短期或临时的促销活动和产品推广，但在网络营销中，免费价格策略不只是一种促销手段，还是一种非常有效的长期的产品和服务的定价策略。

但并不是所有的产品都适合于免费定价策略，只有适合网络营销环境的产品才非常适合采用免费价格策略。一般来说，适合免费定价策略的产品具有数字化和无形化的特征，产品开发成功后，能够轻易通过复制实现无限制的生产，边际生产成本几乎为零。如新闻、信息服务等数字化产品，用户可以通过浏览或者下载来使用，而企业只需通过较低的成本就能实现产品推广，又无须物流，通常采用完全免费定价策略；软件、电子图书等必须通过一定载体来表现其形态的无形产品，通常采用限制免费或部分免费策略。免费价格策略如果运用得当，便可以成为企业的一把营销利器。

三、渠道策略

网络营销渠道就是商品和服务通过网络从生产者向消费者转移过程的具体通道或路径。完善的网上销售渠道应该具备订货、结算和配送三大功能。电子商务运作使企业在信息沟通交流、资金支付和事物转移等环节都发生了深刻变化，也带来了渠道的变革和创新。网络改变了传统渠道的中间环节，使分销渠道的结构更加简单。

简单来讲，网络营销的渠道策略主要有两种：一是网上直销，即通过互联网实现从生产者到消费者的网络直接营销渠道，如 Dell 公司的网络直销以及淘宝商城的某些品牌直销等；二是网络时代新型中间商，即中间商利用互联网技术进行的从经销商到消费者的网络间接营销渠道，如京东商城和亚马逊中国的产品销售等。

（一）网上直销

网上直销也称网络直销，它与传统直接分销渠道一样没有营销中间商，但具备订货、结算和配送功能。网上直销与传统直接分销渠道不一样的是，生产企业通过建设网络营销站点，使顾客直接从网站进行订货；通过与一些电子商务服务机构如网上银行合作，可以在网站上直接提供支付结算功能，简化了过去资金流转的问题；对于配送方面，网上直销渠道可以利用互联网技术来构建有效的物流系统——自建物流，也可以与一些专业物流公司合作，建立有效的物流体系。

（二）网络时代新型中间商

在传统营销渠道中，中间商是其重要的组成部分，利用中间商能够在广泛提供产品和进入目标市场方面发挥最高的效率。中间商凭借其业务往来关系、经验、专业化和规模经营，提供给公司的利润通常高于自营商店所能获取的利润。随着互联网的发展和商业应用，从无到有、从小到大，一批网络渠道中间商企业迅猛崛起，形成了一种新型网络间接营销渠道。这种基于互联网的新型网络间接营销渠道与传统间接分销渠道有着很大的不同，传统间接分销渠道可能有多个中间环节，如一级批发商、二级批发商、零售商，而网络间接营销渠道只需要一个中间环节，即新型中间商，如京东商城、凡客诚品、亚马逊中国等就属此类。

与此同时，传统中间商面对新型中间商的竞争压力，也尝试融合互联网技术，开始了网上销售，从而使传统渠道和网络渠道并存。如美国零售业巨头沃尔玛为抵抗互联网对其零售市场的侵蚀，在 2000 年 1 月开始在互联网上开设网上商店。

四、促销策略

营销的基本目的是为最终增加销售提供支持，网络营销也不例外。网络促销策略就是以各种有效方式告知、说服和影响消费者以激活其消费欲望和需求，并把潜在需求变为现实购买的方法。几乎所有的网络营销方法对销售活动都有直接或间接的促进效果，同时还有许多针对性的网上销售促进手段，如表 6 - 2 所示。其中，网上抽奖促销、秒杀促销、积分促销、网上赠品促销等新型网上促销策略效果都非常好。

表 6 - 2 常见的网络促销方法

样品	向网站注册消费者提供一定数量的免费产品与服务。
免费试用	邀请或抽取目标客户免费试用产品和享受服务，希望他们在使用后购买产品。
优惠券	持有人在购买指定产品时，可以享受优惠折扣购买。
奖品、礼品	在购买特定产品时，以较低价格或免费提供的用于刺激购买的商品进行奖励。
现金返还（回扣）	产品购买活动结束后给予顾客的价格优惠——消费者在购买产品后，将购买凭证交给卖方，卖方再将部分货款返还给消费者。
回馈奖励	以现金和积分点数，给予经常光顾网站的特定买主或 VIP 客户奖励，以维系稳定的客户关系。
奖励（比赛、抽奖和游戏）	消费者在购买特定商品后有机会获得现金、旅游或者商品。比赛要求消费者参与某种活动，然后由裁判选择表现最好的参与者并给予奖励；抽奖要求消费者进行摸彩；游戏是指消费者在每次购买时可以得到一些物品奖励。
产品担保	卖方在网站对消费者明确或隐含的承诺，保证产品在一定时期内的性能将满足特定标准，否则卖方将负责免费维修或退换。
捆绑销售	通过两个或以上的品牌或公司合作发放优惠券，开展竞赛来增加合力。
交叉销售	利用一个品牌与另一个不存在竞争关系的打包或标记产品。
线上促销线下销售	在网站上进行产品的各种促销活动，在实体店铺里进行产品的销售。

网络促销并不限于对网上销售的支持，事实上，网络促销对于促进线下销售同样很有价值和效果，这也是为什么一些没有开展网上销售业务的企业一样有必要开展网络促销的原因。

第三节　网络营销方法

企业的网络营销活动需要借助各种有效的网络营销工具，通过各种相应的网络营销方法来实现，因此有必要对网络营销的方法进行探讨。随着互联网应用和技术的不断发展，新型网络营销方法也不断出现。目前，常用的网络营销方法包括企业网站营销、搜索引擎营销、许可 e-mail 营销、博客/微博营销、RSS 营销、SNS 营销、病毒式营销及网络广告等。

一、企业网站营销

企业网站是网络营销最重要的工具之一，也是实现网络营销的基础。如果没有专业化的企业网站，网络营销的方法和效果就会受到很大的限制。因此，网络营销的任务之一就是建立一个以网络营销为导向的企业网站。

企业网站不仅仅是展示企业文化和品牌形象的窗口，而且在网络营销中起着产品和信息发布、交流沟通、在线交易、在线顾客服务及关系维护、市场调研等作用。企业网站营销有两个非常重要的方面：一是企业网站自身建设，包括网站策划、网页设计、技术开发、功能测试、内容编辑等工作，通过简单易用的专业网站吸引顾客驻足；二是利用企业网站资源提供网络营销服务，挖掘潜在顾客，实现销售的增加。通常，企业可采取网上直销、网站促销、会员制营销和友情链接等方法来进行网络营销。

二、搜索引擎营销

搜索引擎是目前使用最多的互联网服务之一，它能够帮助用户快速、有效地检索到所需要的信息或服务。搜索引擎既方便用户通过检索获取企业网站的相关信息，同时又收录着各种各样的企业信息。自搜索引擎成为互联网信息的检索工具开始，搜索引擎的营销价值就产生了，目前搜索引擎营销已经成为企业网站推广的首选方法。

所谓搜索引擎营销（Search Engine Marketing，SEM），是指根据网络用户使用搜索引擎的方式和特点，利用用户检索信息的机会将营销信息传递给目标用户的一种营销方法。

搜索引擎营销的方式有很多，但采用最多的是关键字广告，如百度的凤巢系统（即之前的竞价排名）、Google 和 Yahoo 的关键字广告等，如图 6 - 1 所示。用户检索时使用的关键字能够反映出用户对某种产品或服务的关注度，而这种关注度正是企业运用搜索引擎营销挖掘潜在客户的根本依据。

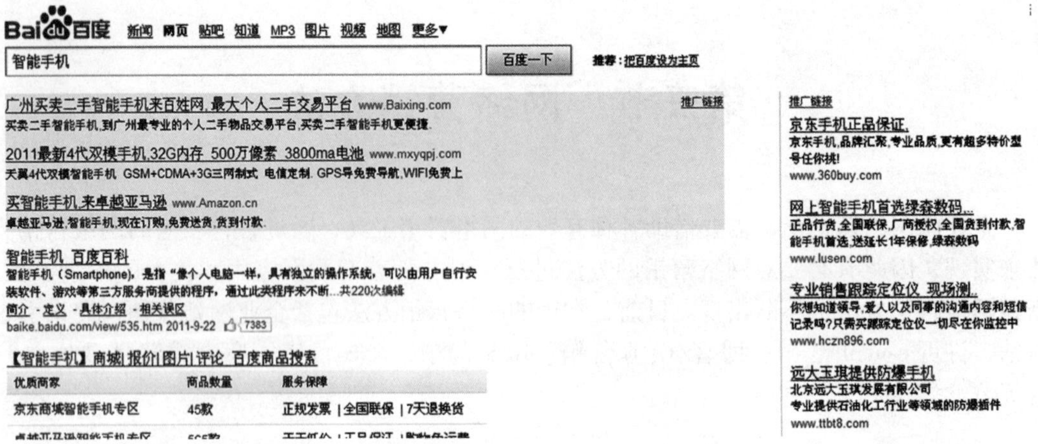

图 6 - 1　百度搜索引擎的"智能手机"关键字广告

　　据中国互联网络信息中心在 2011 年 7 月发布的《第 28 次中国互联网络发展状况统计报告》，中国共有网民 4.85 亿，搜索引擎的使用人数为 3.86 亿，使用率为 79.6%，在整个互联网应用中，搜索引擎的应用和使用率都排名第一位。这就是说，搜索引擎已经成为大多数网民获取信息和服务的主要途径，网民获取企业网站信息并进入网站的第一工具也是搜索引擎。由此可以看出，搜索引擎对于网络营销来说非常重要，搜索引擎市场有着巨大的商业价值和开发潜力。

三、许可 e-mail 营销

　　许可 e-mail 营销也叫许可营销，它是在用户事先许可的前提下，通过电子邮件方式向目标用户传递信息的一种网络营销方法。许可 e-mail 营销的开展有三个前提，即基于用户许可、通过电子邮件传递信息以及信息对用户是有价值的。

　　正规的 e-mail 营销都是基于用户许可的，基于用户许可的 e-mail 营销区别于滥发邮件和垃圾邮件，对用户造成的滋扰少，可以增加潜在客户定位的准确度，增强与客户的关系。许可 e-mail 营销的主要功能包括品牌形象的建立、网站推广、产品/服务的推广、客户关系的维护和市场调研等。

　　开展许可 e-mail 营销需要解决三个基本问题，即向哪些用户发送电子邮件、发送什么内容的电子邮件以及如何发送这些邮件。因此，开展许可 e-mail 营销时，在用户自愿的情况下获得足够多的用户 e-mail 地址、设计出用户关心的有价值的邮件内容、成功选择使用或自建邮件发送技术平台是保证许可 e-mail 营销顺利、有效开展的核心问题。

　　在所有常用的网络营销手段中，许可 e-mail 营销是信息传递最直接、最完整的方式，它可以在很短的时间内有针对性地将信息传递给潜在客户和已有客户，这种独特功能在风云变幻的市场竞争中显得尤为重要。

四、博客/微博营销

（一）博客营销

博客即网络日志（Blog），特指一种特别的网络个人出版形式，其内容按照时间顺序排列，并且不断更新，是一种个人思想、观点、知识等在互联网上的共享。随着互联网应用的迅速普及，博客已不仅仅用于个人用户发布日志，还被应用到了商业领域和营销活动中。

博客营销是指企业、公司或个人利用博客平台，发布并更新企业、公司或个人的相关概况及信息，密切关注并及时回复平台上客户对于企业或个人的咨询或评论，并通过较强的博客平台（如新浪博客、网易博客等）帮助企业或公司零成本获得搜索引擎的较前排位，以此达到宣传目的的营销方法。

博客营销是知识营销的一种表现形式，它强调自由和知识共享。商业化较强的信息内容是不受欢迎的，所以开展博客营销的前提是拥有对用户有价值的、用户感兴趣的知识，而不仅仅是广告宣传，通过对用户感兴趣的知识或主题的持续讨论和交互，来达到传递营销信息、培养顾客忠诚度的目的。

（二）微博营销

微博即微博客（Microblog）的简称，是一个基于用户关系的信息分享、传播和获取的平台，用户可以通过 WEB、WAP 以及各种客户端组织个人社区，以 140 字以内的文字更新信息，并实现即时分享。微博营销是指以微博为营销平台，每一个听众（粉丝）都是潜在营销对象，企业更新自己的微博，跟大家交流，讨论大家感兴趣的话题，向大家传播企业、产品的信息，以树立良好的企业形象，并达到营销目的的一种新型营销方式。

微博营销与博客营销有着本质的区别，而微博营销的优势非常明显，具体如下：

（1）门槛低，简单。微博内容短小精练，重点在于表达现在发生了什么有趣（有价值）的事情，而不是系统的、严谨的企业新闻或产品介绍；用 140 个字发布信息，远比博客发布容易；可以方便地利用文字、图片、视频等多种展现形式。

（2）多平台，广泛。用户可以利用电脑、手机等多种终端方便地发布或获取微博信息。

（3）传播快，见效快。微博信息传播的方式多样，转发非常方便，利用名人效应能够使事件的传播量呈几何级放大。微博的传播渠道除了相互关注的好友（粉丝）直接浏览之外，还可以通过好友的转发向更多的人群传播，因此是一个快速传播简短信息的方式。

微博营销是一种基于信任的主动传播。在发布营销信息时，要尽可能把广告信息巧妙地嵌入有价值的内容当中，像小技巧、免费资源、趣事等都可成为植入广告的内容，都能为用户提供一定的价值，以此来取得用户信任。只有取得用户的信任，用户才可能进行转发、评论，才能产生较大的传播和营销效果。

五、RSS 营销

RSS（Really Simple Syndication，聚合内容）是在线共享内容的一种简易方式，是一种基于 XML 标准，在互联网上被广泛采用的内容包装和投递协议，任何内容源都可以采用这种方式来发布，包括专业新闻、网络营销、企业甚至个人等站点。只要在用户端安装了 RSS 阅读器软件，用户就可以按照喜好，有选择性地将感兴趣的内容来源聚合到该软件的界面中，为用户提供多来源信息的"一站式"服务。

RSS 营销是一种相对不成熟的营销方式，目前还处于初级阶段。企业开展 RSS 营销，可以在开发网站时利用 XML 技术添加 RSS 订阅功能，使用户在访问网站时就可以点击或订阅企业的新闻或其他信息内容。当网站有新内容发布时，用户的 RSS 阅读器就会接受并显示链接，所以不断更新内容是 RSS 营销的关键。另外，企业可以针对订阅者进行跟踪、收集用户的点击行为，分析用户的爱好、阅读习惯等信息，为制定网络营销策略提供数据基础。

RSS 阅读器中的信息是完全由用户订阅的，对于用户没有订阅的内容、弹出式广告、垃圾邮件等无关信息则会被完全屏蔽掉，因此不会有令人烦恼的"噪音"干扰。此外，在用户端获取信息时并不需要专用的类似电子邮箱那样的"RSS 信箱"来存储，在 RSS 阅读器中保存的只是所订阅信息的摘要，要查看其详细内容与到网站上通过浏览器阅读没有太大差异，因而不必担心信息内容的过大和病毒邮件的危害。对下载到 RSS 阅读器里的订阅内容，用户可以进行离线阅读、存档保留、搜索排序及相关分类等多种管理操作。

目前，网络上有很多在线的 RSS 阅读器和可下载使用的阅读器软件，常用的有新浪点点通阅读器、看天下阅读器、周博通阅读器、鲜果网等。图 6 - 2 为新浪点点通阅读器的首页，它是一个在线的 RSS 阅读器，可以用来订阅新闻、博客、游戏等各类资讯信息，并自动实时地将这些网站的最新内容推介给用户。

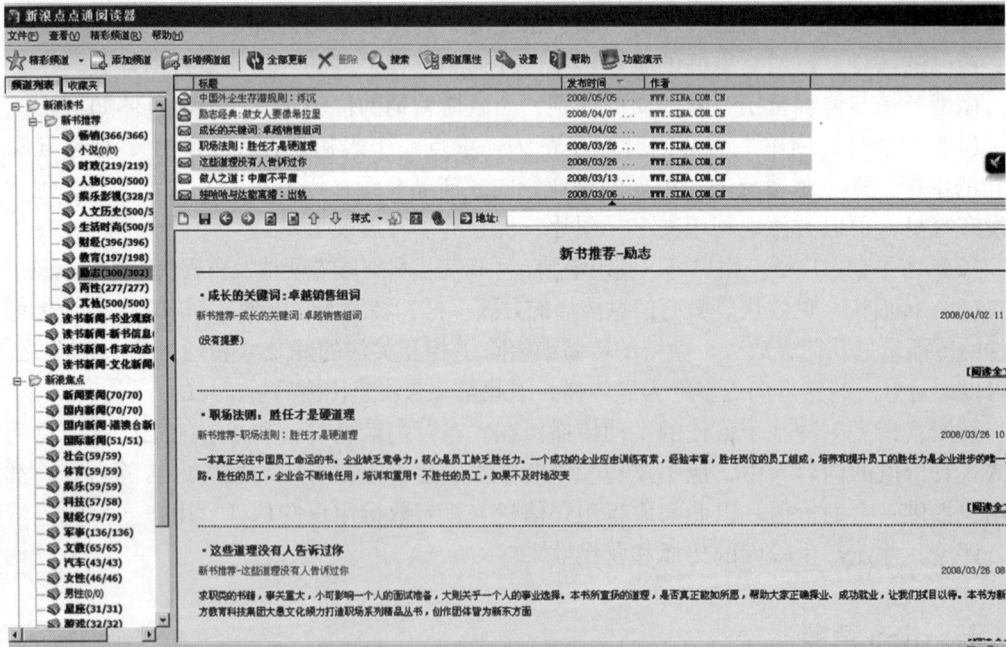

图 6 - 2 新浪点点通阅读器

六、SNS 营销

SNS（Social Networking Services，社会化网络服务）营销是随着社会化网络的出现而产生的一种新型网络营销方式，它是利用 SNS 网站的分享和共享功能，在六度分隔理论的基础上实现的一种营销。SNS 营销通过口碑传播，让产品或服务被更多的人知道。

SNS 社交网站在全球范围内的轰动效应始于美国校园网站 Facebook，其在美国的火暴场面使人们认识到社交类网站的价值。SNS 网站互动性强、用户依赖性高，发展的过程中积累了丰富的用户资源，这些都给 SNS 营销带来了巨大的价值。企业可以通过在 SNS 上发软文来推广自己的网站或产品相关信息，也可以在 SNS 的各种应用中发布网络广告，如图6-3、图6-4所示的植入式网络广告，以此达到宣传和建立品牌的目的。

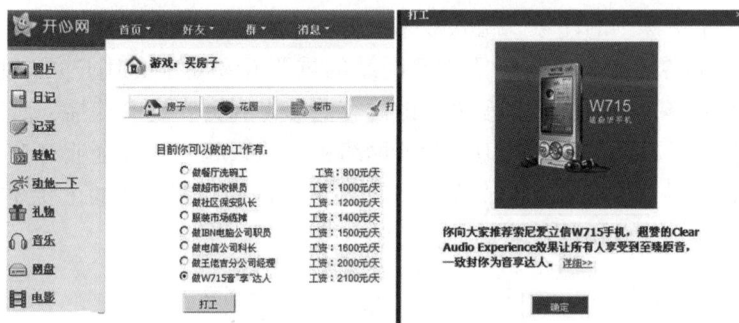

图6-3　开心网"买房子"游戏中的植入广告

图6-4　"争车位"游戏中的戴尔广告

植入性广告由来已久，它诞生于美国的影视作品中，最初以电影、电视为媒介，借助影视作品中的道具使观众在观看作品的同时接受产品的品牌信息。随着植入性广告的发展，植入形式逐渐多样化，植入的内容信息及品牌内涵也越来越多样化。为了开拓广告客户，SNS 提供商不断进行广告创新，尤其热衷于植入广告，植入广告已成为 SNS 广告的主要来源之一，如图 6 - 4 的"争车位"游戏中，广告商将自己的汽车照片和型号摆上网络汽车城；人人网向用户派发虚拟的"优乐美暖心奶茶"，"好友买卖"用康师傅茶和 THINKPAD 手提慰劳"奴隶"，等等。

结合 SNS 网站的自身特点开展植入性营销有以下几点优势：

（1）更丰富的切入对象。植入性营销都需要一个被植入的对象作为植入信息的载体。在 SNS 网站中，网站的主要内容由用户创造，自由且互动性强，没有题材和内容限制，且大多来自用户的日常生活、公共话题、共同兴趣等，这为各种形式的品牌和产品提供了更准确、更丰富的植入性营销切入点。

（2）更互动的信息媒介。SNS 网站是一个互动平台，因而信息的传递也呈现高度的互动性，植入性信息可以成为虚拟的道具和一种符号被用户主动使用。在这样主动使用的过程中，用户产生了更深刻的印象，植入效果更好。

（3）病毒式的传播方式。分享是 SNS 网站的重要互动功能，用户可以将自己喜欢的各种内容和朋友分享，新颖的、打动人心的内容能够得到更广泛的传播，其间植入性广告也随着载体的传播而不断扩大影响力。随着网络视频的兴起，许多企业将自己的产品植入短片放在网上，获得了很好的反响，而 SNS 网站成为这些视频传播的主要途径，通过植入式广告充分发挥病毒式营销的优势。

七、病毒式营销

病毒式营销是一种常用的网络营销方法，常用于网站推广、品牌推广等。它并非真的以传播病毒的方式开展营销，而是运用用户口碑传播的原理。在互联网上，这种口碑传播更为方便，因为信息像病毒一样传播和扩散并利用快速复制的方式传向数以千计、万计的受众。病毒式营销是一种高效的信息传播方式，由于这种传播是用户间自发进行的，因此几乎是一种不需要任何花费的营销手段。

病毒式营销已经成为网络营销最独特的手段而被越来越多的网站成功利用。病毒性营销的经典范例是 Hotmail——世界上最大的免费电子邮件服务提供商。Hotmail 在创建之后的一年半时间里，就吸引了 1 200 万注册用户，而且还在以每天超过 15 万新用户的速度发展。令人不可思议的是，在网站创建的 12 个月内，Hotmail 只花费了很少的营销费用，还不到其直接竞争者的 3%。Hotmail 之所以呈爆炸式的发展，就是因为利用了病毒式营销的巨大效力：Hotmail 为用户提供免费 e-mail 地址和服务，在每一封免费发出的信息底部附加一个简单标签："Get your private, free e-mail at http：//www. hotmail. com."然后，人们利用免费 e-mail 向朋友或同事发送信息，接收邮件的人会看到邮件底部的信息，这些人会加入使用免费 e-mail 服务的行列。于是，Hotmail 提供免费 e-mail 的信息就向更大的范围扩散了。

病毒式营销的成功案例还包括 Google、Amazon、ICQ、eGroups 等国际著名网络公司。病毒式营销既可以被看做是一种网络营销方法，也可以被认为是一种网络营销思想，即通过提供有价值的信息和服务，利用用户之间的主动传播来达到网络营销信息传递的目的。病毒式营销可采用的网络营销工具有很多，包括电子邮件、电子书、SNS应用、即时通信工具、微博等。

八、网络广告

网络广告是指在互联网站点上发布的以数字代码为载体的各种付费形式的宣传，利用网站上的广告横幅、文本链接、多媒体信息的方法，通过网络传递到互联网用户的一种高科技广告运作方式。随着电子商务的发展，越来越多的企业意识到网站已经成为其展示产品特点和开展营销活动的主体。在此基础上，网络广告已经成为继电视、广播、报纸杂志和路牌广告后的第五种媒介广告。

（一）网络广告的形式

网络广告的形式多样，主要有旗帜广告、按钮广告、文本链接广告、赞助式广告、插播式广告、电子邮件广告和关键字广告等。

1. 旗帜广告

旗帜广告（Banner Advertising）是以 GIF、JPG 等格式建立的图像文件，通常以横向的方式置于页面顶部和底部，所以又称横幅广告。它是最常见的网络广告形式，也是互联网界最为传统的广告表现形式。随着网络技术的发展，旗帜广告在制作上经历了静态、动态以及多媒体广告的演变过程。

2. 按钮广告

按钮广告（Button Advertising）即图标广告，是从旗帜广告演变过来的一种常见的网络广告形式。按钮广告与标题广告类似，但是面积比较小，而且有不同的大小与版面位置可以选择，通常显示的是企业的商标或品牌等特定标志。它通常链接公司的主页或站点，网络浏览者只有主动点击，才能了解到有关企业或产品的更为详尽的信息，因此相对来说比较被动。

3. 文本链接广告

文本链接广告（Text Link Advertising）是以一排文字作为一个网络广告，只需点击就可以进入相应的广告页面。这是一种对浏览者干扰最少，却较有效果的网络广告形式。

4. 赞助式广告

赞助式广告（Sponsorships Advertising）是把广告主的营销宣传活动内容与网络媒体本身的内容有机地融合起来，使其看起来更像网页上的内容而并非广告以取得最佳效果的网络广告。常见的赞助有三种形式，即内容赞助、节目赞助和节日赞助。广告主可对自己感兴趣的网站内容或节目进行赞助，或在特别时期（如澳门回归、世界杯）赞助网站的推广活动。

5. 插播式广告

插播式广告（Interstitial Advertising）是在一个网站的两个网页出现的空间中插入的网页广告，就像电视节目中出现在两集影片中间的广告一样，如果广告内容有足够的吸引力，很有可能将用户引到企业的网站上去，从而达到广告的预期目的。插播式广告有不同的出现方式，有的出现在浏览器主窗口，有的新开一个小窗口，有的可以创建多个广告，也有一些是尺寸比较小的、可以快速下载内容的广告。无论采用哪种显示形式，插播式广告的效果往往比一般的旗帜广告效果都要好。

6. 电子邮件广告

电子邮件广告（e-mail Advertising）是指通过互联网将广告发送到用户电子邮箱的网络广告形式，它具有针对性强、传播面广、信息量大的特点，类似于直邮广告。其针对性强的特点，可以使企业针对具体的某一用户或某一特定用户群发送特定的广告，这是其他网络广告方式所不可比拟的。电子邮件广告有可能全部是广告信息，也可能在电子邮件中穿插一些实用的相关信息；可能是一次性的，也可能是多次的或者定期的。值得注意的是，那些未经同意发送的垃圾广告邮件很容易引起用户的反感，因此发送电子邮件广告之前需要得到用户的同意，在真正了解客户需求的基础上适时、适量地发送邮件广告。

7. 关键字广告

关键字广告（Keyword Advertising）通常出现在搜索引擎搜索结果的页面中，它是指网民使用搜索引擎（如国内最常见的搜索引擎广告媒体百度、谷歌、中国雅虎、搜狐、搜狗、网易有道等）输入特定的关键字后，在搜索结果比较靠前的位置或右方广告版位中出现的网络广告。关键字广告是一种文字链接型网络广告，通过对文字进行超链接，让感兴趣的网民点击进入公司网站、网页或公司其他相关网页，以实现广告目的。链接的关键字既可以是关键词，也可以是语句。

（二）网络广告的特点

随着国内互联网和电子商务的迅速发展，互联网广告在企业营销中的地位和价值越来越显重要，其主要价值体现在品牌形象宣传、产品促销、网站推广等方面。无论从信息的传播形式，还是从广告产生的效果来看，网络广告与传统广告相比，其优势都非常明显。

1. 传播范围广

网络广告不受时空限制，传播范围极其广泛。通过国际互联网可以 24 小时不间断地把广告信息传播到世界各地。只要具备上网条件，任何人在任何地点都可以随时随意浏览广告信息。

2. 交互性强

交互性是互联网媒体的最大优势，它不同于其他媒体的信息单向传播，而是信息互动传播。在网络上，当受众获取他们认为有用的信息时，企业也可以随时得到受众的信息反馈。

3. 实时、灵活、成本低

在传统媒体上投放广告，发布后很难更改，即使可改动也往往要付出很大的经济代价。而在互联网上投放广告则能按照需要及时变更广告内容，其中当然包括改正错误。这就使企业经营决策的变化得以及时地实施和推广。作为新兴媒体，网络媒体的收费也远低于传统媒体，若能直接利用网络广告进行产品销售，则可节省更多的销售成本。

4. 生动直观

网络广告的载体基本上是多媒体、超文本格式文件，可以使消费者亲身体验产品、服务与品牌。这种以图、文、声、像并茂的形式，传送多感官的信息，可以让顾客如身临其境般感受商品或服务。

5. 受众针对性明确

网络广告目标群确定，由于点阅信息者即为感兴趣者，所以可以直接命中目标受众，并可以为不同的受众推出不同的广告内容。

6. 受众数量可精确统计

传统媒体投放广告，很难精确地知道有多少人接收到广告信息，而在互联网上则可通过权威、公正的访客流量统计系统精确统计出每个广告的受众数，以及这些受众查阅的时间和地域分布。这样，借助分析工具，广告成效能容易体现，客户群体能清晰易辨，广告行为收益也能准确计量，有助于企业正确评估广告效果，制定广告投放策略。

第四节　网络营销管理

网络营销管理是将基础管理的计划、组织、协调、控制等职能充分应用到企业具体的网络营销实施过程中，以便发现问题并适当控制。它对提高企业整体网络营销效果，增强企业市场竞争力有着非常重要的意义。网络营销工作时刻都离不开网络营销管理，网络营销管理的内容也相当繁多，并且贯穿于整个网络营销策略制定和网络营销实施过程中的多个层面。另外，在不同的阶段，网络营销管理的任务和实现手段也会有一定的差别。

一、技术管理

网络营销是计算机技术和网络技术发展以及商务应用需求驱动的必然结果。要实现真正的、完善的网络营销，一个完整的网络营销的支撑技术体系是必不可少的，如前面章节所介绍的计算机网络技术、网络互联技术、网络接入技术、WWW 技术、网上支付技术、信息与网络安全技术等。

做好网络营销所需的在线沟通、在线服务和在线支付等技术的安全支撑和管理工作，是进行网络营销的前提。如企业网络营销站点的建设管理，主要包括软硬件的选择、防火墙的设置、域名申请、Web 服务器的设置、站点的风格和内容的设计、网站管理系统开发等方面的管理。

二、效果评估管理

在网络营销活动中，对网络营销效果进行评估是一项必不可少的工作。网络营销效果评估不仅是对一个时期网络营销活动的总结，也是制定下一阶段网络营销策略的依据。通过各种专业的评估和数据分析，可以及时发现网络营销应用中的问题，为提高下一阶段的网络营销效果提供决策依据。

网站访问量、企业的销售额与利润，以及各种网络营销活动反应率指标等通常被认为是衡量网络营销工作业绩的主要标准。具体常用指标如下：

（一）网站创建评价

网站建设是网络营销的基础，是网络营销信息传递的主要渠道之一。评价指标主要有网站优化设计合理、网站内容和功能完善、网站服务具有有效性、网站具有可信性等。通过网站创建评价指标要素进行的综合评价，可反映一个网站在某一阶段是否具有明确的网络营销导向，以及网站基本要素中存在哪些影响网络营销效果的因素。

（二）网站访问量

网站访问量是指网站的访问者数量，常用的统计指标包括网站在一定统计周期（如每天、每周或每月）的独立用户数量、总用户数量、网页浏览数量、用户在网站的平均停留时间等。它直接反映了网络营销企业网站在公众中的受欢迎程度，虽然获得用户访问并非网络营销的最终目标，但访问量直接关系到网络营销的最终效果。

（三）各种活动反应率指标

常用的反应率指标有网络广告的点击率或转化率、电子邮件的送达率和回应率、有效客户转化率、长期客户率等。这些比率反映的是网络营销活动直接达到的销售促进效果。

（四）销售额和利润

销售额是衡量网络营销企业经营情况的直接指标，利润率是衡量企业销售收入的收益水平的指标。利润率的大小反映了一家网络营销企业的发展潜力，是进行再发展的动力所在。

三、风险控制管理

电子商务和网络营销的发展历史不长，网络营销环境和管理制度尚不健全，网络营销目前还没有一种规范、严谨、公认的交易原则和规范，还需要不断总结经验，逐步规范和完善网络营销。网络环境中，营销策略涉及的因素增多，网络消费者和网站情况都比较复杂。由于种种因素的影响，网络营销还存在着安全、技术、信用、法律等经营风险。因此，在网络营销中必须警惕风险、预防风险，做好风险控制和管理。

（一）安全风险及管理

对于这种以计算机为平台的虚拟交易市场，最大的风险就是交易的安全性。安全将成为制约网络营销发展的主要因素，也是电子商务技术的难点。造成安全风险的因素很多，既有人为的因素也有系统自身缺陷等方面的因素，其中主要包括信息传输风险、数据交换风险、信息确认风险、交易者身份不确定风险等。

为了降低交易的风险性，必须从以下四个方面进行风险控制：一是信息保密性。交易中的商务信息均有保密的要求，若银行卡的账号和用户信息被人知悉，就可能被盗用；订货和付款信息若被竞争对手获悉，就有可能丧失商机。二是信息不被篡改。保证交易的文件不被第三方截取或篡改，以防止给买卖双方带来不必要的损失。三是交易者身份的确定性。网上交易的双方大都素昧平生、相隔千里，若要交易成功，首先要确认对方的身份，如商家会担心客户端是不是骗子，而客户也会担心网上商家是不是真的存在。因此，方便而可靠地确认对方身份是交易的前提。四是不可否认性。由于商情的瞬息万变，交易一旦达成是不能被否认的，否则必然会至少损害一方的利益。因此，网上交易通信过程的各个环节都必须是不可否认的。

（二）技术风险及管理

技术风险是指因网络技术不成熟和与之相关的技术手段不稳定而给交易双方带来的风险，如数据加密技术还不尽如人意，数据的传送、读取、反馈会因为软硬件设施的出错而发生错误，上网速度慢、网络易堵塞、密码被盗窃等，都不同程度地加大了网络交易的风险。在我国，网络发展水平不高、网络基础设施差、线路少、安全性不高等因素，都会导致一些技术上的不稳定，从而造成上述混乱情况。

技术原因形成的风险会对网络营销产生较大的负面影响。要防范网络营销中可能存在的技术风险，必须加强网络技术研究，改善网络基础设施，加快宽带光缆的建设，全面提高网络的运行速度，保证信息传递的准确、及时与安全。

（三）信用风险及管理

信用风险是网络营销发展中的主要障碍，这是因为网络营销是以信用为发展基础的，即交易双方相互信任、信守诺言。买方假设卖方的商品是合格没有缺陷的，卖方假设买方有足够的支付能力，双方都会履行交易时达成的承诺。但在当下"假冒伪劣盛行，欠债不还有理"的缺乏信任的经营环境中，如果没有任何信用保证，网络营销是难以开展的，信用风险将在很大程度上制约网络营销的发展。

针对此问题，国家应设立专门的信用认证机构，对网上企业的信用进行评估，合格者可以颁发证书并通过媒体或其他方式公布。工商、银行、税务等部门应加强交流与合作，为企业或个人提供信誉保障，也可以由保险公司设立专门的信用保险，尽可能地把信用风险降到最低，以促进网络营销的健康、快速发展。

（四）法律风险及管理

互联网是跨地域、跨国界的全球性信息网络，在这个网络上无法像现实空间那样规定国家和地区的界限，传统的地域管辖方法难以在网络空间施展。另外，由于网络营销可以在不同国家和地区的企业与个人之间交叉进行，但各国的法律不同，社会文化、风俗习惯也有很大的差异，因此，很有可能在一方看来是正当的交易，但在另一方却是不可接受的，从而导致交易的失败或受到限制。

因此，应在网络商场的市场准入制度、网络交易的合同认证及执行和赔偿、反欺骗、知识产权保护、税收征管、广告管制、交易监督以及网络有害信息过滤等方面制定规则，为网络营销的健康、有序、快速发展提供一个公平规范的法律环境，最大限度地降低网络营销风险。

本章小结：

本章首先介绍了网络营销的概念、内容和理论基础，明确了网络营销的基本含义：网络营销是企业整体营销战略的一个组成部分，是为了实现企业总体经营目标所进行的，以互联网为基本手段营造网上经营销售环境的各种活动。在依托互联网的网络营销中，传统营销的理论基础正发生着转变，从传统营销的4P理论基础逐渐转向4C，形成了网络营销中的整合营销理论。

接着对企业开展网络营销的策略和常用方法进行了详细介绍。具体介绍了新产品开发策略、产品品牌策略、定价策略、渠道策略和促销策略。常用的网络营销方法主要包括企业网站营销、搜索引擎营销、许可 e-mail 营销、博客/微博营销、RSS 营销、SNS 营销、病毒式营销及网络广告等。

最后简单介绍了网络营销管理的主要内容，就企业网络营销风险进行了分析，并探讨了规避企业网络营销风险的主要策略。

【案例 6-1】

凡客诚品的营销之道

凡客诚品（VANCL），由原卓越网创始人陈年先生于 2007 年创立，VANCL 运营所属之凡客诚品（北京）科技有限公司，主体运作者均系原卓越网骨干班底。在服装类的网购市场中，曾经创造了"服装直销模式"神话的 PPG 在短暂的辉煌之后即走向没落。而采取同样模式的凡客诚品却在短期内取得了令人瞩目的成功，据最新的艾瑞调查报告显示，凡客诚品已跻身中国网上 B2C 领域收入规模前四位。这个名字听起来有些"洋气"的品牌，之所以能在汹涌的电子商务大潮中站稳脚跟，与其成功的网络营销策略是分不开的。

昔日的电子商务明星 PPG 为 VANCL 提供了前车之鉴，就连陈年也一直自称是 PPG 的好学生。在 VANCL 看来，一个好学生的标准是不仅要模仿，更要学会创新，而这种创新，最大的表现就是专注于网络营销。业界人士认为 PPG 的商业模式没有问题，它之所以陨落，其营销模式的失误是很重要的因素：一是产品质量没有把好关；二是广告成本控制不严；三是管理层缺乏统筹考虑的思维能力。PPG 的管理人员大多是海外留学归来的职业经理人，他们对中国本土经验有所欠缺。在营销方式上，PPG 局限于目录销售、电话销售，它的用户大都来自电视、报纸、杂志等传统媒体。

而 VANCL 则不同，2007 年，曾经创立卓越网的陈年重召卓越旧部，把拥有 8 年互联网经验的一个团队组建起来卖衬衫。VANCL 互联网的经验来自于它的一群管理团队，同样，VANCL 的网络营销之路很大程度上也是来自于其团队基因，即更懂得如何进行网络营销。

一、严格把控产品质量关

对一个电子商务企业来说，上游的供应商和下游的物流无疑是最重要的两个利益相关者。据了解，在创立之前，从进货厂家的选择到产业链条的构建，再到 B2C 复杂系统的研发，VANCL 对 PPG 进行了一年多的研究。当时，凡客诚品从各个层面对 PPG 进行了解，不仅和 PPG 进行了直接交流，还对 PPG 的上游供应商和很多消费者进行调研。在 VANCL 创立之初，陈年曾不止一次在公开场合表示，"希望供应商不要忽悠我们"。VANCL 不停地更新自己的供应链，一直在寻求加工企业里面最好的上游。尤其是从 2008 年第二季度开始，VANCL 开始与很多国际一线服装品牌的中国供应商进行合作，并对产品进行了全面升级。这些和国际一线品牌进行了十几年甚至二十几年合作的供应商，接受了国际品牌的培训和规范要求，也有各自非常规范的支付条件和要求。通过长期合作，供应商也会了解 VANCL 对产品质量的要求和做事原则。

二、使用联盟网站策略

凡客诚品一开始就采用"网站联盟"的方式进行营销宣传，不管你是浏览某个门户网站，还是进入某个不太知名的中小网站，或者浏览某个人的博客，你都会发现 VANCL 的影子。也许你是不经意地点击，就进入了 VANCL 的官方网站，然而你却不知道，你已经为你开始登录的那个网站或者 blogger 贡献了一份点击量，他们据此可以从 VANCL 那里领取一定的合作分成。这些都是 VANCL 的"联盟网站"。据许晓辉介绍，如果消费者从 VANCL 的"联盟网站"进入到 VANCL 的官方网站并且形成购买，VANCL 会把最高达 18% 的利润分给联盟网站。

网站联盟（专业术语叫做网络会员制营销或者连属营销）本质上来说是一种按效果付费的网络广告形式，即在自己网站上投放广告，当访问者产生一定的行为之后（如点击广告、下载程序、注册会员、实现购买等），根据这种行为而获得广告主支付的佣金。凡客诚品就是广告主，这种网站联盟方式的营销宣传给 VANCL 带来了较好的营销效果，使 VANCL 的知名度不断扩大。

三、善用网络娱乐营销

VANCL 善于寻找网络红人和社会名人来担任代言人进行娱乐营销。如最早时邀请了一个颇受争议的网络红人陈潇拍摄模特照片，吸引了网民的高度关注（陈潇，这个在淘宝上开店"出售剩余人生"的女孩在 2009 年年初迅速蹿红网络，在她名为"出售剩余人生"的淘宝店里，每个人都可以花钱购买她的时间）。王希维也是一位网络热点人物，被媒体称为中戏校花、精灵美女，曾经多次拍摄《男人装》等时尚杂志封面，在网络上小有名气。2009 年 6 月，VANCL 的女装 BRA - T 吊带衫推出后，很多人发现王希维被推上了凡客的首页，顿时 VANCL 网站的流量和点击率大增。

2010 年 7 月，VANCL 邀请了青年作家韩寒和青年偶像王珞丹出任其形象代言人，一系列的广告也铺天盖地地出现在公众的眼帘。该广告系列意在戏谑主流文化，彰显该品牌的自我路线和个性形象。其另类手法也招致不少网友围观，网络上出现了大批恶搞"凡客体"的帖子，宣传效果极好。

继"凡客体"后，凡客诚品广告新创造的"挺住体"再次成为网民关注的焦点。"黄晓明 7 岁，立志当科学家；长大后，却成为一名演员。被赋予外貌、勤奋和成功，也被赋予讥讽、怀疑和嘲笑，人生即是如此，你可以努力，却无法拒绝，哪有胜利可言。挺住，意味着一切。没错，我不是演技派，Not at all。我是凡客。"2011 年 5 月 5 日，一段黄晓明代言的凡客广告出现在新浪微博。8 个小时后，该微博被转发超过 12 万次，刷新新浪微博转发的纪录。

除了网络红人和名人，VANCL 也在寻求与综艺节目和影视剧的合作。比如，吴宗宪在山东卫视主持一档名为《中华达人》的节目，VANCL 已经与该栏目达成合作，在节目中将会有 VANCL 的很多衣服和品牌形象植入其中。吴宗宪作为台湾地区知名综艺节目主持人，具有相当高的知名度，其名人效应对于 VANCL 的品牌知名度是一个很大的提升。

四、不断进行营销创新

流行什么，就拿什么来进行营销。就在其他人还不太清楚微博是什么的时候，VANCL 就开始了微博营销。凡客诚品的微博营销被业界认为是非常成功的，作为新浪微博的第一批用户，凡客诚品微博营销坚持自己的"凡客"本色，以平易近人的形象建立起与粉丝长期的互动关系。

（一）凡客微博原则：长期互动，内容轻松有趣

Web 2.0 时代，企业的营销方式正在从单向传播转向互动沟通，微博因其沟通便利、实时性强、成本低廉以及用户年轻化等特性，逐渐成为企业与客户互动沟通的主流平台。

凡客非常重视客户体验，由于是网购企业，无法在实体店与客户面对面互动，也不能直接通过百度搜索到客户的想法和意见，虽然开设了博客、官网、论坛，但仍然缺少一个与客户直接交流沟通的平台。为弥补这一不足，凡客于 2009 年率先开通企业微博。

一开始，凡客微博就有意识地保持轻松活跃的氛围，淡化官方微博的严肃性，而只把它看成是一个和粉丝共享互动的地方。凡客认为，微博平台是一个传递企业思想生活动态的空间，重在加强人际沟通，使销售服务更人性化，促进企业、客户和员工之间的分享和参与，因而，绝不能把微博简化成一个产品销售渠道。微博字数有限，比较零碎，适合于谈些"小事"或细节，只有杜绝官腔和软文体，谈论一些用户真正关心的事情，用真情实感打动用户，才能赢得粉丝持续性的主动追随。所以凡客不在官方微博上进行新闻发布，不用官腔去回应粉丝，而是使用网络语言，口语化的"啊、呀、耶"之类的词，让粉丝觉得非常亲切。在微博平台上，凡客坚持细水长流，通过平日对品牌理解的输出，建立起与粉丝之间的长期互动关系。即使没有爆发性事件，也能保证与粉丝持续性的良性沟通。而且，凡客认为，微博营销的最关键之处就是坚持，营销效果是在坚持中慢慢体现出来的，企业一定要明白做这件事的意义——微博平台不是直接做生意，而是为了和消费者建立情感互动。

（二）凡客微博结构：多层次放养

微博是企业在公众面前展示形象、沟通交流的阵地。要与成千上万甚至数十万粉丝沟通，仅靠一两个管理员是远远不够的。凡客推动从上至下各层次员工在微博上扮演起"形象大使"的角色，与众多粉丝进行平等的交流，提供更多有趣的、更具个人视角的图文信息。

凡客微博从一开始就采取全员参与策略，在开通官方微博"@VANCL 粉丝团"的同时，凡客还动员员工在一个下午注册了 100 多个个人微博账户。公司认为，太多规矩会扫大家的兴，凡客鼓励员工按照自己的理念来经营自己的微博，其内容可以超出公司范围，比如可以表明凡客员工身份，也可以不表明。众多"或明或暗"的凡客员工微博七嘴八舌聊凡客，既有服装设计师讲述设计背后的故事，也有刚入职三个月的新员工畅谈职场感

受，从整体上让凡客的企业形象生动鲜活起来。

凡客微博还走高层营销路线，陈年也亲自披挂上阵扮演超级服务员，在其个人微博中解答网友的各种投诉。凡客有一名专职微博管理员，负责官方微博的发布和更新，其主要工作就是加粉丝、做评论、策划选题、找乐子。管理员专门负责收集与凡客相关的资料，包括公司内部状况、社会动态等不涉及商业秘密的部分，然后在微博中发布。

（三）凡客微博形象：名人效应

在浩瀚的微博海洋中，名人总是最吸引网民的元素。利用名人效应是企业微博推广的重要途径，对于提高微博人气、吸引粉丝都有着很大的帮助。

企业可以借助于拥有众多粉丝的名人微博进行推广。凡客在与新浪合作之初，开创性地把微博称为"围脖"，并与新浪达成协议：新浪在首页为凡客做企业重点推荐，凡客为新浪提供围脖产品，打上新浪LOGO，如果明星注册微博就赠送围脖。这次活动让众多名人收到了凡客的围脖，他们在微博上发表议论，晒照片，让众多粉丝都关注到凡客的产品及品牌。

企业还可以利用社会名人进行代言。为传达"平民时尚"的品牌理念，凡客选择了个性率真、颇具公民精神，同时也富有争议性的名人韩寒、王珞丹担任代言人。凡客认为，韩寒、王珞丹都属于"80后"群体中靠自我奋斗、努力而最终获得成功的代表，他们的个性既符合现代年轻人的成长心态，也能和VANCL品牌进行很好的融合。借助韩寒主编的杂志《独唱团》第一期上市之机，凡客在新浪微博上独家发起"秒杀韩寒《独唱团》"活动，凡客微博粉丝均可参赛，"秒杀"成功者可免费获得一本《独唱团》。活动开展之后，信息转发量近4 000次，新增粉丝超过2 000人，一举跃入微博热门评论榜。借助韩寒的名气，凡客微博的人气也大幅度上升。

（四）凡客微博推广：活动和话题

企业微博并非是企业唱独角戏，粉丝们不仅是信息接收者，而且还可以是内容制造者、信息传播者和活动参与者。经常性地在微博上开展活动和设计话题可以满足粉丝们的创造精神和分享意愿，调动粉丝们对企业微博的热情。

凡客经常在微博上实施一些与业务联系紧密而且用户感兴趣的活动。比如，1元秒杀原价888元的服装、抢楼送周年庆T恤、在"铅笔换校舍"公益活动中提供产品拍卖、秒杀《独唱团》杂志，推出品牌代言人韩寒和王珞丹户外广告后开展"集齐站牌送现金"活动等。

新颖的话题是吸引微博用户参与交流讨论的主要原因。根据DCCI公布的数据，38.13%的用户使用微博来讨论共同感兴趣的话题。当凡客微博粉丝仅有4 000人时，曾向关注度第一的姚晨粉丝群发送过一条微博："打算给姚晨的21万粉丝们一点儿福利，但愿姚晨粉丝们出来说句话，怎样操作得好？"这个话题立刻让两大粉丝群展开热烈讨论，评论和转发也是热闹非凡。

（五）凡客微博服务：关注与反馈

凡客从粉丝的心理出发来建设微博，强调微博的交互性，注重运用微博做好客户服务。因此，凡客微博一直在跟踪用户对公司产品、服务的反馈意见，每天在微博平台上搜索关键词"凡客"，把所有关于凡客的对话交流都搜索出来。

为了更好地采集信息，与大多数企业微博的低关注甚至零关注不同，凡客大量添加关注，最多时添加了近 2 000 人的关注，几乎达到了新浪微博的上限，这些人涵盖范围很广，有名人、商界、IT 界、媒体以及客户。通过添加关注，可以及时了解市场动态，并对相关问题在第一时间加以回复，而且更像是朋友间的沟通，而不是公式化的顾客与商家的对话。凡客认为，微博用户是质量比较高的用户群体，他们经常以"不怕事小，就怕没说到"的精神在微博上发表自己对凡客的看法和建议，关注他们就是关注凡客自己，把他们提出的建议和不同部门的同事交流，确有问题的就马上改进。

　　凡客的退换货原来要走三四道流程，要把产品寄回来，由凡客进行质检，然后再发新货。有顾客在微博上向凡客提出这个流程比较长，希望凡客一收到退货，马上发新货，缩短退换货流程。凡客认真听取并采纳了这个建议，把流程调整为直接退换货，只需一通电话即可完成，这种虚心的态度赢得了顾客的好感和称赞。

　　正是由于凡客坚持了这种本色的微博营销路线，从而使得凡客微博日益成为企业品牌推广的重要一环。

案例思考：
1. 凡客诚品成功的关键因素有哪些？
2. 谈谈网络营销的方法和策略。

复习与讨论：
1. 比较网络营销与传统营销的异同。
2. 讨论适合网上销售的产品与服务。
3. 网络营销定价有什么特点？有哪些定价方法？
4. 如何解决网络营销的渠道冲突问题？
5. 网络营销有哪些风险？如何进行控制和管理？

电子商务概论

第七章　电子商务物流管理

主要内容：现代物流定义、物流的基本职能与功能；电子商务与物流的关系；三种主要的电子商务物流模式；电子商务物流配送系统的基本作业流程；供应链、供应链管理、电子供应链的含义及相关管理方法。

教学目标：

1. 了解现代物流内涵。
2. 掌握电子商务与物流的关系。
3. 了解电子商务物流配送流程。
4. 了解配送中心基本功能。
5. 掌握供应链、电子供应链管理范围。

重点：现代物流内涵、电子商务与物流的关系、供应链定义。

难点：电子商务物流配送流程、供应链管理方法。

开章引例：

　　Dell 是通过国际互联网和企业内部网进行销售的。在日常的经营中，Dell 仅保持两个星期的库存（行业标准为超过 60 天），其存货一年可周转 30 次以上。基于这些数字，Dell 的毛利率和资本回报率也是相当高的：分别是 21% 和 106% 。这些都是 Dell 实施电子商务化物流后取得的物流效果。Dell 电子商务化物流运作的流程主要体现在其对客户订单的处理上：客户可以拨打 800 免费电话，也可以通过 Dell 的网上商店进行订货。Dell 首先检查订单项目是否填写齐全，然后检查订单的付款条件，并按付款条件将订单分类。采用信用卡支付方式的订单将被优先满足，其他付款方式则要较长时间得到付款确认。只有确认支付完款项的订单才会立即自动发往下一处理环节。零部件的订货将转入生产数据库中，订单也随即转到生产部门进行下一步作业。用户订货后，可以对产品的生产过程、发货日期甚至运输公司的发货状况等进行跟踪。

　　为什么 Dell 能够仅保持两个星期的库存，其存货一年可周转 30 次以上？为什么用户订货后，Dell 要对产品的生产过程、发货日期甚至运输公司的发货状况等进行跟踪？电子商务时代对现代物流业提出了什么样的发展要求？我国的电子商务物流发展现状如何？还存在哪些发展瓶颈？这些问题都值得我们深入思考。

第一节　现代物流知识概述

物流，即物资实体的流动，由仓储、运输、装卸搬运等组成，必须有车、船、仓库等运输设备和基础设施作基础，涉及多方面的内容，本节将介绍现代物流的一些基本概念和知识。

一、物流的概念

物流管理思想最早来源于第二次世界大战美国对其军事后勤的调度与管理，称为"Physical Distribution"（缩写为 PD）。日本派考察团到美国学习其先进的流通技术，回国后专家将"Physical Distribution"译为"物的流通"，简称为"物流"。物流技术在"二战"后各国经济恢复的过程中得到大量应用和发展，根据应用领域的不同，出现了"配送工程"、"仓储管理"、"物资分配"等各种术语，折射了物流技术应用在社会发展的各个方面。

在《中华人民共和国国家标准·物流术语》中，物流被定义为："物品从供应地向接受地的实体流动中，根据实际需要，将运输、储存、装卸搬运、包装、流通加工、配送、信息处理等功能有机结合来实现用户要求的过程。"

二、物流的基本职能与作用

（一）物流的基本职能

1. 装卸搬运活动

装卸搬运环节的作业效率在很大程度上影响着物流作业的整体效率。为了衔接仓储与运输，需要将货物从存储货架、运输车辆、包装容器中卸下、掏出、装上等作业，有时因为场地等原因，还需要进行短距离的搬运作业，这些都是装卸搬运活动。装卸搬运活动的高频发生使得此环节耗费大量人力和时间，同时意味着在与货物、材料多次的接触中，因作业不当、磨损会带来一定的商品损耗。

2. 包装活动

包装活动在整个物资流通过程中是非常重要的。通过合理包装可以保护商品免受储存和运输过程中的粉尘污染、货品之间的挤压、装卸搬运造成的磨损以及车辆运输过程中产生的颠簸等造成的损坏。对散装物品、小单位物品进行合理组合包装，有利于对其堆码、点数，也便于采用先进的装卸搬运设备，方便运输与储运，加快物品的流动速度，提高物流效率。

3. 储存保管活动

任何实体物资在进入生产、加工、运输、消费等环节之前或者之后，都需要一定的空间存放，即为储存保管或者仓储。保管活动就是在研究商品理化性质、包装条件、质量变化规律的基础上，采用各种科学的、有效的保管措施，创造一个适应商品储存的条件，最大限度地保持商品质量和使用价值不发生变化、最大限度地减少商品损耗。

4. 运输活动

运输是指在较大距离内对货物的运载、输送，是较大距离的货物移动，如大洲之间、国与国之间、城市之间等。物流中的"流"主要靠运输活动来完成。运输活动是物流的主体功能，其他功能多是为了运输而服务的，如装卸搬运、包装、流通加工等。在物流整个作业流程中，仓储改变了货物的时间状态，通过存储满足不同时间对一种物资的需求；而运输则改变了货物的空间状态，通过装卸搬运、配送等活动，运输最终将货物由其供应地运达需求地，满足客户的需求，完成物流的最终使命。

5. 配送活动

在我国国家标准《物流术语》中，配送的定义是："在经济合理区域范围内，根据用户要求，对物品进行拣选、加工、包装、分割、组配等作业，并按时送达指定地点的物流活动。"配送以用户的需求为出发点，按照用户要求的品种、数量、质量、方式，在要求的时间送达到要求的地点。这样的输送过程要兼顾物品安全、用户便利以及环保等各个方面。

6. 流通加工活动

物流过程中涉及的加工多指流通加工，即根据用户与流通的需要进行的货物包装、计量、分割、贴标签、刷标志、组装等简单作业。流通加工与生产加工在加工对象、加工内容、加工目的等方面有着较大的区别，如包装可能会为了销售的便利，将大型运输包装改换成小单元商品。随着经济的发展，消费者的需求趋于多样化、个性化，流通加工逐渐成为物流环节中重要的增值过程，对于商品的销售显得愈加重要。

7. 信息处理活动

物流信息是指在物流过程（运输、储存、包装、配送等）中产生的一切信息。物流信息是伴随物流活动产生的，也是连接运输、存储、装卸、流通加工等环节的纽带。只有信息顺畅、及时地流动，才能全面掌握各环节，才更方便对资源进行调度与管理，提高物流活动的管理效率。

（二）物流在国民经济中的作用

物流的过程就是各种产品、服务、信息从供应到需求的整个过程，使社会再生产源源不断地进行，推动社会经济发展。物流在国民经济中占有极其重要的地位，其作用主要表现在以下四个方面：

1. 物流对经济运行起必不可少的保障作用

物资流通是社会经济发展的基础与根本，物流产业也是国之柱石。现代物流更强调以用户需求为导向，通过高效的物流流通为用户创造空间、时间及质量等多方面的效用，通过这样一系列多样化的服务，增加产品的价值，使产品使用价值得到更好的实现。

2. 物流是第三利润源泉

从经济历史的发展过程来看，企业界、学者最早认识到两大利润的源泉：一是生产原材料，二是人力资源。随着管理思想的不断成熟和技术的不断进步，企业之间不断同化，在这两个利润源上挖掘的竞争潜力越来越小，这使得物流环节的节约、优化、增值带来的巨大利润潜力得到了全世界的重视，按时间序列排为"第三个利润源"。

3. 物流是实现商品的价值和使用价值的基础活动

要使商品流通得以实现，商流、物流缺一不可。商品贸易的目的在于改变商品的所有权，因此商流的顺利实现必须伴随着实体商品的交换过程，而物流就是这样的物资变化过程的具体体现。没有物流过程，就无法完成商品的流通过程，包含在商品中的价值和使用价值就不能实现。

4. 物流行业发展程度是决定国民经济发展规模的重要因素

成熟的商品生产意味着社会化大生产，也意味着标准化和规范化生产。如果物流行业的发展速度跟不上这样的经济发展要求，就会变成社会商品生产发展的绊脚石。只有物流管理思想、技术手段与装备水平飞速进步，从根本上促进商品生产和消费条件的改善，物流行业才能变成经济的推动机。而且经济发展的要求越迫切，物流的制约作用就表现得越明显。

三、电子商务与物流的关系

便捷的电子商务模式有利于完成商务过程中的信息查询与收集、买卖双方磋商与交易的达成，但是商务过程的最后阶段——货物交付，则必须依靠物流来解决。物流行业越来越多地采用一系列机械化、自动化工具，利用 GIS、GPS 等先进技术手段准确地、及时地收集和分析物流信息，实时监控物流过程，使物流的流动速度加快、准确率提高，能有效地减少库存，缩短生产和运输周期。电子商务时代的来临赋予了现代物流巨大的发展机遇，同时也使得其暴露出严重滞后的发展问题。

"地球村"的经营模式使企业直接面向全球市场，经营范围的扩大，经营方式的信息化、自动化、网络化，消费者购买方式的转变等，这一切的实现都必须有一个运转高效、服务完善、运营网络广泛的现代物流系统支撑。全球化的物流运营模式给现代物流业带来了无数巨大的挑战，如跨地域经营文化沟通障碍、高素质管理人员匮乏、供应链成员企业信息共享与保密、经营网络库存管理与调度、多式联运组织等问题层出不穷。

第二节　电子商务物流模式

我们以一次简单的网购过程来描述电子商务中 B2C 的交易过程：网民阿华在浏览购物网站的过程中，网站弹出广告的优惠促销让阿华决定购买其中一款数码相机。阿华随即进入此款数码相机的售卖网页，了解商品的基本数据和价格，参考以往消费者对这款数码相机的评价，同时也通过在线客服更加详细地对商品进行了咨询，最后决定购买。点击"购买"按钮后，链接到对应银行网页，阿华进行货款的在线支付，两天后就有快递公司将阿

华购买的相机送货上门。

在这一电子商务交易过程中，包含了信息流、资金流和物流。电子商务中的信息流包括的内容非常广泛，如网站的基本信息、商品信息、订单、付款通知单、转账通知单等，主要方便用户对网站、商品、支付过程和物流过程进行充分的了解。资金流主要是指资金的转移过程，包括付款、转账等过程。以上这些均可归纳为虚拟的信息流动，最后整个交易必须依赖物流完成实体商品的物理转移，即通过运输、储存、配送、装卸、保管、物流信息管理等各种活动向用户交付产品。

一般来讲，制约电子商务健康发展的三个重要因素就是网络安全技术、在线支付技术和物流配送体系。我国除了少数几个大型的 B2C 网站有实力组建自己的配送团队之外，其他中小型 B2C、C2C 网站大多依靠第三方物流公司代理自己的配送业务。由于物流公司服务质量良莠不齐，网络公司与送货公司之间又缺乏必要的监督与约束，加之我国的电子商务与物流法律体系尚不完善等多种因素，使得消费者与快递公司之间、快递公司与网络公司之间的纠纷不断。

电子商务物流模式就是以互联网技术为基础，在线处理交易过程中的信息流和资金流，利用网络实时收集、分析、监控、调度物流活动，如向运输车辆发送定位信息、调度指令、路况汇报等，指导车辆准时、安全、高效地到达目的地。电子商务物流模式有以下三种类型：

一、电子商务企业自营物流体系

物流"第三利润源泉"的潜力激发了很多企业建设自营物流体系，不少家电、连锁超市、药厂纷纷依靠自身雄厚的实力、完备的商品营销网络、丰富的运营管理经验建立大型自动化仓库和运输车队。

自营物流体系完全契合企业自身产品和客户对物流服务的要求，通过公司管理制度的制约，可以很好地监管物流部门的效率，有效地杜绝浪费，提高物流服务质量与效率。但是，建设自营物流体系需要投入大量人力、物力、财力和时间，一座大型自动化仓库动辄成百上千万元，一套管理软件要几百万元，还需要有后续的维护资金和时间源源不断地投入。大型自动化设备的效益需要通过大量的物流吞吐量来实现，如果企业的经营规律不稳定，淡旺季特征明显，就容易造成业务繁忙时物流设施处理能力不足、服务延迟，而淡季时物流业务量锐减，昂贵的机器设备及大量人力闲置，设备利用率低。

二、与第三方物流企业建立协同配送体系

在 21 世纪的经济环境下，市场竞争力的绝对条件并不在于企业拥有多少的资源，而在于企业可以调动和整合多少社会资源来弥补自身经营的弱势，发挥企业优势能力。从社会物流资源的角度出发，企业一般选用第三方物流来承担自己的物流业务：一方面，第三方物流公司承揽不同物流业务后，物流量充足，可以使自身物流设施达到较高运转效率，节约物流资源；另一方面，企业将自身不熟悉的物流业务外包出去，既可以借助物流公司

专业的人才及设备来提供高质量的物流服务，又可以集中自己的优势力量专攻核心业务，增强企业的市场竞争力。

例如，国内知名 B2C 网站——卓越亚马逊建有自营物流公司——世纪卓越快递，承担了其网站大部分订单业务的仓储、配送业务；但由于物流网络建设需要投入大量资源，速度缓慢，所以卓越在部分地区选择与风火快递、风景同城、小红帽快递公司合作，借助对方的物流网络延伸自己的服务范围，而海外订单则由 UPS 物流公司承担。

三、物流外包模式

所谓物流外包是指生产或销售企业将自身不擅长的物流业务，如库存控制、运输配送等外包给专业的第三方物流公司来负责，从而可以将优势资源集中用于自身核心业务。在第三方物流行业崛起之初，多数物流公司是由传统的仓储或运输企业转型而来的，服务意识淡薄、技术实力不符合要求等问题增加了外包风险。随着物流行业日益发展，规范性和先进性得到了很大的提高，企业的物流外包范围也由日常性的业务发展到了所有的物流管理领域，如物流网络规划、业务流程重构、管理制度设计、人力资源管理，以及供应商管理等重要战略层面。

第三节　电子商务物流配送系统

电子商务物流配送系统是指提供物流服务的企业利用网络平台、互联网基础和先进的管理手段，实时收集订单、库存、运输、车辆、人员、设备运转等物流作业信息，在此基础上，运用调度与管理系统和工具，合理进行信息处理、货物分类、储存、包装、流通加工、分拣、配送等作业，按照客户的需求，在规定的时间内向用户配送需要的货物并保证货物的品种、数量与品质。

一、配送中心概念

在国家标准《物流术语》中，配送中心被定义为："接受并处理末端用户的订货信息，对上游运来的多品种货物进行分拣，根据用户订货要求进行拣选、加工、组配等作业，并进行送货的设施和机构。"

按照《物流术语》中的规定，从事配送业务的物流场所和组织，应符合下列条件：①主要为特定的用户服务；②配送功能健全；③完善的信息网络；④辐射范围小；⑤多品种、小批量；⑥以配送为主、储存为辅。

二、配送中心基本作业流程

配送中心是执行配送业务的职能部门，具有非常完善的功能，也是物流配送系统的中心枢纽与核心，凝聚了整个物流配送过程中的商流、物流、信息流和资金流。在物流网络中所有用户需要的货物从四面八方流入配送中心，完成不同品种货物的集结，通过对客户订单的处理，将多个订单需要的多品种、小批量、多批次的货物集装到一辆车或多辆车上，为客户提供快捷、高频率的门到门服务。因此，配送中心的作业效率对整个系统的效率起着决定性的作用。配送中心作业的基本流程如图7-1所示。

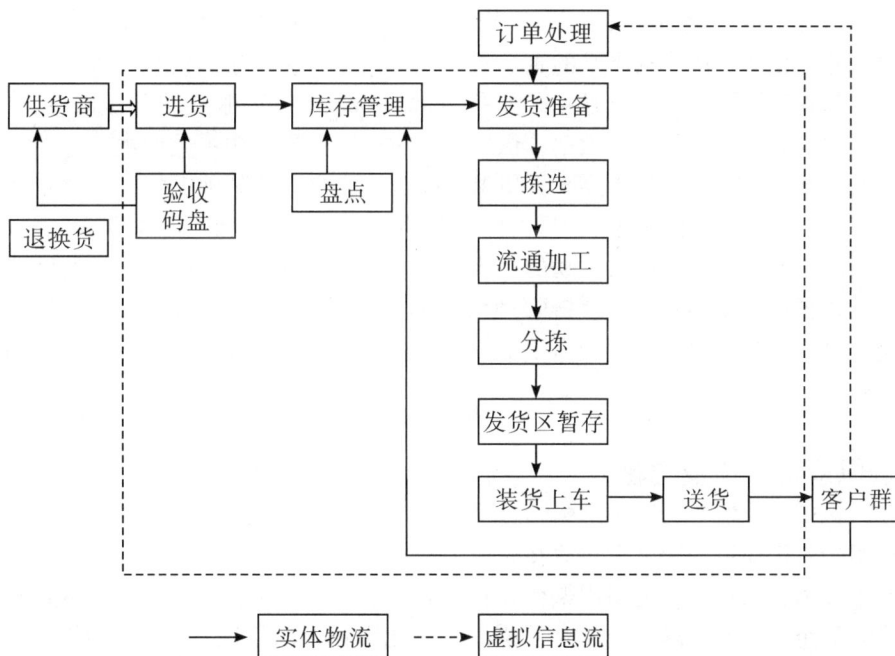

图 7-1　配送中心作业流程

第四节　基于电子商务环境的供应链管理

在20世纪90年代的美国，物流技术由军用转为民用领域后，物流行业蕴藏的巨大潜力吸引了各种新技术不断出现并应用于物流管理实践，物流管理思想向更高层次深化，供应链管理就是其中之一。供应链管理是物流管理发展的产物，但其管理范围与深度已有了质的变化。

一、供应链及供应链管理思想产生的背景

20世纪90年代之前，企业管理体制多采用"纵向一体化"模式，企业和为企业提供材料或服务的单位是一种统属关系，方便企业对其进行监管和控制。企业在职能划分上往往采用"大而全"或"小而全"的设置方式。进入20世纪90年代以后，科技迅猛发展，用户需求趋于动态多变，竞争越来越激烈，企业对于市场的灵活反应成为制胜的关键。在这种用户需求多变的趋势下，纵向发展模式使得企业不堪重负，而企业从事自己不擅长的业务活动，更增加了企业经营的风险。

很多企业为了规避"纵向一体化"带来的弊端，也为了节约投资，以便专心从事自己的主营业务，开始由"纵向一体化"模式转为"横向一体化"模式，即把自己不擅长的业务外包给专业公司，用节约下来的企业资源专攻具有市场竞争力的核心业务。此时，企业只注重内部管理已远远不够，还必须与提供原材料、产品、服务的合作伙伴密切合作，以提高合作共同体的整体效益与效率，供应链及供应链管理思想由此产生。

1996年，Reiter在研究波特价值链和Martin价值流概念的基础上将供应链定义为"运作实体的网络"，产品与服务通过这样的网链传递到特定的客户群体。1998年美国物流管理协会开始将物流定义为供应链活动的一部分，成为物流管理向供应链管理发展的开端。

随着企业界和学术界对于供应链管理认识的不断深入，美国物流管理协会在2005年改名为美国供应链管理协会，并颁布了最新的供应链管理的定义，标志着全球物流开始进入供应链时代。

二、供应链定义及内涵

早前学者将供应链的定义重点放在企业内部过程，认为企业各职能部门需要在企业战略目标的指导下，通过一定的组织架构和管理制度进行互相协调与合作，争取以最小的成本创造最大的企业效益。随着企业对"横向一体化"模式的认识，现代供应链概念开始注重围绕核心企业的网链关系。

我国国家标准《物流术语》对供应链所下的定义是："供应链（Supply chain）是生产及流通过程中，涉及将产品或服务提供给最终用户活动的上游与下游企业，所形成的网链结构。"

本书依照的是马士华《供应链管理》一书中供应链的定义："供应链是围绕核心企业，通过对信息流、物流、资金流的控制，从采购原材料开始，制成中间产品以及最终产品，最后由销售网络把产品送到消费者手中的将供应商、制造商、分销商、零售商，直到最终用户连成一个整体的功能网链结构模式。"

三、供应链管理的定义及其管理范围

1. 供应链管理的定义

总体来讲，对于供应链管理定义的认识，主要有以下两个方面：

（1）供应链管理是一种管理理念和哲学。马士华在《供应链管理》一书中认为供应链管理的核心思想是"系统"和"流"，强调的是为了达到供应链整体利益最大化，对整条供应链全部活动的统一优化，供应链运作各个环节通过信息共享、流程再造、系统对接等各种方式实现无缝连接，物流、信息流、资金流、商流如流水般顺畅。因此，供应链管理强调的是它的市场导向、价值创造、系统集成优化、战略合作的思想与理念。

（2）供应链管理是一套管理性的实际操作方法体系，通过对计划、控制、协调、决策等一系列的管理职能的优化，实现整条供应链的优化管理。1986年，美国物流管理委员会（Council of Logistics Management，CLM）将供应链管理定义为在企业组织之外的包括消费者和供应商在内的物流活动。随着世界范围内对供应链管理的研究与应用，CLM在1998年对供应链管理的概念进行了重新定位，其认为供应链管理不仅包括物流，还包括对物品、服务、信息进行从起始点到消费点的计划、实施、控制，以满足最终用户需求的全部过程。

结合电子商务模式的发展现状及我国在实施供应链管理方面的情况，本书推崇国家标准（GB/T18354—2001）《物流术语》对供应链管理的定义，即"利用计算机网络技术全面规划供应链中的商流、物流、信息流、资金流等，并进行计划、组织、协调与控制等"。

2. 供应链管理范围

（1）企业内部供应链管理。即指将企业内部所有业务环节组成的业务运作链条视作供应链，以企业发展战略为目标，统一对所有业务活动进行统筹规划，通过对内部业务流程的梳理、整合、优化，实现企业内部业务环节的无缝连接以及资源与信息最大限度的共享。

（2）产业供应链或动态联盟供应链管理。这是研究最广泛的一种类型。最常见的就是将核心企业（生产制造企业，如海尔；大型消费企业，如大型连锁超市）与其合作的上、下游企业形成的网链作为研究对象。还有一种情况是将因短暂的一致市场目标，几家企业联合以期增强自身在市场上的竞争优势。这种供应链管理的视角是由企业内部扩展到整个网链，目的是要建立一个协作经营、共担风险、共享资源的动态联盟。

（3）国际泛供应链管理。电子商务使得全球企业之间的合作与竞争消除了地域的界限，企业间的贸易往来多数都以电子订单、电子单证、在线资金划拨的方式进行。企业可以根据自身发展的需要在全球范围内建立起自己的动态联盟，而国际泛供应链管理就是研究这种地域上分布广泛、企业间关系以松散形式联盟的供应链组织形式。

四、电子供应链及其管理方法

1. 电子供应链的基本概念

电子供应链是指依托互联网技术、计算机技术、信息技术和数据库技术等，在线处理供应链上所有成员企业的关键数据，如订货、预测、库存状态、缺货状况、生产计划、运输安排、在途物资、销售分析、资金结算等数据，使各成员企业可以实时共享重要数据、消除信息障碍，并运用数学模型与计算机程序对数据进行分析、优化，发布管理与调度指令，辅助企业作出重要决策。

2. 电子供应链管理方法

（1）QR（Quick Response，快速反应）。

20 世纪 70 年代后期，美国纺织服装行业面临着很大的进口压力，这一现象延续到 20 世纪 80 年代初期，并有愈演愈烈之势，进口量占据美国国内服装行业总销量的 40%。在这一严峻的形势下，美国纺织服装行业一方面请求政府与国会采取相应措施控制纺织进口量的攀升，同时通过自身行业对设备进行升级改造来提高国内纺织服装行业的产量与质量。但是，这样的举措并没有阻止外来廉价纺织品侵占美国市场。为此，美国国内大型经销商成立了"用国货为荣委员会"，积极利用媒介来宣传本国产品的优点，并联合起来推行促销活动。为了挖掘深层原因，委托著名的零售业咨询公司 Kurt Salmon 从事提高竞争力的调查。Kurt Salmon 公司在经过大量的市场调研后，指出造成这种现状的重要原因是纺织行业总体供应链效率低下，为此，必须进行行业供应链的优化与改造。因此，Kurt Salmon 公司建议纺织服装企业与下游分销商、零售业者合作，彼此共享重要的信息资源，以此建立一个可以对市场快速反应的供应链体系。由此，QR 应运而生。

QR 是指与上游生产企业和下游分销商、零售商建立战略联盟关系，利用网络技术、EDI，特别是互联网等信息技术在彼此之间建立信息平台，以便企业之间分享真实销售数据与订单信息。生产企业可以根据市场真实需求进行生产制造，采用高频度、小数量的配送方式向下游零售企业连续补充商品，减少零售企业的库存压力，降低经营成本与风险。通过这种系统，整条供应链把握着市场需求变化的信息，及时调整生产与促销计划，以最快的速度满足客户的需求，使各成员企业的库存量和商品缺货风险都极大地降低，从而提高利润。

（2）ERP（Enterprise Resource Planning，企业资源计划系统）。

企业本身包含了若干资源，如人力资源、资金、技术、专利、品牌、销售网络等。如何很好地管理和配置这些重要的资源，影响到企业的生存壮大。在这种背景下，企业资源计划系统诞生了。

ERP 是指在企业内部（包括子公司、重要合作伙伴）依托互联网、局域网等网络与信息技术搭建一个管理平台，为上到企业决策层下到普通员工提供决策支持、业务操作和内、外部信息往来等功能。

本章小结：

本章首先阐述了现代物流的概念、基本职能以及物流在我国经济发展中的重要作用。

物流的基本职能主要有运输、储存、装卸搬运、包装、流通加工、配送、信息处理等。快捷高效的物流对经济运行起到必不可少的保障作用，是待挖掘的第三利润源泉，是实现商品价值和使用价值的物质基础，物流行业发展程度是决定国民经济发展规模的重要因素。

在此基础上，分析了电子商务与物流的关系以及如何在电子商务环境下实现物流过程、如何选择合适的电子商务物流配送模式。

物流模式决策是影响现代电子商务企业运营效益的至关重要的战略决策。主要的电子商务物流模式有电子商务企业自营物流体系、与第三方物流企业建立的协同配送体系、物流外包模式。配送中心是物流配送系统的中心枢纽与核心，凝聚了整个物流配送过程中的商流、物流、信息流和资金流。

现代供应链概念注重围绕核心企业的网链关系。供应链管理范围主要有企业内部供应链管理、产业供应链或动态联盟供应链管理、国际泛供应链管理三种类型。电子供应链管理方法有QR（Quick Response，快速反应）和ERP（Enterprise Resource Planning，企业资源计划系统）。

【案例7-1】

日本7-11物流配送系统简介

在美国电影《尖峰时刻Ⅱ》（Rush Hour Ⅱ）中，唠叨鬼詹姆斯·卡特有一个绰号叫7-11，意思是他能从早上7点钟起床时开始，一刻不停地唠叨到晚上11点钟睡觉。其实7-11这个名字来自于遍布全球的便利名店7-11，名字的来源是这家便利店在建立初期的营业时间是从早上7点到晚上11点，后来这家便利店改成了一星期七天全天候营业，但原来的店名却沿用了下来。

这家70多年前发源于美国的商店是全球最大的便利连锁店，在全球20多个国家拥有2.1万家左右的连锁店。到今年1月底，仅在中国台湾地区就有2 690家7-11店，美国5 756家，泰国1 521家，日本是最多的，有8 478家。

一家成功的便利店背后一定有一个高效的物流配送系统，7-11从一开始采用的就是在特定区域高密度集中开店的策略，在物流管理上也采用集中的物流配送方案，这一方案每年大概能为7-11节约相当于商品原价10%的费用。

一间普通的7-11连锁店一般只有100平方米到200平方米，却提供了2 000~3 000种食品，不同的食品可能来自不同的供应商，运送和保存的要求也各有不同，每一种食品又不能短缺或过剩，而且还要根据顾客的不同需要随时调整货物的品种。这些问题给连锁店的物流配送提出了很高的要求。

以日本的7-11为例，早期日本7-11的供应商都有自己特定的批发商，而且每个批发商一般都只代理一家生产商，这个批发商就是联系7-11和其供应商间的纽带，也是7-11和供应商间传递货物、信息和资金的通道。供应商把自己的产品交给批发商以后，对产品的销售就不再过问，所有的配送和销售都会由批发商来完成。对7-11而言，批发商就相当于自己的配送中心，它所要做的就是把供应商生产的产品迅速有效地运送到7-11手中。为了自身的发展，批发商需要最大限度地扩大自己的经营，尽力向更多的便利店送货，并且要对整个配送和订货系统作出规划，以满足7-11的需要。

渐渐地，这种分散化的由各个批发商分别送货的方式已无法再满足规模日渐扩大的7-11便利店的需要，7-11开始和批发商及合作生产商构建统一的集约化的配送和进货系统。在这种系统之下，7-11改变了以往由多家批发商分别向各个便利点送货的方式，改为由一家在一定区域内的特定批发商统一管理该区域内的同类供应商，然后向7-11统一配货，这种方式称为集约化配送。集约化配送有效地降低了批发商的数量，减少了配送环节，为7-11节省了物流费用。

7-11的经营者也在思考，何不自己建一个配送中心？与其让别人掌控自己的经脉，不如自己把自己的脉。7-11的物流共同配送系统就这样浮出了水面，共同配送中心代替了特定批发商，分别在不同的区域统一集货、统一配送。配送中心有一个电脑网络配送系统，分别与供应商及 7-11 店铺相连。为了保证不断货，配送中心一般会根据以往的经验保留 4 天左右的库存；同时，中心的电脑系统每天都会定期收到各个店铺发来的库存报告和要货报告，配送中心把这些报告集中分析，最后形成一张张向不同供应商发出的订单，由电脑网络传给供应商，而供应商则会在预定时间之内向中心派送货物。7-11 配送中心在收到所有货物后，对各个店铺所需要的货物分别打包，等待发送。第二天一早，派送车就会从配送中心鱼贯而出，择路向自己区域内的店铺送货。整个配送过程就这样每天循环往复，为 7-11 连锁店的顺利运行修石铺路。

配送中心的优点还在于 7-11 从批发商手上夺回了配送的主动权，7-11 能随时掌握在途商品、库存货物等数据，对财务信息和供应商的其他信息也能握于股掌之中。对于一个零售企业来说，这些数据都是至关重要的。

有了自己的配送中心，7-11 就能和供应商谈价格了。7-11 和供应商之间定期会有一次定价谈判，以确定未来一定时间内大部分商品的价格，其中包括供应商的运费和其他费用。一旦确定价格，7-11 就省下了每次和供应商讨价还价这一环节，少了口舌之争，多了平稳运行，7-11 为自己节省了时间也节省了费用。

（资料来源：http://www.viewtrans.com/html/caozuoshiwu/wuliuanli/20071203/5334.html）

案例讨论：

1. 7-11 后期的配送模式属于本章第二节电子商务物流模式中提到的哪一种模式？

2. 7-11 便利店的集约化配送有哪些优势，弊端又在哪里？

3. 建立统一配送中心需要企业具备哪些条件才能达到节约成本、提高效率和服务质量的目的？

练习题：

1. 请结合教材及其他阅读材料，思考在电子商务环境下，现代物流的发展趋势是什么？

2. 配送中心的类型有哪些？哪种配送中心适合大型连锁超市企业采用？

3. 在我国，专业化的物流配送发展迅速，请结合所在城市配送现状，分析物流配送模式在物流系统中所起的作用。

4. 广汽集团是在 2005 年 6 月由广州汽车工业集团有限公司、万向集团公司、中国机械工业集团公司、广州钢铁企业集团有限公司、广州市长隆酒店有限公司作为共同发起人，以发起方式设立的。目前，广汽旗下拥有本田汽车（中国）有限公司、广州本田、广州丰田、广州五十铃、骏威客车、羊城汽车、广汽丰田发动机有限公司、零部件公司、中隆投资、商贸公司数十家子公司，经营范围主要是面向国内外市场的汽车整车制造、销售及服务业务，汽车商贸及物流业务、汽车零部件业务、汽车金融业务及相关服务业务，产品横跨多种型号的乘用车、商用车、汽车发动机和主要零部件等多种系列产品。请利用互联网搜索，结合相关文献的阅读，了解该公司供应链构建现状，并分析在其供应链构建中存在的缺陷。

第八章　客户关系管理

主要内容：客户关系分类、客户价值与客户关系管理内涵、客户关系管理理论起源与发展现状、客户关系管理对现代企业管理的意义以及客户关系管理系统（CRM）。

教学目标：

1. 了解客户关系管理的重要性及其对企业发展的战略意义。

2. 掌握客户关系管理的核心理念。

3. 了解 CRM 系统的基本功能。

4. 了解 CRM 系统实施的基本步骤与成功实施的关键因素。

重点：客户价值定义、客户关系管理内涵、CRM 应用系统基本功能。

难点：CRM 系统实施的基本步骤与成功实施的关键因素。

开章引例：

网上交易平台如何进行客户关系管理

易趣网是一家大型的物品竞标中文网站，它为所有想买卖物品的用户搭建了一个别具一格的竞标平台。每个人都可以创建自己的网上店铺，注册用户逐年攀升，商品的种类几乎覆盖了所有领域。

一、"交易风险补偿金"机制

"网上交易"是国内近几年刚刚兴起的一种时尚，但网络毕竟是虚幻的，如何保证网络的交易安全成了每个 C2C 网站客户关系管理的重头戏。"交易风险补偿金"便是易趣推出的一种保护交易安全的客户服务方案，一旦易趣的客户在网上交易的过程中由于对方的失信而导致自己利益受损，易趣都可以进行适当的补偿，这一措施可以使客户更加大胆放心地进行交易，同时还可以树立起易趣良好的客户服务形象。

二、全方位客户服务打造良好竞争力

在电子商务风起云涌的今天，易趣凭借什么在这个领域内独树一帜，成为国内最著名的品牌？易趣的客服人员 Welson 告诉我们：真诚服务是易趣网经营和发展的最高准则，我们欢迎竞争，因为我们有最好的客服工作。

易趣强大的客服队伍每天 24 个小时地监控网站上新登物品，解答用户问题，并跟踪成交情况以保证交易的顺利进行；iTEL（网络＋电话）的全程电话导购服务为用户提供了专业的、周到的一对一顾问咨询；定期组织召开的网友见面会和丰富多彩的网友活动，培养了网站与网友的感情，加强了双方的沟通。

三、增值服务赢得更多的信赖

除了努力做好自身的客服工作外，为了使交易更加安全和便利，易趣还和许多企业合作，为易趣用户提供了许多增值服务。例如，易趣已经与招商银行、chinapay、中行、建行和工行等合作，提供了网上支付服务。或许你会有疑问，在网上泄露自己的银行账号会不会不安全？别担心，易趣的支付平台的保密性相当可靠。它的安全程度甚至比招商银行的系统还要强一倍。此外，易趣还与5291.com、快马速递等物流企业合作，提供了面向个人用户的物流解决方案。这些举措都使得交易更加安全和便利。

在市场竞争日益激烈的今天，易趣这一国内最大的C2C商务网站能够生存并得以壮大，这与它周到的客户关系管理工作是分不开的。虽然这些工作还有这样或那样的漏洞，但毋庸置疑的是，易趣已经为其他商务网站的客服工作树立了一个成功的典型。

（资料来源：http：//b2b.toocle.com/detail－－4465337.html）

随着IT技术与互联网的飞速发展，客户关系管理系统（Customer Relationship Management，CRM）应运而生，它是企业收集、分析和利用各种客户信息的应用系统，帮助企业在电子商务时代准确地捕捉全球客户的动态，提供快速的数据分析让企业敏捷地对市场作出精准反应。CRM系统成为21世纪企业取得竞争主动的重要手段之一，也折射出电子商务模式对传统经营方式的影响。

第一节　客户关系概述

一、客户关系分类

客户关系是指围绕客户生命周期发生、发展的企业与客户之间的信赖和依存的状态。客户关系是需要逐步建设及维护的。企业完整的客户关系建设周期分为客户开发、双方初期合作、双方关系稳定和建立战略联盟四个阶段。在客户关系建设程度不断推进的过程中，双方从简单的买卖关系稳定到长期合作，到最后双方建立起高度信任与依赖的战略联盟关系。如无特殊贸易发生，客户关系发展多是一种循序渐进的建设过程。我们也按照此规律，将客户关系分为以下四种：

1．短期交易关系（买卖关系）

这是企业与客户关系的开始阶段，在这一阶段双方仅展开一些简单的买卖或者短期交易，交易过程简单。客户对企业的认知是表面的，企业尚未在客户心中建立起足够的知名度和好感。企业与客户接触的程度比较低，仅是销售或者市场人员的促销行为，收集的客户信息也比较粗略、简单。

这一阶段企业对客户关系开发、维护的成本都极低，关系建设的成功与否对双方影响不大。

2. 优先供应关系

随着客户对企业产品及服务的认知，初期信任建立，销售主体人员开始与关键客户建立良好关系，关键客户信息变成了企业优先或者独享的资源，显现出这些客户在企业效益上的价值。当客户关系推进到这一水平时，企业就要考虑投入一定的成本进行客户关系维护。例如，给予重要客户一定的优惠政策、优先满足其产品需求、设置专门团队提供一对一客户服务等。虽然企业对客户关系进行了一定程度的投入，但对于客户价值的认识仍然局限在战术层面或者短期层面，缺乏对客户资源战略程度的长期规划，然而依靠这种管理可以消除企业与客户双方的一些信息不对称问题，降低交易成本和失败的概率。

3. 稳定的合作伙伴关系

经过优先供应关系的建设、企业客户管理团队与客户的交流与合作，双方在利益基础上建立了一定的情理关系。部分客户开始与企业管理层，甚至企业最高管理层直接接触与合作，双方交易进入长期性稳定的状态。双方就产品、服务达成高度一致，建立起合作伙伴关系。通过双方全面地、深入地共享信息，企业明确了解客户的需求并与客户一起建立产品研发计划及后续投放市场活动进程。通过这种关系建设，企业对竞争对手形成了极高的市场壁垒。作为客户来讲，通过与企业长期的合作及接受企业高质量的个性化服务，客户认识到了企业对于自身发展的价值，从而对企业建立起极高的忠诚度。此时，双方建立起的这种互惠互利关系带来的价值是由双方共同分享的。这种关系的维护与建设成本日渐高昂，企业对客户信息的认识由战术层面上升到战略层面，双方均考虑共同价值的更多创造。

4. 战略联盟关系

美国 DEC 总裁简·霍普兰德（J. Hopland）和管理学家罗杰·奈格尔（R. Nigel）提出了战略联盟（Strategic Alliance）的概念。经营实力对等的两个或多个企业拥有共同的战略利益，企业利益共同体为了拥有更大市场份额和竞争力，需要共同拥有市场份额、共享彼此资源，通过各种协议、契约结合成风险共担、资源共享、信息共享、优势互补的正式或非正式合作模式。

一旦企业与客户建立起这种战略联盟关系就意味着双方在一段时期内的目标与蓝图是高度一致的，双方合作深度已经达到战略层面，每一方对于这种关系的舍弃都可以影响双方的生死存亡。此时，企业对于客户关系的管理与维护需要放置在较高优先级，必要时企业需要完善自身硬件条件、优化业务流程、配置优势人力资源来满足客户的需要；客户方也需要与企业分享关键信息，接纳企业方人员进入自己组织内部，让企业方熟悉其内部运作规律，掌握其对产品与服务的精确需求。

我们对这四种客户关系的探讨并不意味着每一个企业都需要遵循这样的建设规律，四种关系也没有孰优孰劣之分。例如，战略联盟关系的建立就需要企业与客户拥有比较对等的经营实力，更重要的是双方的发展目标与蓝图是高度一致的。关系的建立需要企业资源的投入，如果关系经营带来的回报低于企业的投入，甚至为企业运营带来了障碍，这种类型的关系就应该舍弃。

二、客户价值分析

网络时代使企业的经营范围由传统上受局限的物理地域转移到了虚拟的全球市场。消费者通过互联网逐渐掌握了信息获取和消费的主动权，消费需求也变得越来越个性化。企业传统的批量式生产和营销方式已无法迎合这种个性化需求，因而微营销或者个性化营销时代悄然来临。个性化营销强调企业关注每一个消费者的独特性，掌握尽可能完备的客户信息，分析不同客户的核心价值。企业结合自身发展战略与客户需求，开发出既有利润空间又能满足消费者需求的产品或服务，提高客户满意度和忠诚度，形成持续的利润来源，达到企业方与客户方的双赢。

什么是客户价值（Customer Value）呢？价值一般是指客体所具有的促进主体生存和发展的属性和能力，即客体对主体的生存和发展具有的正面意义和正面价值。客户价值就是指客户资源对于企业生存与发展的正面意义与价值。对于客户价值的认识与开发涉及许多学科知识，包括经济学、企业管理、社会学、心理学、市场营销、人类学等。从不同角度对客户价值的解读也存在着多样性。在企业管理领域，客户价值倾向于从经济价值角度衡量；在本书中，客户价值是指掌握这部分客户可以为企业创造多少经济价值。客户关系管理的意义就在于如何发现以及创造有价值的客户。

通过运用越来越完善的数据库技术配合优良的计算机，企业可以实现对单一消费者信息的追踪与分析。例如，通过客户注册信息可以分析出产品主要消费群体的特征；通过对客户浏览历史、点击率的分析，可以了解哪些产品更能满足消费者的需求，掌握不同客户的交易习惯，进而实现最大化地挖掘和扩大客户价值。

第二节　客户关系管理基本理论及发展概述

一、客户关系管理内涵分析

管理学大师彼德·德鲁克（Peter Drucker）的一句话精确道出了客户关系管理的重要性——"企业经营的真谛是获得并留住顾客"。国际优秀企业毫无例外地都将客户需求置于首位，不断开发出可以满足顾客需求的产品或服务，并注意维持和提高与客户的关系，增强客户满意度与对企业的忠诚度，增加客户重复购买的可能性。传统的企业多信奉"酒香不怕巷子深"，把产品质量当成企业成功的唯一的关键因素。产品质量是企业生存的根本之一，但在当今经济活动中，再优质的产品如果忽视了客户的需求也一样无法占领市场。因此，企业经营重点从20世纪70年代起已逐渐由产品转向了客户。企业不仅要生产出高质量的产品与服务，更要监测客户的需求变化，快速反应才能真正使客户满意。

客户关系管理的出现迎合了这种经营思想的转变。客户关系管理变成了企业管理、营销管理领域最炙手可热的关注焦点。企业对 CRM 应用系统的建设如火如荼地开展了起来，但在实施过程中，却不断暴露出企业对 CRM 应用系统认识不足的问题。例如，CRM 应用系统建成后，并没有得到充分利用，而是仅用来存储客户的一些简单信息，企业对于这些客户信息的利用也只停留在查询层面。也有的企业投入了大量资金建设 CRM 应用系统，对人员进行培训，也认识到 CRM 应用系统对于挖掘客户价值的重要性，但由于企业的组织架构与业务流程无法与 CRM 应用系统进行对接，或者改造成本高昂，常常也导致 CRM 应用系统实施的失败。

要想让 CRM 应用系统成为企业竞争的利器，首先就要明白什么是 CRM、CRM 对企业发展的重要性以及 CRM 实施的必要条件和关键因素是什么。

目前学术界并没有一个对客户关系管理统一的定义，不同专家分别从管理思想、技术方法、系统体系各个方面给 CRM 下了定义：

Gartner Group 最早对客户关系管理进行定义，他认为 CRM 为客户提供了全方位的管理视角，从根本上改善企业与客户的交流能力，让客户为企业带来最大的收益。

Graham Roberts 等认为 CRM 是企业对待客户资源的一种态度、倾向与价值观，它把每一个客户都当作独立的个体去对待，要求在客户关系管理建设时要有差异性，企业要致力于创建和发展一个在市场和客户大脑中的企业。

Robert Shaw 把客户关系管理视为企业经营的重要战略，帮助企业实现资源投入与顾客需求满足之间的平衡，将企业利润最大化。这种战略的实施首先需要衡量企业整体资源的投入（管理成本、资金成本、人力成本、服务成本等）与产出（收入、利润、价值）。其次，要优化整合营销、销售、服务等活动，设定统一的目标；在此基础上建立客户关系系统，实现对客户知识、信息的收集、过滤、分析、决策支持与共享；企业还要根据市场需求的变化，不断调整营销、销售、服务的投入，通过以上手段实现企业利润最大化。在这个定义中，Robert Shaw 强调了 CRM 的战略地位、成功实施的关键以及应用系统建设的要求。

著名统计软件及 CRM 方案平台的开发商——美国赛仕公司（SAS）则是从技术的角度诠释了何谓 CRM。他们认为，CRM 是一个企业不断掌握和利用用户信息的过程，通过孜孜不倦地强化和改善此过程，可以帮助企业提升客户满意度，实现客户对企业的终生忠诚。

总之，CRM 就是一种通过提高客户满意度和归属感来增强企业竞争力、增加企业效益的手段。其核心就是深入挖掘经营客户所带来的价值，即开展客户价值管理。企业营销采用"一对一"原则，致力于满足不同价值客户的个性化需求，实现客户价值持续贡献，全面提升企业盈利能力。

二、客户关系管理理论起源与发展现状

客户关系管理起源于 20 世纪 80 年代初的美国，那时有了"接触管理"（Contact Management）的做法，即收集客户与企业联系的所有信息。1985 年，巴巴拉·本德·杰克逊提出了关系营销的概念，市场营销理念由推式思维正式向拉式思维转变。1990 年，关系营销理念在实践中发展成为电话服务中心支持资料分析的客户关怀（Customer care）。

1999 年，Gartner Group Inc 公司提出了 CRM 概念，主要用来弥补当时 ERP 系统实施过程中对末端客户关注不足的缺陷。IT 技术发展的局限性和 ERP 系统本身功能方面的欠缺，导致企业不能很好地处理客户个性化需求的问题。到了 20 世纪 90 年代末期，随着互联网的普及，各种信息技术蓬勃发展，企业已经有能力用技术手段实现对客户价值的挖掘，此时 Gartner Group Inc 公司提出了 CRM 概念。自此，CRM 市场就一直处于爆炸式增长的状态。

对于客户关系管理的研究，主要集中于以下三个方面：

1. 认为 CRM 是一种管理理念

持这种观点的学者认为，CRM 引导企业将自身的客户资源（包括最终客户、分销商和合作伙伴）视为企业重要的战略资源，企业要致力于建立完善的客户关系，深入挖掘客户资源，提高客户满意度与忠诚度，以达到将客户价值及企业利润最大化的目标。

2. 认为 CRM 是一种管理机制

管理机制是指管理系统的结构和组成方式，即采用怎样的组织形式以及如何将这些组织形式结合成为一个合理的有机系统，并以怎样的手段、方法来实现管理的任务和目的。企业要将 CRM 的理念转化为企业经营实践，以搭建 CRM 系统的方式引导企业完善客户资源的建设，建立成熟的响应客户需求机制，优化以客户服务为核心的工作流程。利用这种新型管理机制，建立以市场为导向的营销、销售、服务机制，向客户提供更具体、更周到的便捷服务，以吸引和保持更多的客户资源。

3. 认为 CRM 是一套客户关系管理的技术方案与软件

许多知名软件公司将 CRM 视为信息技术、软硬件系统集成的管理办法和解决方案的总和，侧重从技术的角度帮助企业更好地实现对客户价值的管理与挖掘。例如，如何利用数据仓库、数据挖掘等技术来发现、建立、优化客户关系，强调知识发现；如何建设、改善企业软硬件条件；如何实施 CRM 系统等。

从这种研究角度看，成功的 CRM 是将成熟的经营思想与网络技术、企业集成业务平台技术、呼叫中心、数据仓库及数据挖掘技术紧密地结合在一起，为企业的销售、客户服务和决策支持等领域提供一个智能化的解决方案。CRM 系统变成了企业一个基于电子商务的面向客户应用的系统，代表了企业向电子商务经营模式的转变。

三、客户关系管理对现代企业管理的意义

1. 有效促进营销管理、降低营销成本

传统企业的营销是以推式为主。传统企业大多不重视与客户的互动，只是单纯投放广告，不考虑客户的个性化需要，客户也是被动地接收信息。有一个现象可以体现这一点：一部分企业网站的售后服务功能形同虚设，在线咨询的响应速度很慢，甚至没有响应。

实施 CRM 首先要求企业在对客户信息全面掌握的基础上，开展一对一营销，客户与

企业营销、销售、服务部门互动频繁，这样的营销管理是行之有效的，而且其投入规模、投放渠道、覆盖区域具有很强的针对性，极大地节约了营销成本。

2. 增强企业竞争力

网络时代让消费者拥有获取信息的掌控权，企业的价格、服务、产品质量等信息越来越透明。电子商务模式为企业打开了全球市场之门。面对这样迅速成长的消费者与市场，企业若不顺应趋势积极建设自己的电子商务应用系统，不重视对客户服务质量与互动关系的培养，则难以在网络时代生存。电子商务应用系统、CRM系统、ERP系统不再是企业造势的噱头，而是为了生存必须踏踏实实做的功课。

3. 有利于加强企业内部管理

企业网站、在线咨询系统和售后人员接收到客户的咨询、投诉与要求以后，首先要快速反应，给出专业的技术与服务支持，避免客户等待；另外，对客户的响应还需要企业在制造、运输、配送等各个方面的辅助。CRM的建设绝不能只体现在硬件上，还要对企业业务流程进行整合、改造以便企业内部信息流通畅，各业务环节衔接良好。

4. 有利于促进企业技术革新

网络经济的发展改变了客户的消费观念，也改变了社会经济模式，使产品的生产从批量生产（Mass Production）向批量定制（Mass Customization）转变。企业必须重视客户的个性化需求，追求更高层次的客户服务才能使客户变成自己源源不断的利润源泉。为了完成这种转变，企业必须重视对经营、生产以及服务的技术改革，以增强企业经营效率。

从Robert Shaw所给出的CRM定义可以看出，以客户需求为导向来建设CRM系统需要企业全面衡量自身的资源投入与产出以及相关业务流程的设计与管理。虽然CRM系统建设像掘金地一样吸引众多企业投身其中，但当真正实施时，许多企业就会发现其与自身运营方式有诸多矛盾。企业的业务流程若不进行优化与整合，CRM就无法发挥它的效力。CRM不仅需要企业安装、实施一套应用系统，还需要配套的软硬件设施、企业网络基础设施建设、工作流程的改变等，更重要的是需要企业转换其管理思维模式。

第三节　客户关系管理系统简介

客户关系管理系统即CRM系统，是借助互联网技术、信息技术、数据库技术、数据挖掘与知识发现等先进设施与设备，实现对企业市场与客户信息的全面获取、集成管理和共享，并深入挖掘与提炼的新型应用系统，为企业的营销、销售、客户管理等部门提供业务与决策支持。

CRM系统中包含企业的营销渠道、每一级客户的基本数据以及客户与企业之间的互动信息，通过应用数据库系统与知识发现，对信息进行有效整理，从而使与客户接触的管理点，如客户经理、销售人员、售后服务人员等在掌握这些信息的基础上，提升与客户接触的质量，使服务更加人性化。借助数据挖掘与知识发现，提炼数据中蕴藏的客户行为方式与规律，以便企业对客户关系管理作出统一规划。

20 世纪 80 年代初期的客户信息系统（CIS）是 CRM 应用系统的雏形，大型企业利用 CIS 记录客户的完整信息，并作一定程度的分析。随即出现了我们前面提到过的"接触管理"，其代表软件是为前线销售人员量身定做的 ACT，进而发展成为销售自动化（SFA）。销售自动化可以帮助销售人员建立完整的销售过程记录，并能对所有销售活动进行管理，如订单管理、客户管理、销售机会管理、营销活动管理、报价管理等。电脑电话集成技术开发后，呼叫中心就迅速成为标准化客户服务与支持的联系渠道。

一、CRM 应用系统的基本功能

一个成熟的 CRM 系统不仅要实现对客户数据的全面获取以及数据获取的便利性，还要为企业提供数据分析、数据挖掘以作为企业决策支持的依据。企业实施 CRM 系统要有助于自身信息化水平、管理水平和市场策略的提高。

我国从 1999 年开始关注 CRM 系统的建设，国内外很多软件公司适时地推出了各种 CRM 应用系统，也有大批的大型企业投入应用。关于 CRM 系统具体需要多少功能才算足够和完整，企业就要根据自身经营的特点、客户群体类型、行业特征等多个方面进行取舍。CRM 系统的基本功能模块如表 8 - 1 所示。

表 8 - 1　CRM 系统基本功能模块简介

基本功能	功能模块简介							
销售管理	报价	询价	采购	订单	合同	预测	发货	收款	发票
客户服务	客户基本服务		服务合同的管理		客户服务跟踪		现场服务	
营销管理	目标客户群管理		营销策略制定		数据挖掘		市场活动信息管理	
活动管理	任务划分		任务分配		任务管理		活动管理	
工具	导入/导出	邮件	短信	报表	统计分析	备忘录	提醒	系统日志	个人设置
系统设置	账号信息		基础数据库管理		权限管理		参数设置	系统升级

一般来讲，典型的 CRM 系统应具备以下基本功能：

1. 销售管理

此模块主要包括销售机会、销售过程、预测和销售活动。销售机会，又称"商机"，指的是成功发现潜在客户存在的购买意向，通过合理跟踪与沟通有可能为企业创造的盈利机会。销售管理主要用来管理潜在客户的价值、购买实现可能性、预测可能的购买时间等。

在市场竞争激烈的今天，企业除了需要节约成本以外，还需要不断地寻找和获取新的客户以增加销售量。目前国内的企业往往由于没有对潜在的销售机会进行系统化、科学化的管理而导致一些潜在的销售机会白白地流失。所流失的潜在客户往往会成为竞争对手的客户，这不但会对企业的市场份额造成重大影响，还将减少企业本身的潜在收入。

企业需要不断地发掘和获取新的客户，以扩大自己的市场份额。销售机会管理子模块是 CRM 系统的核心组成部分之一。但是，目前国内大部分企业都缺乏成熟的系统来帮助企业对潜在的销售机会进行系统的、科学化的管理，企业的意识淡薄与技术不成熟导致其白白错失了大量潜在销售机会。销售机会管理恰恰是针对这部分空白而设计的，通过对整个销售过程（从确认销售机会到完成销售）进行系统化、科学化的管理，使企业获得更多的盈利机会。

很多企业对 CRM 中的销售管理模块认识片面，认为其最重要的功能就是实现销售过程的自动化。实际上，它的作用远不止于此，如预测部分可以帮助大部分企业的营销管理从粗放型向精细型转变，引导企业注重过程管理和量化管理，将过程分阶段管理和目标量化，对销售任务进行量化管理，达到在售前、售中和售后都能够对销售进行预测或控制的目的。

2. 客户服务

此模块主要负责四部分，即客户基本服务、服务合同的管理、客户服务跟踪以及现场服务。在客户基本服务中，CRM 系统负责收集现有客户的基本信息，分配现有服务任务，建立服务技术人员档案，建立地域管理档案；在服务合同管理部分，CRM 系统可以创建和管理客户服务合同，自动跟踪保修单和合同的续订日期，利用事件功能表安排预防性的维护活动，通过对服务合同履行信息的收集与跟踪，保证客户获得物有所值的服务；在客户服务跟踪部分，CRM 系统通过互动功能，接收来自客户的咨询、请求、投诉、建议等，并提供部分自助技术服务，使客户能够自行解决问题；在现场服务部分，通过 CRM 系统提供的这部分功能，服务工程师能实时地获得与服务、产品和客户相关的信息，还可以使用该组件与派遣总部进行联系。

3. 营销管理

首先，此模块主要负责目标客户群的划分、设计营销组合策略、进行客户规律数据挖掘以及管理各类市场活动。其次，对于这些大量的历史数据，借用先进的数据挖掘技术，合理搭建客户价值模型，将有助于市场精确细分，对客户群进行合理划分，设定针对性的营销组合。最后，通过对相关的市场营销活动投入、客户反馈等数据进行分析，可以帮助企业了解营销活动的有效性，总结企业市场活动的规律，更有针对性地调整营销策略，为开展销售活动、把握销售机会提供支持。

4. 活动管理

此功能的设计是以组织内部所有参与交互活动和执行任务的个体为对象，如客户经理、销售人员、营销管理人员、客户服务代表、服务工程师等。其主要作用是在考虑时间及能力限制的条件下，合理地将某项活动或任务分配给符合具体要求的人员，能够跟踪活动处理的全过程。有些 CRM 系统在设计时，考虑到时间安排并基于日历显示和管理是活动管理中最关键的环节，会将活动管理称为"时间管理"功能。活动管理是整个 CRM 系统中非常重要的功能，贯穿于各个模块中，通过对各种活动的内容、时间、方式等方面的管理来实现企业各种商业行为。

二、CRM 应用系统的基本分类

在 CRM 系统的发展过程中，根据企业应用重点与功能存在的差异，产生了多种类型的 CRM 系统，其性能也渐趋成熟。对于 CRM 系统分类的角度多种多样，本书顺延上文对 CRM 系统基本功能的介绍，从 CRM 系统的功能侧重点进行分类说明。按照目前 CRM 系统功能主流分类方法，CRM 系统主要可分为操作型 CRM、协作型 CRM 和分析型 CRM。

1. 操作型 CRM

操作型 CRM 将其功能重心置于客户信息管理与自动集成商业过程，即用于管理销售自动化、营销自动化和客户服务与支持这三部分业务流程，重视对客户接触点、渠道和前、后台的集成。

2. 协作型 CRM

协作型 CRM 的核心部分是 Call Center（客户呼叫中心），实现与客户沟通手段的集成与自动化，如电话、传真、网络即时对话、e-mail 等。其典型的功能有客户服务、订购管理等。

3. 分析型 CRM

分析型 CRM 主要是对客户信息进行捕捉、存储、提取、处理、解释并生成相应的报告。该系统的技术特征是利用数据仓库与数据挖掘技术来发现数据之间存在的深层次联系和趋势，理解客户真实的需求，预测将来的客户行为。这一方面有助于企业选择恰当的客户并将注意力集中在他们身上，以便为他们提供恰当的附加产品；另一方面，能帮助企业及时识别客户流失的倾向，便于企业采取相应的销售挽留行为。由此可以看出，分析型 CRM 主要是对以上两部分所产生的数据进行分析以产生客户智能，为企业的战略和战术决策提供支持。

分析型的客户关系管理应用系统主要有：客户群体分类分析和行为分析、客户效益分析和预测、客户背景分析、客户满意度分析、交叉销售、产品及服务使用分析、客户信用分析、客户流失分析、欺诈发现、市场分类分析、市场竞争分析以及客户服务中心优化等。

目前，国内市场上的主流 CRM 系统为操作型 CRM 系统，这一系统占据了大部分的市场份额。操作型 CRM 系统是对企业业务流程的自动化处理、企业与客户间沟通以及相互协作等问题进行管理，基本可以满足初级 CRM 管理的需求。随着市场的动态性、国际性、个性化趋势的不断发展，客户信息日趋复杂，操作型 CRM 系统将难以满足企业进行深层次客户关系管理的需要。在现有客户关系管理解决方案基础上扩展强大的业务智能和分析能力显得尤为重要，分析型 CRM 系统就恰好弥补了操作型 CRM 系统的不足，并将成为企业实施 CRM 系统的重点。

三、CRM 应用系统的实施管理

CRM 系统的实施不仅是企业硬件和网络条件的改变，更是企业经营管理理念、业务流程、员工客户服务意识与行为的深化。它的实施会面临如何获取客户的反馈、政策决策或管理层支持与否等难题，也会面临标准化、系统清理和数据转换等具体问题。CRM 项目的实施比大多数企业的其他项目更容易受到影响，项目实施者如何正确认识遇到的这些挑战，如何协调各方面软硬件的不足、意识冲突、业务流程改造困难等各种难题，就成为成功实施 CRM 整体解决方案的关键。

（一） CRM 系统基本实施流程

CRM 系统的实施过程涉及的内容很多，所处行业特征、企业要实现的客户关系管理战略、软件供应商的选择等都会与 CRM 功能模块有一定的关联性。企业 CRM 系统的实施需要根据企业建设需求、企业经营规划及现状等具体问题进行具体分析，这里只阐述 CRM 软件系统实施的一般步骤。

1. 确立业务计划

企业在考虑部署 CRM 系统之前，需要确定利用这一新系统实现的具体目标，如缩短销售周期 1/4、增加销售利润 2%、加快产品升级换代速度、提高客户满意度至 90% 等，即企业应了解这一系统的价值。

2. 建立 CRM 项目实施团队

CRM 系统的成功实施，关键之一在于对企业业务的统筹考虑，然后建立一支行之有效的项目实施团队，最重要的是包含从各个职能部门抽调业务代表组成的实施团队。CRM 项目实施团队是搭建 CRM 系统的指挥和执行人员的队伍，就 CRM 项目实施提出各种决策及建议，并就 CRM 系统的细节和带来的好处与公司所有员工进行沟通，完成各项实施任务。

3. 分析、评估现有营销销售和服务流程

CRM 系统是对企业的营销、销售、服务流程进行管理，项目实施第一步就是要布置足够的资源和进行时间分析，评估企业现有的营销、销售和服务流程，总结目前流程中的优势与劣势，针对存在的问题提出改进措施，广泛征求企业员工的意见，了解企业内部对营销、销售和服务流程的业务需求。为了保证这些反馈意见能够得到良好的选择与处理，整个过程需要有企业管理高层的参与，以保证决策的及时、有效。

4. 选择 CRM 系统供应商

在供应商的选择过程中，其业界口碑、系统价格、技术服务力量等均在考虑之列，最重要的是确定 CRM 系统供应商对企业面临的客户关系管理问题有较充分的了解与理解，明确 CRM 系统需要提供哪些功能，帮助企业顺利掌握 CRM 系统的具体应用，确保所提交的每一软、硬设施都有详尽的文字说明。

5. 组织企业管理人员及员工培训，保障系统正常运转

CRM 系统建设完成后，软件供应商与企业内部培训机构根据 CRM 系统的模块设计与业务流程，制订相应的培训计划，培训对象覆盖销售人员、服务人员以及管理人员，使员工明确系统在管理与维护方面的操作，保证并维持企业 CRM 系统的成功运行。

6. CRM 系统后续技术支持与维护

很多企业实施 CRM 系统后，都会忽略后续技术支持与维护这一步骤的重要性。即使前期系统规划得当，员工使用正确，仍不能避免一个系统无法涵盖所有的需求的问题，总会不断有新的功能需求产生，系统应用效果也会受到外界网络因素、安全因素的影响。企业要重视对系统应用的跟踪、监控与评估，要求软件供应商提供必要的技术支持与维护。

（二） CRM 系统成功实施的关键因素

企业需要在项目启动前、规划时以及实施全过程中兼顾各方面的因素，才能保证 CRM 系统的顺利实施。如何才能提升实施的成功率呢？国内企业与优秀软件供应商一般会考虑以下因素：

1. 企业高层重视

CRM 系统的实施是一项投资巨大、影响企业成败的重要工程，必须引起企业高层的重视。在管理层的推动下，CRM 系统需要与企业的管理制度、业务流程相配套，更好地协调各业务部门的资源，打通相关业务环节，必要时以行政命令的形式推行系统的实施与应用，也需要员工更好地理解企业实施 CRM 系统可以给企业和自身工作带来的益处，这样会极大地提高 CRM 实施的成功率。

2. 实施过程建立起明确的阶段目标

CRM 系统自身的功能是非常全面的，搭建完整的 CRM 应用平台，需要企业投入巨大的财力、人力和时间。企业需要根据自身经营状况，对实施过程设定明确的阶段性目标，首先解决企业当下面临的问题，然后在应用的过程中不断扩展新功能，循序渐进地推进 CRM 系统的建设，这样才可以保证系统在短期内见成效，增强员工信心。

3. 对软件供应商慎重选择

企业在选择软件供应商时，需要考虑供应商在业界的技术实力、服务对象、服务项目、服务价格。供应商选择的优劣会直接影响系统实施的成败。一家优良的供应商可以帮助企业系统地实行业务流程梳理，建立以客户为中心的精细业务规则，完善客户价值评估体系等，并且由于其经验丰富，也可以很好地应对实施过程中出现的困难与风险。

4. 需要各参与个体的良好配合

系统建设与实施的过程，是企业与供应商、企业内部各部门、企业管理者与普通员工、企业与客户等多个主体之间的互动与配合。特别是企业与供应商之间，为了便于监控实施流程与避免纠纷，双方需要把实施过程规范化、细致化，要把实施工作计划细化到每天和每周，以保证项目的层次推进和效率，从而有效地控制风险。

本章小结：

本章首先阐述了客户关系的含义、客户关系建设周期及主要分类，并对客户价值进行了分析。

全球经济进入了网络时代后，更激烈的竞争就发生在鼠标的一点一放之间，企业对于客户关系的维护是需要逐步建设及维护的。企业完整的客户关系建设周期分为客户开发、双方初期合作、双方关系稳定、建立战略联盟四个阶段。按此规律，客户关系主要分为短期交易关系（买卖关系）、优先供应关系、稳定的合作伙伴关系、战略联盟关系四类。最大限度地挖掘客户资源对于企业生存与发展的积极意义与价值，这是客户关系管理的意义所在。

其次，本章分析了客户关系管理内涵，介绍了客户关系管理理论的起源与发展现状。CRM 是一种通过提高客户满意度、归属感来增强企业竞争力，增加企业效益的手段，其核心是深入挖掘经营客户所带来的价值，即开展客户价值管理。以客户需求为导向来建设 CRM 需要企业全面衡量自身的资源投入与产出、相关业务流程的设计与管理。在此基础上建立的 CRM 可以有效促进营销管理，降低营销成本，增强企业竞争力，有利于加强企业内部管理，促进企业技术革新。

客户关系管理起源于 20 世纪 80 年代初的美国，随着企业管理、电子商务、供应链管理等思想的发展与成熟，信息技术、通信技术与网络技术的快速发展，从 20 世纪 90 年代末期开始，CRM 市场一直处于爆炸式增长的状态。CRM 系统变成企业基于电子商务的面向客户应用的系统，标志着企业向电子商务经营模式的转变。

本章最后主要对 CRM 系统的基本功能、基本分类和实施管理进行了阐述。典型的 CRM 系统一般具备销售管理、客户服务、营销管理、活动管理等基本功能。按照目前主流的 CRM 系统功能分类方法，CRM 系统主要可分为操作型 CRM、分析型 CRM、协同型 CRM 三种类型。CRM 系统的实施不单纯是企业硬件、网络条件的改变，更是企业经营管理理念、业务流程、员工客户服务意识的改变。CRM 系统的基本实施流程包括确立业务计划，建立 CRM 项目实施团队，分析、评估现有营销、销售和服务流程，选择 CRM 系统供应商，CRM 系统的开发与部署，组织企业管理人员及员工培训，保障系统正常运转，CRM 系统后续技术支持与维护等步骤。企业需要在项目启动前、规划中以及实施全过程兼顾各方面的因素，才能保证 CRM 系统的顺利实施。CRM 系统成功实施的关键因素需要企业高层重视、实施过程建立起明确的阶段目标、对软件供应商慎重选择、需要各参与个体良好配合等。

【案例 8-1】

亚信主力北京移动客户关系管理系统

话费随时查询、业务电话受理、个性化套餐选择、客服主动营销……随着运营商不断加大软件系统的投资，特别是电信运营商包括 BSS/OSS、分析型 CRM 及操作型 CRM 等在内的运营支撑系统的建设，电信市场发生了巨大的变化。

电话特别是手机，给我们的工作和生活带来了快捷和便利的沟通。异地营业厅、网站、短信、大客户经理、1860 客服台都成了用户随时随地可以办理业务的"柜台"，柜台在某种意义上已经虚拟化了。这种变化犹如旧百货公司与现代化的超市之间的对比，提供给用户的服务已经不再是高高在上的供给型服务，而是一种透明化的、主动化的服务。北京移动在这一方面的成功引起了广泛的关注。

1. 启动 O-CRM

移动通信市场的普及率逐渐饱和、市场竞争异常激烈、用户在网的平均年限变得越来越短、客户利润率也在逐渐降低已成为公认的市场典型现状。而前期建立起来的运营支撑体系各系统相对独立，系统间的共享不充分，较难提供透明化的服务，因此这就对客户的忠诚度和满意度提出了很大的挑战，对移动通信未来的发展更是雪上加霜。

在同质化竞争日趋激烈的今天，只有实现统一客户资料、统一渠道，实现各系统之间的资源共享，为客户提供透明化、交互式、主动式的服务，实现服务水平质的飞跃，真正提供"客户至上"的服务，才能在激烈的市场竞争中赢得市场。

针对移动运营市场这一现状，北京移动通过对原来业务能力水平现状进行分析，提出了现阶段市场变革的重点集中在实施差异化服务、客户信息管理以及信息知识管理三个方面，这三方面水平的高低事关企业能否实现"客户至上"的服务理念。

2. 构筑全业务支撑

为了提高客户关系管理水平，在竞争中继续保持领先优势，北京移动在 BOSS 系统、B－BOSS 系统及分析型 CRM 系统等系统建设的基础上，确立基于 CRM 整体规划的操作型一期系统工程的建设要求。这样，北京移动构筑起一个全力支撑企业运营的电信产品和服务体系，充分挖掘日益丰富的客户资料，为客户提供更亲切的个性化服务，以树立良好的企业形象、提高客户的忠诚度，从而使企业获得稳步增长的收益。

在项目的建设中，亚信根据北京移动的业务能力情况及其实现服务和业务双领先的战略目标，以市场为导向、以客户为中心，以开发客户洞察力、一体化的营销规划能力、差异化的市场营销执行能力及合作伙伴关系管理能力为实施操作型 CRM 的目的。同时考虑规划中的 CRM 整体需求，以保证项目的连续性和整体性，避免重复投资。

据了解，该系统的建设采用多层系统架构，建置在开放/标准的平台上，采用模块化设计，以满足分步实施的要求，降低系统增加/修改功能的开发成本和维护成本。同时，支持与北京移动 BOSS 系统、B－BOSS 系统、USD 系统、DSS 系统、网站系统、呼叫中心系统、KM 系统等的集成，以及与其他所有接口的集成。这样的操作型 CRM 具有高度的可靠性、安全性及可扩展性，可以满足北京移动客户关系管理现在和今后的容量需求。

在系统第一阶段的建设中，主要实现营业厅、呼叫中心和网上营业厅功能和用户界面的统一，实现客户数据库跨系统的整合统一，促进各系统之间信息的共享及流程的顺畅，加强推动操作型 CRM 与分析型 CRM 系统之间的互动。系统建成后，将提升集团客户数据收集与管理能力以及市场活动跟踪、反馈及分析的能力，有效提升客户差异化的服务能力，特别是有针对性的交叉销售及增量销售能力。

建成后的系统将能够实现客户接触渠道的整合，集成目前已有系统的数据，建立完整的客户资料库，促进各系统之间信息的共享及流程的顺畅，推动操作型 CRM 与分析型 CRM 系统之间的互动，为建立市场、服务、销售三大面向客户的系统支撑体系奠定基础；也能够在与客户接触的各个环节进行客户生命价值管理，满足并创造客户日益提升的消费需求，不断提升客户的满意度与忠诚度，延长在网客户的生命周期。

3. 实现服务的提升

"操作型 CRM 系统的采用，实现了对客户接触渠道的整合，客户信息的完整性和质量都得以提高，这不仅使我们提高了客户满意度，减少了客户流失，并帮助我们理顺业务流程，提高了企业运营效率。"北京移动的相关负责人这样表示。

事实证明，操作型 CRM 的建成使得客户关系管理发生了质的变化：由于实现了各系统客户数据库的共享，客户无论选择何种渠道与北京移动进行互动，北京移动的客服代表或客户经理都能掌握完整的客户信息；通过对数据进行集中分析，改善促销活动流程和系统功能，以获取更丰厚的收入；提供口径一致和快速的服务响应不仅能提升客户的满意度，还能缩短回应客户询问的时间；提高对重要呼入客户服务请求的处理速度，提高客户的满意度和忠诚度；为大客户提供更加具有针对性的销售计划及服务。

对于北京移动在打造服务和业务双领先的战略过程中，特别是操作型 CRM 项目的建成运行后带来的变化，客户陈先生深有体会，他高兴地说："这种变化所带来的好处是摸得着的，以前使用大哥大，即使打再多的电话，也无法享受优惠服务，更可气的是每月交电话费都得排队等候。现在这种烦恼没有了，更为可喜的是，北京移动不仅使各种业务和服务进一步透明化，同时还会推出各种优惠活动回报客户，比如，去年有来电畅听的活动，今年则升级为更有吸引力的无限畅听。"

随着移动运营市场的激烈竞争，运营商越来越关注软件系统的建设，这也刺激着对操作型 CRM 解决方案的需求。北京移动操作型 CRM 系统的成功应用，一方面标志着国内的电信运营商的发展全面进入以客户为导向的时代，另一方面也证明了亚信在国内电信运营支撑系统领域的领先地位。

（资料来源：http：//portal. vsharing. com/k/CRM/2007 - 7/584283. html）

针对此案例，结合前面对 CRM 系统基本分类的学习，并通过互联网了解北京移动及亚信联创集团股份有限公司的基本背景，请思考：

1. 亚信公司为什么选择实施操作型 CRM 系统的构建？
2. 操作型 CRM 系统成功搭建的关键因素是什么？

练习题：

1. 经过本章的学习和对相关参考书籍的阅读，请阐述客户关系管理的核心思想。
2. 在 21 世纪的网络时代，实施 CRM 会对企业传统的内部管理流程产生什么样的影响？
3. CRM 的最终使命是为了满足客户的个性化需求，提高客户对企业的忠诚度，从而达到长期盈利的目的。针对淘宝网这样的典型 C2C 交易平台，请思考：淘宝网运营商应采用什么样的管理措施来提高网民对淘宝网的满意度及忠诚度？

第九章　电子政务

主要内容：电子政务的概念及社会背景；电子政务与电子商务之间的关系；电子政务的发展概况；电子政务应用系统的业务模型；我国电子政务系统的体系结构。

教学目标：

1. 了解电子政务的实质。

2. 了解国内外电子政务的发展背景及现状。

3. 掌握电子政务与电子商务之间的关系。

4. 了解我国电子政务系统的总体框架。

重点：电子政务的定义、电子政务与电子商务之间的关系。

难点：我国电子政务系统的总体框架。

开章引例：

广东江门创新——"12345"服务热线

自国家信息化办公室把广东省江门市列为国家信息化试点城市以来，江门市政府信息化的建设紧紧围绕转变政府职能这个中心，实施"电子政府"工程，提高了政府各部门的办事效率，促进了政务公开、廉政建设和公共服务。在江门"电子政府"系列工程中，"12345/12319"建设行业服务热线系统是电子政务应用的一个新的突破点，也是江门市被确定为建设部"12319"建设行业服务热线试点城市后实施的重要举措。

"12345"服务热线把江门市城市建设系统各级部门的职能统一到一个服务平台上，凡涉及供水、供气、供暖、市政、市容、城市交通、园林绿化、城市规划、城市房管、城市执法、环境卫生、城市环保、路灯、建筑市场、建筑质量和安全监督等方面的咨询、建议和投诉，市民都可拨打"12345"城建服务热线得到解决。服务热线每天可处理4 000多条信息，同时支持多达上万人次的网上访问。平台开通4个月内，共处理了23 000余项呼叫，社会效益非常显著。

2003年12月4日，"12345"热线通过了广东省信息产业厅科技成果的鉴定。鉴定委员会认为：热线"促进了政府由管理型向服务——管理型的转变，是电子政务的一项新应用，是一种创新"；热线"将传统的电话服务和互联网技术、CTI技术、全文检索技术、数据挖掘和统计分析等知识管理技术、网站信息管理及协同办公工作流技术等先进技术结合在一起，建立了统一的面向服务的综合性服务平台"；"系统设计思想新颖，技术先进，实用性强，在国内电子政务应用中处于领先水平，服务热线平台的社会和经济效益明显，有较好的推广应用前景"。

（资料来源：http：//news. xinhuanet. com/it/2004－06/24/content＿ 1545113. htm，新华网，《国内电子政务优秀案例20》，资料有部分编辑）

2002 年，联合国发布了第一份全球电子政务调查报告，使很多国家政府意识到电子政务建设已经迫在眉睫。在网络技术与信息技术的推波助澜下，世界具有了地球村的意义，每一个国家都面临着经济全球化和信息化的挑战。要想在信息化竞争中获胜，政府不能单单注重在基础设施上的建设，更要提升信息化建设的质量。其中，首先就是要提高本国政府的管理能力和服务能力，政府执政能力的提升有助于提升国家在国际社会中的竞争能力。电子政务是一种投入较低而又可以帮助政府实现高速度、高透明度、高效率执政的有效手段。电子政务建设通过推动政府信息化、构建电子网络政府，可以实现资源共享、降低政府的行政管理成本。

第一节　电子政务概述

作为一项投资巨大、牵涉政府各个部门、与老百姓利益息息相关的系统工程，中国电子政务正在走向成熟，其重心正在转向政务本身，转向完善社会服务、提高政府公共管理能力等方面。

一、电子政务的概念及社会背景

电子政务是指政府机构依托网络技术、信息技术和安全技术等搭建政府政务平台，通过对政府组织结构和工作流程的优化重组，将管理和服务通过网络技术进行集成，打破时间和空间及部门之间的分隔限制，向全社会提供规范、透明、高质量的管理与服务。

从这一定义可以看出，电子政务不仅仅是政府网页型网站的建设，还包括各级政府部门之间信息共建共享、政府内部办公自动化、政府政令和信息的及时发布以及向社会开放相关政务查询与咨询功能等内容，是政府机构在数字化、网络化的环境下进行的国家行政管理形式的改革。

电子政务在网上建立起政府与公众之间相互交流的桥梁，便于公众从网上行使对政府的民主监督权利；各级领导可以全面、及时地了解、监督和指导相关部门的工作，快捷地发布指令；各职能部门之间通过信息资源的共建共享，消除信息不畅带来的障碍，既可提高办事效率和质量，又能节省政府开支，起到反腐倡廉的作用。与此同时，电子政务的发展不仅有助于政府机构向全社会提供实时的信息发布与互动，还有助于全社会信息化、网络化建设的发展。

二、电子政务与电子商务的关系

通过本书第一章和第二章的学习，我们了解到电子商务是依托互联网、信息技术而开展的商品交易活动，根据交易对象的不同，可分为 B2C、B2B、B2G、C2C、C2G、G2G 六种类型。

电子政务则根据服务对象的不同，分为以下三种类型：一是政府内部的办公自动化、政府部门之间政务往来、信息流通与共享等，即 G2G 类型；二是政府部门通过网络与企业进行双向的信息交流，处理企业申请，对企业进行监管、审批等业务，即 G2B 类型；三是政府部门通过网络与公众进行双向的信息交流，即 G2C 类型。由此可知，电子政务与电子商务的交叉部分就是 B2G（或 G2B）应用模式。

电子政务是一种管理与服务活动，其根本目的是通过电子方式提高政府管理和服务的质量、效率及社会效益。与电子商务相比，电子政务的主体是政府，其核心不在于交易，而在于服务。然而，电子政务与电子商务有着共同的物质基础，即都是对现代信息技术的应用，是现代信息技术在政务与商务两个不同领域中广泛应用的产物。正如电子政务典范白宫政府网站（http：//www.whitehouse.gov）的声明："我们的长期目标是为美国民众提供通过电子途径与联邦政府开展其所有商务的能力。"可见，电子政务从一开始就注定与企业电子商务有着千丝万缕的联系，它们之间存在着许多共同点和密切的相关性。

可以说，电子政务是电子商务核心机制在政务上的运用和对传统政务的改造，如何推动电子政务逐步与社会电子商务系统实现有效对接，延伸电子政务的经济职能，需要正确认识电子政务与电子商务之间内在的联系与区别，其具体表现在以下五个方面：

（1）电子商务与电子政务的发展都需要信息基础设施的建设，二者的建设、发展程度依赖网络普及程度与信息技术的发展。

（2）电子政务与电子商务都是提供一个在线服务平台，以处理信息流、商流、资金流，因此需要的信息技术与安全策略是相似的，都需要建立良好的安全环境与法律环境，通过电子货币、网上支付和电子签名提供便捷的在线服务。

（3）通过上文对电子政务类型的分析可以看出，电子政务与电子商务互为服务者和服务对象。以政府电子采购为例，它既是一种政务行为，又是一种商业行为。

（4）电子商务与电子政务的外在服务形式相似，双方都需要依托网页型网站或者特定的在线应用系统，在政府、企业、个体之间进行信息发布、信息沟通、服务提供、交易买卖等行为。

（5）电子政务与电子商务的支撑体系结构都包括诸如政府（政务）与企业（商务）流程再造、资源规划、客户关系管理及供应链管理等内容，其体系结构是相似的。

在"信息高速公路"五个应用领域中排在首位的电子政务，在信息化建设中发挥着主导作用，为电子商务的正常开展营造良好的政策、技术、安全等环境。电子政务与电子商务的不同之处在于电子政务的推动主体是政府，其核心价值在于提供高效、便捷、透明、高质量的政府服务，而不是交易。

三、电子政务发展概况

相对于电子商务的发展，我国电子政务的建设仍然是初级的、不完备的。当然，任何一种新生事物，都要经过一个逐步发展的过程，电子政务也不例外。国内外普遍认为电子政务的发展历程分为以下四个阶段：

（1）信息发布阶段。政府建设自己的网页型网站，向社会发布与政府有关的公共服务的静态信息，如政策法规、办事指南、机构设置、职能介绍、成员名单、联络方式等。此时是政府向公众单向的信息传输。

（2）单向信息沟通服务阶段。在这个阶段，政府开始向用户提供信息发布以外的服务，如公众可以利用政府网站获取某种申报单、申报表等文件。此时仍是政府对公众的单向行为。

（3）政府与公众通过政务系统建立起双向互动关系。在这个阶段，公众可以利用电子政务网站或政务系统享受到简单的政务服务，如在线咨询、反馈意见、提交相关申请表格等。这一阶段双向互动服务形式单一，并且覆盖政务范围有限。

（4）全面政务功能提供阶段。即政府与公众、社会、企业实现全面的互动，政务覆盖范围极其广泛，可以满足公民、企业以及各种社会团体对电子政务的服务需求。政府通过对自身运作方式、业务流程的再造，使其公共服务出现全方位的电子化特征。

下面对国内外电子政务发展概况分别进行简单介绍。

（一）国外电子政务发展概况

自20世纪90年代以来，欧美及某些发达国家就大力进行电子政务的建设，建设程度的深入，并不单纯是政府门户网站的建设，而是在服务内容上更注重提供政府与企业、政府与民众之间的互动服务，以期建设一个高效的、安全的、便捷的电子政务及电子商务环境，并希望借助电子政务系统来促进政府与社会信息的互动、资源共享与整合，提高行政效率。

这些国家在电子政务建设时都秉持为国民服务的中心理念，关注和围绕国民的需求来发展和提供服务，不仅兼顾了政府办公的需要，更考虑了民众对服务的使用和获取的便捷程度，以消除信息障碍，提高政府政务的透明度和效率。

1. 美国电子政务建设概况

20世纪80年代，美国政府面临着预算赤字的巨大压力，国会和选民都要求政府削减预算、提高效率。迫于这种要求，美国政府信息技术服务小组在1994年底提出了《政府信息技术服务的前景》报告，这标志着美国正式开始电子政府建设进程。报告中要求建立以顾客为导向的电子政府，为民众提供更多获得政府服务的机会与途径。1997年，美国政府制订了一个名为"走近美国"的计划，要求从1997年到2000年，在政府信息技术应用方面完成120余项任务。1998年，美国又通过了一项《文牍精简法》，要求美国政府在5年内实现无纸工作，联邦政府所有工作和服务都将以信息网络为基础。网络技术的明显应用出现在 2000 年 9 月，当时美国政府开通"第一政府"网站（http：//www. firstgov. gov），这是一个超大型的在线商务及政务网站，网络化办公加速了政府对公民需求的反馈，减少了中间工作环节，使美国公众更快捷、更方便地了解政府。借助强大的政务平台，企业可以在同一个政府网站站点内完成竞标合同和向政府申请贷款的业务。这个大型网站也帮助美国政府在全国范围内实现了网上购买政府债券、网上缴纳税款以及邮票、硬币买卖等。

进入 21 世纪以后，信息技术在美国各级政府的各个行政环节得到了最大限度的普及，使政府工作效率得到明显提高。美国联邦政府一级机构以及州一级政府已全部在网，几乎所有县和市都建有自己的站点。可以说，美国的政府网站建设及电子政务系统已经相当完善和成熟，整个政务服务网站内容涵盖范围也较广泛。以人口调查为例，相关工作人员可以通过直观地图的形式，查看到各级行政地域人口的详细统计数据，包括当地从事各种职业的人口组成等内容。

从以上美国电子政务建设的发展中可以看出，网络技术的普及、网络基础设施建设的完善、网民成长的速度等都为美国政府的电子政务发展奠定了非常优良的基础。而更为难能可贵的是，从电子政务规划的提出到具体实施和应用，从总统到一般政府工作人员，都对"电子政府"建设持积极认同和支持的态度。

2. 德国电子政务建设概况

与美国电子政务的建设程度相比，20 世纪末德国电子政务总体上仍处于单向互动阶段。德国电子政务建设一直把以公众为中心作为重点来改善政府服务，这是其建设过程中最被强调的核心价值之一。当时德国的网民占德国总人口的 40%，网络普及度达到了中等程度，但在政务网站上提供的大量信息还只局限于众多的表格下载。然而，虽然开展的电子政务服务项目不算很多，但德国政府一直秉持为公民服务的理念，提供了许多与老百姓日常生活密切相关的政府行政管理服务，如申报纳税、企业向统计局上报统计资料、大学生申请优惠贷款等都可直接在网上操作。

德国政府在 2000 年 9 月发布了"联邦在线 2005"计划，作为德国决定建立信息化政府的重要规划和标志，计划中要求联邦政府于 2005 年实现所有政务网上办公，以确保国民、企事业单位、学校及其他管理机构能更便捷、代价最小、最有效地享受联邦政府的各种行政服务。其中，德国政府提出了一句非常贴切的口号——"让数据而不是让公民跑路"，这表明此计划旨在提高国民对联邦政府及其管理的满意程度，并提升德国作为一个工业化国家的地位。

"联邦在线 2005"的覆盖范围非常广泛，包括提供信息咨询、提供与各类机构的合作、实行一般申请程序、办理促进项目、实施采购计划和行政监督等，其服务重点集中在信息服务、申请事务和办理经济技术促进项目三个方面，约占服务总数的 73%。为了更好地贯彻其服务国民的宗旨，"联邦在线 2005"网络服务的设计重点分别从政府的行政行为特点、最终使用者（如公民、企业、院校及其他管理机构等）使用习惯等方面考虑，力图提供一系列真正实用到位的行政服务。

376 项基础服务也被根据其技术和应用的复杂性细致地分成三个等级，分别是"容易"（占服务项目的 49%）、"中级"（占服务项目的 38%）及"复杂"（占服务项目的

13%），每一个等级的建设按其特点规划不同的建设时间。这是一项庞大的全国性的电子政务建设工程，不仅促进了电子政务技术的发展，而且有力地推动了德国政府管理的革新以及行政管理的调整。例如，在"公众服务"系统服务模块中，系统会自动过滤掉恶意内容，确保政府接收到的是公众提出的积极的、有益的建议，而且系统有很好的服务跟踪监控，保证提出申请、接受申请、申请处理过程以及反馈申请结果都清晰、简便且易操作。

德国于2002年开始实施"联邦在线2005电子政务工程规划"，其电子政务正在加速发展，与其他国家的差距也正在逐渐缩小。

3. 新加坡电子政务建设概况

新加坡的电子政务发展一直处于世界领先水平，也是全球范围内最早推行"政府信息化"的国家之一。早在1987年，新加坡政府就推出"行政事务计算机化计划"，此后一直致力于电子政务系统的完善与提高，推出相辅助的一系列国家信息技术计划，以电子政务建设促进政府政务结构的调整与改革，不断为新加坡企业和国民提供透明的、优质的、便捷的政府服务。新加坡于2006年启动了"智慧国2015年计划"，着眼于新加坡电子政务的未来，此计划的发展目标是：在利用信息为经济和社会创造附加值方面名列全球之首；新增8万个通信工作岗位；实现90%的家庭使用宽带、电脑，在有学龄前儿童的家庭中渗透率达到100%。

从新加坡电子政务建设的整体规划及发展过程来看，首先，其电子政务系统是相对独立的，完全由政府推动，没有个人参与的成分；其次，新加坡政府非常重视信息基础设施建设，全国的宽带网络覆盖范围几乎包括所有的家庭、企业、学校和各种组织、机构；最后，其服务网站本身建设非常人性化，其中"电子公民中心网站"被公认为世界上设计得最好、服务最为完善的政府网站。

（二）国内电子政务发展概况

20世纪80年代初，随着办公自动化的开展，我国电子政务开始起步，中央在全国实施了办公自动化工程，这是我国电子政务发展的第一阶段。第二阶段的发展标志是20世纪90年代初，中央在全国范围内启动了"金"系列工程（金税工程、金关工程和金卡工程），"三金工程"实施的重点在于加强全国信息化基础设施的建设，以适应重点行业和部门传输数据和信息的需要。第三阶段开始于20世纪90年代末政府开展的全面上网工程。1999年1月22日，48个国家部门（单位）联合倡议并发起了《中国政府上网工程倡议书》。2001年7月，在上海交通大学建立了国内第一家专门的电子政务研究机构"上海交通大学——好易康达电子政务研究所"。2001年12月，国家信息化工作领导小组成立，时任国务院总理朱镕基担任领导小组组长。第四阶段是我国电子政务全面、科学化发展开始的阶段。2002年8月，中共中央、国务院办公厅以中办发［2002］17号文件转发了《国家信息化领导小组关于我国电子政务建设指导意见》（以下简称《指导意见》）。《指导意见》对我国"十五"期间电子政务的指导思想、建设原则、目标、任务和措施等作出了具体规划，这标志着我国已进入全面开展电子政务阶段，表明其在政府行政改革中占据战略性的地位。

2003年，国家信息化领导小组第三次会议讨论通过了《国家信息化领导小组关于加强信息安全保障工作的意见》（以下简称《意见》），提出要按照统一规划、突出重点、整合资源、统一标准、保障安全的原则，逐步建成电子政务体系的基本框架，督促要抓紧推行电子政务建设进程。从 2004 年起，中国电子政务建设进入了统筹规划、整合创新、稳步推进的阶段，各级政府按照《意见》结合当地政务实际需要，相继调整了电子政务发展策略，开始实施"冷"处理。2005 年，政府明确现阶段中国电子政务的战略定位和在未来国家行政体制改革中的作用及两者之间的关系，明确中央与地方在电子政务建设中的关系原则，理顺电子政务运行管理体制，加快制定电子政务建设项目管理办法，规范项目立项、招投标、工程监理等，保证项目建设质量和效益。至此，中国电子政务总体框架构建基本完成。2006 年开始，我国的电子政务建设进入相对平稳和理性发展阶段。

我国电子政务建设历经 30 年的发展，其建设速度、覆盖范围、应用程度都有了根本性的提高。各级政府普遍实现了政府上网，政府办事效率和公共服务质量大幅度提高，政府决策的科学化和民主化水平逐步提升，政府行为进一步规范，公务员队伍素质也有了很大程度的提高。全社会网络形式的参政议政形式多样化，政府官方微博、网络举报、经费网上公开、网络会议直播等各种网络参政议政形式不断涌现。2009 年，发改委颁布《关于加快推进国家电子政务外网建设工作的通知》，大力整合各级政府的电子政务网络建设。与此同时，工信部发布《关于印发政府网站发展评估核心指标体系（试行）的通知》，鼓励第三方评估机构开展政府网站的评估活动。

纵观我国电子政务建设历程，其在战略规划、建设原则、推行策略、相应配套法律法规和行政条例的出台等方面都取得了宝贵经验，为提高行政效率和增加政府工作透明度发挥了重要作用。但是在取得成绩和进展的同时，我国电子政务应用过程中也暴露出一些深层次的问题：

1. 大而全，应用未落到实处

从电子政务建设之初到现在向理性发展阶段的过渡，国内一些电子政务方案仍然停留在"热"阶段，其设计追求全面、宏观，功能繁复多样。但是在实施过程中会遇到投资过大、许多功能华而不实、设计未能真正满足当地行政需求等问题，这就暴露出巨大的电子政务投资和与之不相适应的、相对比较薄弱的电子政务应用之间的矛盾。

出现这种怪象，表明某些政府部门对电子政务的实质功能仍然缺乏正确认识，不能根据当地发展的实际情况对电子政务建设进行恰当定位，不够务实和踏实。电子政务的规划、设计与实施是一项关系国民福祉的巨大工程，首先应该考虑当地老百姓对于电子政务的需求。不怕项目规模小、功能少，重要的是能够切实发挥电子政务系统为老百姓提供便捷、高效、透明政务服务的功能。

2. 各自为政，无法达到信息共享

虽然我国电子政务在推行过程中发布了一些重要的指导意见，但是其具体实施过程仍然由各级政府、不同部门主导，缺乏统一规划，彼此信息割裂，在全国就形成了模式不统一的、独立的、异构的、封闭的系统，信息无法在这些分裂的系统中顺畅流动，而是被阻隔在不同部门和政府机构里，形成了一个个"信息孤岛"。

对照国外电子政务成功实施的经验，产生这种信息割裂和低效率重复建设的主要原因是缺乏电子政务实施的统一标准。

因此，电子政务建设必须有标准化的支持，尤其要发挥标准化的导向作用，以确保其技术上的协调一致和整体效能的实现。标准化是电子政务建设的基础性工作，它将各个业务环节有机连接起来，并为彼此间的协作提供技术准则。通过标准化的协调和优化功能，能使电子政务建设少走弯路、提高效率，并确保系统的安全可靠。统一标准是互联互通、信息共享和业务协同的基础。

3. 信息拥有的不对称问题突出

信息拥有的不对称问题在全球都非常普遍，通常被称为"数字鸿沟"，信息用户也被分为信息富有者和信息贫困者，其主要原因在于经济发展的失衡。这个问题在我国尤其突出，沿海和内地的地区差距、城乡差距以及不同区域信息化进程差距明显。

4. 电子政务系统成了"门面功夫"

某些政府网站变成单纯发布信息的场所，而且多数是一些政策法规、办事指南等静态信息，互动功能较差，不能满足网民享受在线行政服务、参政议政的需要。"重开发，轻应用；重硬件，轻软件；重管理，轻服务"的现象较为普遍。

第二节　电子政务应用系统的业务模型

一、OA 系统（政府对政府，政府内部办公系统）

OA 系统多数指办公自动化系统，就整体电子政务系统而言，属于政府对政府、政府内部办公系统。具体内容如下：

1. 电子法律法规、行政条例子系统

这一系统主体功能是向政府部门和工作人员提供相关的现行有效的法律、法规、规章、行政命令和政策规范，保障政府工作人员的工作在相应的法律、法规、行政条例基础上进行，以达到有法可依、有法必依的目的。

2. 电子公文子系统

这一系统主要是致力于完成政府公告、通知、通报、报告、请示、批复等各种公文信息安全、快捷地在政府上下级和部门之间准确、快速地传送，以提高政府公文处理速度。

3. 电子办公子系统

这一系统主要帮助行政人员以在线和电子形式等方式完成各种事务性工作，如下载表格、网上提交、网上申报、申请出差、请假、报销出差费用等，实现"无纸化"办公，以提高办事效率、节约行政资源。

4. 电子司法档案子系统

这一系统可以使各级政府司法机关共享司法信息，如公安机关的刑事犯罪记录、审判机关的审判案例、检察机关的检察案例等。信息共享可以减少重复调研时间与费用，以提高司法人员的综合能力和工作效率。

5. 电子财政管理子系统

这一系统主要负责向各级国家权力机关、审计部门和相关机构提供分级、分部门历年的政府财政预算及其执行情况，便于有关领导和部门及时掌握和监控财政状况。

6. 在线培训子系统

此系统通过网络公开课程、网络会议、在线咨询与研讨形式，向各级政府工作人员提供信息化教育课程，加强对员工与信息技术有关的专业培训。而且学习方式灵活，通过网络报名、网络答疑与交流、在线考试等方式，向工作人员提供多种形式的再提高教育。

7. 绩效评估子系统

此系统帮助政府各部门建立科学合理的评估制度，对绩效管理提供全程规划和跟踪，由政府各部门设定任务目标、工作标准，根据完成情况对工作人员进行合理评价，并根据员工个人情况制订对应的绩效改进计划。

二、G2C 子系统（政府对市民）

G2C 子系统是向社会公众开放的电子服务平台，立足于公共利益，以全体公民的行政需求为主，通过网络服务平台为公民提供各种满意的公共产品和公共服务，建立公民与政府之间的广泛回应与监控机制。其主要服务范围包括：

1. 便民信息服务

此模块提供公民日程事务中需要的各种政府法律法规、行政条例、章程、办事指南、常用表格下载等。例如，公民可以在政府网站上查询最新入户政策、选举人背景信息；此模块也向公民提供咨询、意见反馈等帮助公民与政府进行良好信息互动的功能。

2. 社会保险网络服务

目前我国社保网络日渐完善，公民可以方便地通过网络全面了解各种社保账户的详细情况，在线办理投保、续保事宜，这种便捷的方式也有利于社保的普及和体系的完善。还可通过网络公布最低收入家庭补助，增加政府信息的透明度。

3. 就业服务

如今，网上人才招聘会、招聘市场已经非常普遍。政府网站通过建立求职信息库与市场需求职位信息库，向全社会提供及时、全面、权威的就业信息，联合就业管理和劳动部门对失业人员进行计算机操作培训、各种职业培训、就业指导培训等，帮助公民更加充分有效地使用网络资源。

4. 在线医疗服务

政府网站利用自身的权威性，向社会公布一些医疗保险政策信息、医药信息、执业医生信息，为公民提供可靠的、全面的医疗服务信息。通过联网系统，公民可以在线查询药品的试验数据、使用方法、功效、成分等详细数据，也可便捷查询不同医院的等级信息和医生资格情况，方便公民选择合适的医院和医生。

5. 教育培训服务

政府出资购买优质教育资源，建立地域性甚至全国性的教育平台，鼓励学校、图书馆等机构接入平台，通过社区、培训机构、就业中心等部门加强对公民的信息技术能力的教育和培训，平等共享信息资源。

6. 其他类型便民服务

其他类型便民服务还包括：交通管理服务，如提供路况、车辆、人员等相关交通信息；公民办证服务，如允许居民在线办理结婚证、离婚证、出生证等有关证书；税务服务，允许公民在线申报个人所得税、财产税等个人税务。

三、G2B 子系统（政府对企业）

G2B 子系统主要通过政府相关部门打破部门界限，借助电子政务网络平台，进行在线招标与采购，审批企业有关数据，简化行政手续，快捷地为企业提供各种信息服务。其主要服务功能如下：

1. 网络招标与采购

通过网络平台对外发布政府招标信息，其招标范围与传统方式相比有了较大的扩大，招标程序简化，透明度与公平度有了很大提高，既避免了暗箱操作，又能帮助政府节约采购支出。借助招标平台还可以给予企业有关政府采购的政策和程序的帮助，降低企业投标成本。

2. 证照办理

企业通过电子政务平台申请办理有关证件和执照，如营业资格的申请、受理、审核、发放、年检、登记项目变更、核销等证件、执照和审批事项的办理。政府有关部门在线完成主要手续的审核和批复，这将大大缩短企业办理证照的周期，提高政府行政办事效率，减轻企业的负担。

3. 电子税务

企业通过政府部门开放的电子税务系统，在线了解相关税收政策，查询政府有关公告，在线完成企业税务登记、申报及税款划拨等事宜，操作简便，有利于降低双方的办事成本，提高办事效率。

4. 提供公共信息服务

政府通过电子政务平台向企业与社会开放各种信息库，如政府报告、统计数据、有关法律法规与行政条例、常用表格与办事指南等。

5. 政府帮扶功能

政府利用政策与资源优势为当地企业尤其是中小企业的发展与品牌建立提供帮助，利用电子政府平台积极为中小企业牵线搭桥，为企业提供网络平台便利，利用政府自身电子商务方案为当地企业招商引资。

第三节　我国电子政务系统的体系结构

我国电子政务总体架构一般来说是"三网一库"，此框架是基于电子政务基本职能而划分的建设重点。"三网"是指内网（即机关内部办公业务网）、外网（即机关公众信息网）和专网（即机关办公业务信息资源网），其中内网和专网又可以合称为内网。"一库"是指三网平台交互共享的基础数据库——政府业务信息资源数据库。"三网一库"是我国电子政务建设的总纲，是政府与政府，政府与公民、社会机构、企事业单位之间电子政务信息传输的中枢系统之一，也是我国电子政务未来发展的决策与指挥系统。

2002 年，国务院办公厅在发布的 17 号文件《国家信息化领导小组关于我国电子政务建设指导意见》中指出，电子政务网络由政务内网和政务外网构成，内外网实施物理隔离，政府内部办公信息流转在内网，属于政务公开和网上交互式办公的内容运行在外网和互联网。

1. 电子政务内网

电子政务内网服务于政府内部各级部门，满足各部门政务公开、在线办公、办公自动化、信息共享等行政需求，通报各级政府、各部门相关工作动态、政策信息以及指令发布等。为了保证电子政务系统信息流动的合理性，还需要内部办公业务系统与应用业务系统。

由于信息属于保密数据，必须按照中央有关电子政务内网建设的文件要求进行建设。电子政务内网的建设完备性至关重要，直接关系到政府各级部门的办事效率和资源共享程度。其对网络的实时性、安全性、保密性、协同性要求非常高。要解决好信息共享与保密性的关系，电子政务内网与电子政务外网和国际互联网之间都需要实行物理隔离。

2. 电子政务外网

电子政务外网相对于内网而言是非涉密网络，主要负责向社会发布政务信息，实现政府与公民、社会机构、企事业单位的双向信息互动，进行在线采购、招商、政务公开等行政服务。一般来讲，外网是由政府对外办公平台、新闻信息中心、公众服务平台等组成，通过外网的网络管理中心上网以及进行对外政务办公、行政审批等行业管理和对社会公众进行服务。电子政务外网与国际互联网逻辑隔离，与电子政务内网物理隔离，按照国家安全等级划分的办法，采用"分级保护、适度安全、促进发展"的思路来发展。

3. 一库（政务资源数据库）

"一库"是指政务资源数据库，是由政府各部门共建共享的包括党务、政务和行业部门业务数据的电子政务信息资源库，里面存储有相关法律法规、行政条例、办事章程等行政事务信息，还有工商、税务和海关等部门的业务管理信息或数据等。

电子政务网络总体结构如图 9-1 所示：

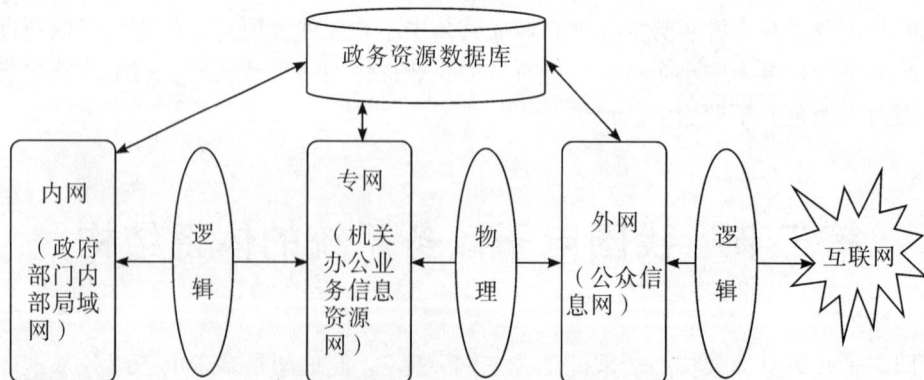

图 9-1 "三网一库"结构图

电子商务概论

本章小结：

本章首先介绍了电子政务的概念及社会背景，指出电子政务不仅仅是政府网页型网站的建设，还包括各级政府部门之间信息共建共享，政府内部办公自动化，政府政令、信息的及时发布，向社会开放相关政务查询、咨询功能等内容，是政府机构在数字化、网络化的环境下进行的国家行政管理形式。

其次，分析电子政务服务模式及其与电子商务服务模式之间的关系，分析电子政务是电子商务核心机制在政务上的运用和对传统政务的改造，分析电子政务与电子商务之间内在联系与区别。

然后对国内外电子政务建设现状进行了综述，并重点阐述我国电子政务建设历程，包括战略规划、建设原则、推行策略、相应配套法律法规和行政条例的出台等方面。

接着阐述了电子政务应用系统的业务模型，分为 OA 系统（政府对政府，政府内部办公系统）、G2C 子系统（政府对市民）、G2B 子系统（政府对企业），并具体介绍了每一业务模型的主要功能。

最后介绍了我国电子政务的"三库一网"。"三网一库"是我国电子政务建设的总纲，是政府与政府，政府与公民、社会机构、企事业单位之间电子政务信息传输的中枢系统之一，也是我国未来发展的电子政务中的决策与指挥系统。

【案例 9-1】

广州市工商行政管理局电子政务建设案例

广州市工商局成立于 1949 年 12 月 1 日，时称广州市人民政府工商局，为政府的派出机构。1955 年 5 月，更名为广州市工商行政管理局。1999 年 3 月，实行了市局对区（县级市）工商局的垂直管理。2001 年，进行了机构改革。改革后市局机关内设 15 个处室和 1 个离退休干部管理处，7 个事业单位，下辖 16 个分局，173 个工商所。

广州市工商行政管理局肩负着监管广州统一大市场的重任，是广州市政府对市场监管的重要职能部门。广州市工商行政管理局以数据应用为核心，建立、改进、完善市/区县/工商所三级工商行政管理业务处理计算机应用系统，以市场行业为主体，实现各业务单位之间的信息交流及数据共享，实现信息集成。该系统要求及时、准确、全面地反映工商局有关业务活动和企业或个体经营者的完整形象；同时面向各职能部门的最终用户，实现业务处理计算机化，提高工商行政管理信息服务水平，有效地支持各级领导层的信息查询，辅助进行分析、预测和决策；建立工商企业中心数据库，保存和处理行政区划内的工商企业基本信息，为今后工商企业数据的信息发布、决策支持、数据挖掘打下基础。

（一）当前政务需求及解决方案

（1）需要在规划和设计系统时，从硬件和软件的角度出发，建立稳定、先进的系统基础架构，开发和部署基于 Web 和中间件的应用系统，同时必须保证整个系统的安全性和总体的可管理性。

（2）根据现有网络结构及用户数量，考虑到与其他系统的兼容性和安全性，系统服务器应采用 LINUX 操作系统、ORACLE 数据库、双机热备份、B/S 架构。当访问量和网络带宽压力过大时，应可方便地采用分布式部署，形成一个规范的 OA（办公自动化）办公集群。

（3）目前广州市工商行政管理局信息传递不及时，在多年的建设中形成了很多信息孤岛，查找需要的信息要登录不同的系统，建成的电子政务系统应可与工商局现有的多种系统进行稳定、安全的数据交换，如 12315 系统、电子档案系统、案件系统、注册登记系统等；系统应可与工商局的红盾信息网相连，相关的内部新闻、简报、统计信息等，可直接在红盾信息网上发布。

（4）OA 系统实行统一的账号管理，即在系统内只需输入一次口令，即可访问其他相关系统，实现单点登录。

（5）随着工商管理体制改革和机构改革的不断完善，要求工商局充分发挥政府职能。这些都必须依赖于工商局各职能部门之间、总局与地方管理局之间、各个总局之间建立起高效的信息交流手段以及现代化的管理手段，充分利用信息技术，其主要功能包括：企业注册登记，实现对内资、外资、私营企业登记注册业务过程的计算机管理；个体工商户管理，实现对个体工商户登记注册业务过程的计算机管理；公平交易管理，提供经济案件的立案、查处过程中的各项登记和处理，以及对案件的查询、统计分析、报表打印等功能；商标管理，提供商标监督、商标查询和商标统计等功能，实现商标印制单位登记等工作管理，查处假冒商标和对商标的侵权行为等的管理；广告管理，提供广告监督、广告统计、广告查询等功能；经济合同管理，监督检查经济合同的订立和履行，调节经济合同的纠纷，查处利用经济合同的违法行为，对经济合同进行鉴证；工商企业 IC 卡管理子系统，提供工商企业 IC 卡的制卡、修改、发卡管理和挂失、注销、吊销、暂吊等处理以及 IC 卡查询统计处理。

实现办公自动化是工商行政管理系统中搭建信息网络的重中之重。广州市工商管理总局通过在其办公自动化网络的规划和建设中采用泛微软件提供的整体解决方案，来达到电子政务建设的目的。

（二）系统功能

1. 收发文审批管理

用户可以自定义各种收发文流程等，并以图形化显示；同时可以对流程中的数据进行统计分析，并且可以将与流程相关的人员、客户、文档等关联进来。

2. 知识信息管理

将各职能部门所采集的相关信息进行结构化存储，并提供各种途径的查询功能；通过系统动态管理对外进行政务信息发布及服务的网站；分门户、分权限、个性化管理内部所有知识信息。

3. 业务流程管理

实现办公流程规范化，包括公文的下发流程、报告的审批流程、人事管理流程、预算流程、采购流程、年（月）度计划报批流程等，通过办公自动化系统实现自动运转；内部文件流转自动化，可根据文件的不同状态自动进行下一步操作，并决定谁是相关责任人；可为政府机构实现公文流转、网上审批、督办催办、信访接待、在线申报等各种简单到复杂的业务流程定义；实现工作的执行透明化，任务执行状态查询方便，实现管理者与员工之间的互动，实现组织内部的协同工作。

4. 人员管理

建立人员卡片，实现人员资料集中管理，方便查询；任务的下达、执行自动化，提高工作效率；劳资、培训、党务等的管理流程化、规范化；科学的工作考核方案、资产设备管理；资产集中电子化管理，明确责任人（部门）、使用状态，做到透明化管理；重要资产（如车辆）的管理规范化，能实时查看使用状态，使用和审批流程高效、规范；会议室等公共设备的计划与协调。

5. 项目管理

科学的项目（如土建工程项目、投资项目、网络建设项目、内部项目等）管理；人力、财力、物力、文件等资源与项目集成，实现统一管理；实时监控项目执行状态。

6. 会议管理

对会议的参与人员、日程安排、会议服务、会议资料、会议设施、会议审批等进行管理；方便政府机构合理利用并妥善安排会议资源。

7. 财务管理

通过各种财务分析、报表和指示器，给管理者提供预算、机构运营、绩效等财务方面的详细资料；提供其他财务管理系统的数据接口。

8. 决策支持

提供给用户多种分析报告，涵盖信息和业务管理的各个层面，帮助政府机构更有效地组织资源、优化流程、提升效率和服务质量。对各种报告和报表支持自定义功能，极大地方便了不同的机构对数据提取和分析的不同的需求。

目前，整个系统已初步投入运行使用，实现了预定的设计目标，提升了整体的工作效率，便于敏感数据的集中存储和管理，真正实现了全面的信息查询和数据调用。在后期，将逐步开展相关的公众服务，如面对公众的企业信息查询等，以便更好地服务社会和国家的社会主义经济建设。

经过一年多的使用，广州市工商行政管理局的办公开支节约了 30%，人员办公效率大大提高，公众满意度达到历年来的最高水平。本项目是在全面贯彻省、市电子政务建设总体规划的指导思想的基础上开展的，通过应用泛微协同政务系统 e-nation，有效地达到了以信息技术推动机关办公效率提高的目的，更好地促进了政府机关工作与企业、群众的内外交流，方便政府办公和节约办公开支。

（资料来源：http：//www.xuexishi.com/n-1661.html，学习室网站，资料有部分编辑）

案例思考：

通过对本章内容的学习，请分析广州市工商行政管理局电子政务应用系统成功运用的经验。

练习题：

1. 结合案例 9-1 的学习与分析，试论电子政务与办公自动化之间的联系与区别。

2. 结合课本内容与在网络上搜索出的相关资料，简要概述我国在 20 世纪 90 年代实施的"三金工程"的应用情况。

3. 在线浏览河南、湖南、广东三地省政府的官方网站，结合这三地政府网站建设的情况，简要分析当前我国电子政务建设中存在的缺陷。

第十章　移动电子商务

　　主要内容：移动电子商务的定义、分类和特点；移动电子商务在我国的发展现状及趋势；移动电子商务的技术基础；移动电子商务的应用及存在的问题。

教学目标：

1. 了解移动电子商务的分类、特点和技术，以及在我国的发展现状和趋势。

2. 了解移动电子商务的定义。

3. 熟悉移动电子商务的应用和存在的问题。

重点：移动电子商务的定义和应用。

难点：移动电子商务的技术以及存在的问题。

开章引例：

手机应用的新商机——美国的 Foursquare

　　Foursquare 是一家基于用户地理位置信息的手机服务网站，鼓励手机用户同他人分享自己当前所在地理位置等信息。与其他老式网站不同，Foursquare 用户界面主要针对手机而设计，以方便手机用户使用。在 2009 年举行的 SXSW 技术大会上，Foursquare 服务正式被推出，当时该服务仅针对苹果 iPhone 智能手机。但 Foursquare 并不是仅仅针对 iPhone 用户，而是能够在所有主流智能手机平台中运行，其中包括谷歌 Android、Palm 的 WebOS、微软 Windows Mobile 以及 RIM 黑莓（BlackBerry）等手机平台。

　　2009 年 3 月，Foursquare 在美国上线，6 个月之后进行了第一轮天使融资。到 2010 年 4 月，Foursquare 的用户突破 100 万，北京时间 2010 年 8 月 30 日早间消息，美国社交定位网站 Foursquare 的官方数据显示，该公司用户已经突破 300 万。目前 Foursquare 呈现出的发展曲线，比当年的 Twitter 还要快。按照官方的说法，Foursquare 模式 50% 是地理信息记录的工具，30% 是社交分享的工具，20% 是游戏工具。早在六七年前就有互联网公司开始做类似 Foursquare 的足迹类网站，但一直没有成功者，基本都与旅游网站结合了。Foursquare 模式出现之后，把传统互联网和移动互联网进行了很好的融合。

　　利用 Foursquare 服务，手机用户可"检入"某个地点，该地点可为全球任何城市的一家饭店、好友家庭居住地或一家商店等，检入过程非常迅速。用户完成检入过程后，Foursquare 就可以根据用户检入时的位置，向用户返回该地点附近的其他信息。

如果用户检入的位置没有收录在 Foursquare 网络当中，用户只需进行简单操作，Foursquare 就可以收录用户提供的这个新地理位置。一旦用户检入，Foursquare 将把用户当前所在位置通知给该用户的其他好友。用户每检入一次，就可增加积分；在某些情况下，用户还可获得虚拟勋章。

Foursquare 此前透露，其公司的盈利途径大致可分为两类：一为广告；二为向商家提供流量分析工具。此外，Foursquare 还同 Bravo 电视网络及芯片巨头英特尔合作，专门为这些企业用户提供定制化虚拟勋章。通过在广告中增加游戏机制，无疑将有利于更多用户愿意观看商家投放的广告。

（资料来源：百度百科）

第一节　移动电子商务的概念和特点

一、移动电子商务的概念

移动电子商务是指利用手机和掌上电脑等无线移动设备，通过无线通信网络进行的与商务直接或间接相关的任何业务活动。它涉及传输信息和服务，B2B、B2C 和 C2C 的商务交易，企业内部的商务活动交流以及电子政务等。移动电子商务将互联网、移动通信技术、短距离通信技术及其他信息处理技术完美地结合在一起，使人们可以在任何时间、任何地点进行各种商贸活动，实现随时随地、线上线下的购物与交易，在线电子支付以及各种交易活动、商务活动、金融活动和相关的综合服务活动等。

可以根据移动电子商务终端类型、交易平台、应用网络、交易项目和服务模式的主导方进行细分：

（1）终端类型：按照连接网络所使用的终端，可以分为通过手机、上网本和其他移动设备连接。

（2）交易平台：商务交易通过的网站或服务平台，根据交易对象的不同可分成 B2B、B2C 和 C2C 三种主要类型。

（3）应用网络：依据商务交易所借助的通信网络类型，可以分为 3G 网络、2G（2.5G）网络、WiFi 和 WAPI 等。

（4）交易项目：可分为实物购买、虚拟物品购买、市政缴费、金融交易和银行转账等多种业务类型。

（5）服务模式的不同主导方：移动电子商务可分为电信运营商、传统电子商务服务提供商、软件提供商和新兴移动电子商务提供商主导的四大服务模式。

二、移动电子商务的特点

移动电子商务的特点与其定义密切相关，除了一般电子商务涉及的电子化和商务活动相关的特点外，移动电子商务还有以下五大特点：

1. 移动性

移动接入是移动电子商务的一个重要特性，也是其基础。移动性意味着无处不在，即在任何时间、任何地点都可以使用。无线移动设备的便携性以及当下无线网络的普及性能够拓展交易空间，实现电子商务交易的实时性。成都市商务局副局长张金泉指出："有了移动支付手段，我们就能利用365天、24小时中的一切零碎时间。"

2. 个性化

移动设备是真正的个性化设备，几乎总是由一个人拥有并操作的。这使得客户具有个性化特征——交付的信息、产品和服务都是按照个人客户的需求而设计的。目前，客户个性化的应用程序仍然有限，但是随着设备的个性化特征、个性化服务的不断增加以及通过移动门户交易可能性的增大，移动电子商务的个性化特征会更加明显。

3. 定位性

能够在任何特定的时刻都知道一个客户的位置对于提供相关的服务是至关重要的。定位性有可能是广泛的，如在特定的地点定位每个人；更先进的定位可以根据用户所处的位置及其偏好给用户发送信息，也就是将个性化和定位性结合在一起。

4. 移动支付方便快捷、成本低

移动支付是移动电子商务的一个重要目标，用户可以随时随地完成必要的电子支付业务。

5. 有利于确认用户身份

手机号码具有唯一性，随着未来手机实名制的推行，这种用户身份确认将越来越容易。对于移动商务而言，这就有了信用认证的基础。

第二节　移动电子商务在我国的发展

移动电子商务是电子商务的自然扩展，在2011年4月28日于成都举办的移动电子商务年会上，业内专家认为，快速发展的移动电子商务蕴藏着巨大的市场潜力。移动设备创造了为现有客户提供新型服务和吸引新客户的机会，然而大多数移动设备的屏幕尺寸、宽带有限等在一定程度上限制了消费者的兴趣。

2004年8月6日，北京新网互联科技有限公司发布了"企业MO计划"，该计划将帮助企业轻松实现移动商务，跨入无线互联时代。"企业MO计划"是新网互联推出的企业互联网应用服务跨入无线互联时代的全新品牌，它将企业互联网应用服务和无线移动技术有机地结合，是企业在无线互联时代进行信息沟通和开展电子商务的服务平台。

2004 年 9 月 20 日，英特尔与阿里巴巴在北京宣布，将合作建设中国首个手机无线电子商务平台，进而实现阿里巴巴移动电子商务服务平台。该平台将结合阿里巴巴电子商务服务平台，基于英特尔 XScale 架构的手机以及采用英特尔迅驰技术的笔记本电脑，把拥有 100 万会员的阿里巴巴贸易通软件内嵌入英特尔手机的无线芯片中，阿里巴巴的会员可以通过手机上内置的阿里巴巴商务平台进行交易，而阿里巴巴将为用户免费提供该项服务，从而实现"随时随地电子商务"。

2007 年 5 月，用友移动投资开通"移动商街"，建立中国移动电子商务第一门户。

2007 年 6 月 1 日，在国家发改委和国务院信息办发布的《电子商务发展"十一五"规划》中，移动电子商务是其中六项重点引导工程之一。

2008 年 2 月，北京奥软科技有限公司推出"无线商街"，打破该市场垄断格局；电子商务巨头阿里巴巴集团下两大子公司——淘宝网和支付宝联合推出"手机淘宝"并进行运营测试，宣布进军移动电子商务。

2008 年底，中国移动与中国银联的合资公司联动优势，推出"手机钱包"新业务平台，为用户提供安全、便捷、时尚的支付手段。

2009 年 3 月，阿里巴巴再次推出移动版"诚信通"，加强布局移动电子商务。

在市场需求快速增长、移动互联网迅速发展的双重支撑下，移动电子商务虽然刚刚起步，但也呈现出爆炸式的增长态势，成为蕴含极大发展潜力的战略性新兴产业。根据中国电子商务研究中心此前发布的统计数据，2010 年中国移动电子商务实物交易规模达到 26 亿元，同比增长 370%。2010 年，我国移动支付市场整体规模达到 202.5 亿元，同比增长 31.1%。艾瑞咨询预计，2012 年我国移动电子商务用户将接近 2.5 亿。预计 2011 年中国移动互联网市场将达到 400 亿元的水平，2012 年手机支付交易规模将有望超过 1 000 亿元，2014 年将突破 3 000 亿元。[①]

中国移动电子商务基地总经理王洪涛认为，移动电子商务的发展，不仅仅是移动运营商或者是银联、金融机构自身业务的发展，更重要的是带动产业链的发展。"移动电子商务在未来的快速发展中将至少带动三大产业发展：一是软件开发行业，因为移动支付的发展涉及很多的平台软件开发；二是信息服务业，移动支付发展的趋势是支付是基础、商务是应用，这将必然带动电子商务信息服务业的发展；三是终端服务业，手机的发展趋势非常明显，智能化的趋势是全世界的潮流。"

艾瑞咨询根据对中国移动电子商务整体市场发展状况、发展环境的研究，认为移动电子商务在中国将迎来一个快速发展时期，市场推动因素、产业链结构和市场主体服务模式将发生重要变化，中国移动电子商务市场发展将主要呈现以下七大趋势：

（1）互联网电子商务重心向移动电子商务偏移，PC 端与手机端将协同发展。

（2）中国移动电子商务继续保持稳步快速发展。

（3）围绕用户数量、运营能力、商家资源和模式创新四大焦点的竞争将日趋激烈。

（4）硬件和技术对产业的推动趋弱，产业发展将主要依赖品牌和服务。

（5）LBS（Location Based Service）、综合信息服务等运营与服务模式的创新将成为移动电子商务平台发展的重要趋势。

（6）移动电子商务产业链整合将继续深入。

（7）传统电子商务提供商将引领移动电子商务发展。

第三节　移动电子商务的技术基础

2009 年是中国 3G 发展的元年，经过近两年的建设，中国第三代通信网络已经为移动互联网的发展提供了良好的基础通信条件。移动电子商务的主要实现技术有：

一、无线应用协议（WAP）

WAP（Wireless Application Protocol）是由 Motorola、Nokia、Ericsson 和 Phone.com 公司最早倡导和开发的，它的提出和发展是基于在移动中接入互联网的需要。WAP 是开展移动电子商务的核心技术之一，它提供了一套开放、统一的技术平台，使用户可以通过移动设备很容易地访问和获取以统一的内容格式表示的互联网或企业内部网信息和各种服务。WAP 是移动终端访问无线信息服务的全球主要标准，也是实现移动数据以及增值业务的技术基础。

二、移动 IP

移动 IP 是由互联网工程任务小组（IETF）在 1996 年制定的一项开放标准。它的设计目标是使移动用户在移动自己位置的同时无须中断正在进行的互联网通信。移动 IP 现在有两个版本，分别为 Mobile IPv4（RFC 3344）和 Mobile IPv6（RFC 3775），当下广泛使用的仍然是 Mobile IPv4。目前移动 IP 主要使用三种隧道技术，即 IP 的 IP 封装、IP 的最小封装和通用路由封装来解决移动节点的移动性问题。

三、蓝牙（Bluetooth）

蓝牙是由 Ericsson、IBM、Intel、Nokia 和 Toshiba 等公司于 1998 年 5 月联合推出的一项短程无线连接标准。该标准旨在取代有线连接，实现数字设备间的无线互联，以确保大多数常见的计算机和通信设备之间可方便地进行通信。蓝牙支持 64kb/s 实时话音传输和数据传输，传输距离为 10~100m，其组网原则采用主从网络。

四、通用分组无线业务（GPRS）

GPRS（General Packet Radio Service）是欧洲电信标准化组织在 GSM 系统的基础上制

定的一套移动数据通信技术标准。它是利用"包交换"（Packet-switched）的概念所发展出的一套无线传输方式。GPRS 属于第 2.5 代移动通信系统。

五、无线局域网（WLAN）

WLAN（Wireless Local Area Networks）是一种借助无线技术取代以往有线布线方式构成局域网的新手段，可提供传统有线局域网的所有功能。它支持较高的传输速率，通常利用射频无线电或红外线，借助直接序列扩频（DSSS）或跳频扩频（FHSS）、GMSK、OFDM 和 UWBT 等技术实现固定、半移动及移动的网络终端对互联网网络进行较远距离的高速连接访问。1997 年 6 月，IEEE（美国电气和电子工程师协会）推出了 802.11 标准，开创了 WLAN 先河。目前，WLAN 主要有 IEEE802.11x 与 HiperLAN/x 两种系列标准。

六、第三代移动通信技术（3G）

3G（3rd Generation）是由卫星移动通信网和地面移动通信网所组成，支持高速移动环境，提供语音、数据和多媒体等多种业务的先进移动通信网。国际电联原本是要把世界上的所有无线移动通信标准在 2000 年左右统一为全球统一的技术格式，但是由于各种经济和政治的原因，最终形成了三个技术标准，即欧洲的 WCDMA、美国的 CDMA2000 和中国的 TD－SCDMA。TD－SCDMA（时分同步码分多址接入）是由中国大唐移动通信首次提出并在无线传输技术（RTT）的基础上与国际合作完成的。相对于其他两个标准，TD－SCDMA具有频谱利用率高、系统容量大、建网成本低和高效支持数据业务等优势。

七、移动定位技术

定位技术有两种，一种是基于 GPS 的定位，另一种是基于移动运营网的基站定位。基于 GPS 的定位方式是利用手机上的 GPS 定位模块将自己的位置信号发送到定位后台来实现移动定位的。基站定位则是利用基站对手机的距离的测算来确定手机位置的。前者定位精度较高；后者不需要手机具有 GPS 定位能力，但是其精度在很大程度上依赖于基站的分布及覆盖范围的大小，有时误差会超过 1 千米。此外，还有利用 WiFi 在小范围内定位的方式。

第四节　移动电子商务的应用

目前，移动电子商务最广泛、最主要的应用是在移动支付方面。从 2006 年起，全球的移动电子商务应用主要采取 NFC（Near Field Communication，近距离无线通信）技术，以现场支付为突破口。2011 年 9 月 26 日，由中国工业和信息化部与中国国际贸易促进委员会主办的"2011 年中国国际信息通信展览会（PT/EXPO COMM CHINA 2011）"在国际会展中心召开。在本次的展会上有将近 500 家单位展示自己在移动通信领域的最新研究成果，而诺基亚展台最为重头的产品之一就是支持 NFC 技术的诺基亚 701。

一、国外移动支付的模式

1. 以日韩为代表的手机现场支付模式

日本 NTT DoCoMo 采用 FeliCa IC 技术的移动支付业务品牌为"Osaifu - Keitai"，分为三类子业务：手机钱包业务、ID 借记卡业务和 DCMX 信用卡业务。其业务流程图如 10 - 1 所示。

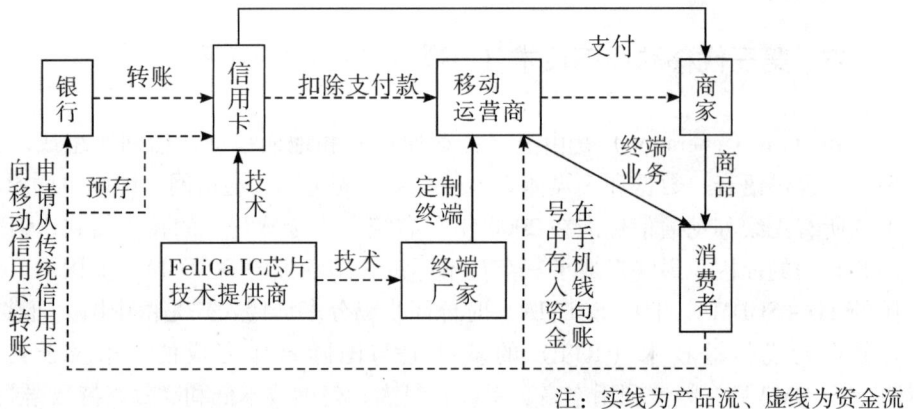

注：实线为产品流、虚线为资金流

图 10 - 1　日本 NTT DoCoMo 采用 FeliCa IC 技术的移动支付业务流程

韩国的三大移动运营商 LGT、KTF、SKT 分别于 2003 年 9 月、2004 年 3 月和 2004 年 8 月联合金融机构采用红外线技术开通移动支付业务，但后因移动运营商与金融机构相互之间的不信任致使合作破裂。2007 年，SKT 联合 Visa，KTF 联合 Master Card 重新推出移动支付业务，该业务的应用程序将被存储在运营商为 3G 网络而发行的 USIM 卡上，并可与 NFC 兼容。

在韩国，使用移动支付业务不仅可以在商场用手机进行结算，还可以在内置有红外线端口的 ATM 机上提取现金、在自动售货机上购买饮料。三家运营商的用户可以使用手机支付地铁等交通费用，无需携带专门的信用卡，且同样可以得到发票。此外，还有几万家餐馆和商店拥有能够从手机通过红外线读取信用卡信息的终端，使顾客能够通过手机进行消费。

2. 以欧洲、美国等为代表的金融发达地区的移动支付模式

这些国家和地区主流的移动支付业务模式往往以远程为主，是通过 WAP（无线应用协议）、SMS（短消息业务）、IVR（交互语音应答）等方式接入来验证身份等，操作较为烦琐，不适于对时间性要求很高的支付行为，所以多用于 WAP 业务、电子票务等。

从 2007 年底开始，英国的 O2 与信用卡发行商 Barclaycard、诺基亚和 Visa Europe 等合

作推出手机钱包业务，主要用于乘坐公共交通工具和买报纸时的小额支付。

Twitter 联合创始人 Jack Dorsey 在 2009 年创办 Square 公司，主要研究手机支付服务项目——为商家和个人提供小额现场支付的一款手机刷卡产品。通过插入一个外接读卡器（Square Dangle），使用 Square 软件可以将手机变成一个 POS 机，接受任何人的信用卡或借记卡进行小额支付。同时，Square 可为商家提供数据分析工具，商家可通过软件查看对方是否是自己的老客户，这些信息都会在每次刷卡时显示在屏幕上，以便商家给出相应的优惠。

Google 在 2011 年推出了 "Google 钱包" 的应用，而下一代苹果手机 iPhone 也将使用移动支付芯片，新移动支付应用和 Master Card 以及花旗银行建立了合作关系。

美国三大移动通信运营商 AT&T、T-mobile 和 Verizon 无线于 2010 年 11 月合资成立的移动支付公司 Isis 在 2011 年 4 月 8 日宣布，将于 2012 年在盐湖城进行试点，为犹他州交通管理局提供一种可替代信用卡和借记卡的车票支付方式。

3. 以非洲、东南亚等为代表的金融欠发达地区的手机金融模式

由于当地经济相对较为落后，金融业务欠发达，因此移动支付出现后便成功地取代了银行卡和银行的功能，实现了资金的收储、支付、转移和兑现，成为真正意义上的手机银行。例如，肯尼亚 Safaricom 公司在 2007 年推出了 M – Pesa 业务。M – Pesa 在各地的小代理店或小商店都接受用户的现金，以发送一种特殊短信的方式计入用户的手机账户，还允许客户同样通过文本信息将现金转给其他用户。M – Pesa 的用户还能直接通过全国的自动取款机取钱，甚至可以申请储蓄账户 M – Kesho 服务，获取利息并能得到信贷和保险产品，实现了从单纯转账到虚拟银行的转变。

二、我国移动电子商务的应用

从 2007 年开始，我国的移动电子商务在湖南、重庆和广州进行试点应用，目前的各项试点集中在购物、餐饮、水电煤气等方面。湖南组织实施了移动便民小额支付工程和移动便民网上购物工程，开通了手机缴税、移动电力缴费、移动星城通等业务，其中 "国家农村移动电子商务（湖南）试点示范工程" 项目大获成功。重庆在主城区构建了全国最成熟的现场手机小额支付商业环境；重庆轨道交通公司与重庆移动合作推出 "手机乘轻轨" 业务，推出了停车、门禁、物业缴费等社区消费 "手机一卡通"；向格力电器、长安汽车等大型企业提供了手机支付综合应用解决方案。广州系统推进了移动公交交通工程、移动易缴费工程、移动易购物工程、移动健康宝工程、移动政务通工程、专业市场应用示范工程、中小企业商务通工程、移动物流通工程、行业综合应用示范工程、亚运会综合应用示范工程 10 项试点工程。

2011 年 4 月 28 日成都举办了移动电子商务年会。2011 年 8 月 31 日，京东商城与中国银联在成都正式签署战略合作协议，共同推动基于银联互联网支付和银联手机支付的电子商务应用，此举标志着国内唯一的跨行清算转接支付组织与国内最大的 B2C 电子商务企业携手进行全面合作。同时，成都市着力打造的移动电子政务平台，即 G2C 平台预计将于 2011 年内正式启用。届时，成都市民可以通过手机办理目前电子政务大厅上的各项业务。

通过移动电子商务，用户可以在任何时间、任何地点获取他们需要的信息和服务，实现交易、支付、娱乐等活动。我国移动电子商务的应用主要在以下方面：

1. 手机银行

手机银行是利用移动通信网络及终端办理相关银行业务的简称。手机银行起源于国外，1996 年捷克的 Expandia Bank 与运营商 Radiomobile 在布拉格地区率先推出手机银行业务，花旗银行与 Gemplus 公司、美国 M1 公司于 1999 年携手推出可利用短信向银行发送交易信息的服务。

我国手机银行业务最早开始于 1999 年。当时，中国移动与中国银行、中国工商银行、招商银行合作，在北京等 17 个省、市率先开通了手机银行业务。2007 年工商银行率先采用短信平台实现了银行交易，对于发了多少薪水、汇款是否到账、还款是否成功等账户信息，银行都会通过短信方式主动通知用户。目前，我国银行企业已经覆盖了所有移动和联通手机用户，客户可以通过手机短信进行账户查询、转账/汇款资金瞬间到账、手机短信捐款、短信缴纳电话费和手机话费、网上消费实时支付等服务。

2. 移动搜索

移动搜索是一项新型的无线增值业务，由于不需要使用任何线路连接，因此也被称为无线搜索。中国移动通信集团云南有限公司计划部的李井乐认为：移动搜索 = 信息 + 搜索 + 电子商务。①

目前，运营商提供的移动搜索服务主要是用户通过手机搜索互联网上的信息，而用户使用服务的主要方式为短信搜索和 WAP 网站搜索。移动搜索可以将一些定位服务与之相结合，为用户提供更有针对性的服务。可以借鉴的移动搜索模式主要有 AQA（Any Question Answered）应答搜索、位置搜索、曲名搜索和图像搜索。

3. 移动交易

图 10 - 2 是我国消费者利用手机进行移动电子商务的一些具体应用：

图 10 - 2　手机电子商务应用程序界面

① http：//labs. chinamobile. com/mblog/5699_ 4862

4. 移动娱乐

移动电子商务为用户提供各项娱乐服务，内容涵盖音乐、影视、书库、交友、社区、游戏以及各种互动性的休闲娱乐项目。

5. 在旅游业的应用

移动旅游电子商务的核心是移动电子支付，移动旅游电子商务不仅覆盖国人的境内度假，还包括境外度假。马来西亚亚洲航空公司（Air Asia）在 2011 年 9 月 21 日起全面实施自助登机服务，国际旅客可以使用手机客户端程序自动办理国际航班的登机手续。

旅游者旅游前搜索和预订旅游产品，目前主要通过互联网。移动旅游电子商务可以使旅游者随时随地进行旅游查询、比较和更改；在度假旅途中，度假者需要连续查询旅游信息，需要灵活调整度假安排，需要面对旅途中的突发事件和临时安排，在这些方面，旅游移动服务都能发挥很大的作用；度假结束后，旅游移动服务依然是非常便捷的工具，如旅游者使用手机对刚退房的酒店进行即时的评价。

6. 在网络营销的应用

通过移动电子商务，企业可以对目标市场群体和客户进行实时的、针对性的网络营销；能够进行全面监督，实现客户资料的实时采集和更新；对客户反馈作出及时合理的处理。对消费者而言，其接收到的是更适合自己的营销信息，而且相关投诉的反馈时间缩短，能获得更好的用户体验等；对于企业而言，可以为客户提供更为个性化的服务，更好地实现客户关系管理等。

7. 在证券投资方面的应用

与传统交易方式相比，手机炒股的主要优势是突破时间和空间的限制，方便、私密，只要手机在 GSM/CDMA 网络覆盖的范围内（只要手机可以收到信号），就能够查看行情、进行交易，借助移动网络能真正实现随身、随时、随地进行证券投资。

手机炒股软件按有无软件下载分为两类：一类是软件扩展型的，即可以装置专门的炒股软件的手机，这其中又分为智能手机和 Java 手机两大类；另一类是无法装置手机炒股软件的，因而使用 WAP 无线炒股。WAP 炒股无需下载软件，只要用手机登录专门的 WAP 网站，就可以进行行情查看、买入卖出等交易。

除了以上比较成熟和广泛的移动电子商务应用外，移动电子商务还可以应用在移动医疗、远程办公、远程教育等方面。

第五节　移动电子商务存在的问题

虽然移动电子商务应用已经取得了快速发展，但是对于现阶段的移动电子商务服务使用者、银行等金融机构、移动通信运营商等而言，移动电子商务的优势还没有真正得到显现，在实际使用过程中还存在着一些问题。

一、移动电子商务的安全问题

用户身份认证、安全及隐私保护这些敏感问题目前并没有完全标准化、法制化。安全应当是移动电子商务最先考虑并始终保证的，主要包括终端窃取和假冒、无线网的窃听、重传交易信息、中间人攻击、拒绝服务、交易抵赖、移动终端遗失、设备差异和设备的不安全等。解决移动电子商务安全性问题主要有端到端策略、加密技术、防火墙、严格的用户鉴权、单一登入、无线 PKI 技术、授权和安全交易流程、相关法律的制定等。建立移动电子商务用户的诚信体系也是解决安全问题的关键。

二、移动电子商务的技术问题

各个国家的全球移动通信带宽不一致，使用的通信标准、WAP 网站资源以及市场发展现状不一致，各个运营商对于移动终端和系统平台的要求也不一致。因此，移动电子商务的发展必须解决全球统一的软硬件技术问题、资源的不断丰富和共享问题。

三、用户观念、资费问题

目前我国移动电子商务市场普及不够，国内消费者和企业对移动电子商务的认知程度还比较低，他们还不知道通过移动电子商务能得到哪些益处。企业采用移动电子商务过于谨慎，用户也不敢"贸然"尝试，主体参与热情不高与普遍看好的移动电子商务市场之间存在着明显的矛盾。

由于无线带宽不足和物流配送系统不成熟等问题，移动电子商务交易成本较高。因此，发展移动电子商务要想方设法降低各种成本费用：一是努力降低生产成本；二是不断降低交易成本；三是力争关键技术革新；四是认准特有优势；五是强化企业服务模式。

本章小结：

本章介绍了移动电子商务的定义，即移动电子商务是指利用手机和掌上电脑等无线移动设备通过无线通信网络进行的与商务直接或间接相关的任何业务活动。移动电子商务可以根据交易平台、终端类型、应用网络、交易项目和服务模式的主导方进行分类。移动电子商务具有移动性、个性化、定位性、低成本、移动支付便捷和有利于确认用户身份的特点。

尽管移动电子商务在我国刚起步，但却呈现出爆发式增长态势，成为蕴含极大发展潜力的战略性新兴产业。移动电子商务的技术基础有：无线应用协议（WAP）、移动 IP、蓝牙（Bluetooth）、通用分组无线业务（GPRS）、无线局域网（WLAN）、第三代移动通信技术（3G）、移动定位技术等。

移动电子商务在银行业、移动搜索、移动交易、移动娱乐、旅游业、网络营销和证券投资方面都有广泛的应用。移动电子商务在实际使用过程中还存在着安全问题、技术问题、用户观念与资费问题等。

练习题：

一、选择题

以下不是移动电子商务技术的有（　　　）。

A. FTP　　　　　B. WAP　　　　　C. GPRS　　　　　D. ERP

二、判断题

1. 手机银行就是网络银行。（　　　）

2. 用户是在旅游后才进行旅游查询、比较和更改的。（　　　）

3. 移动 IP 现在有两个版本，分别为 Mobile IPv4（RFC 3344）和 Mobile IPv6（RFC 3775），目前广泛使用的仍然是 Mobile IPv4。（　　　）

三、思考题

1. 移动电子商务如何进行网络营销？请举例说明。

2. 由中国移动、商城和用户组成的移动支付系统是如何实现手机支付的？

3. 移动电子商务在应用中需要解决哪些问题？如何解决？

第十一章 电子商务法律问题

> **主要内容：**国内外电子商务立法现状；电子商务相关的主要法律问题：数据电文、电子合同、网上消费者权益保护、电子商务知识产权、电子商务安全与网络犯罪。
>
> **教学目标：**
>
> 1. 了解电子商务法律涉及的领域以及国内外电子商务立法现状。
> 2. 熟悉我国主要的电子商务法律法规。
> 3. 了解并掌握数据电文、电子合同、网上消费者权益保护、电子商务知识产权、电子商务安全和网络犯罪相关的法律问题。
>
> **重点、难点：**数据电文、电子合同、网上消费者权益保护、电子商务知识产权、电子商务安全和网络犯罪相关的法律问题。

开章引例：

刘建业诉北京新浪互联信息服务有限公司侵犯著作权纠纷案

原告：刘建业，中国近代史学会常务副会长。

被告：北京新浪互联信息服务有限公司。

原告刘建业诉称：原告是历史小说《明清十大奇案》的作者，拥有该书的著作权。该书于 2007 年 7 月由中央编译出版社出版后，在社会上引起一些反响。被告出于谋利目的，自 2007 年 9 月 7 日起，不与原告进行任何接触，就将此书至少 70% 的内容在新浪网读书频道发布，而且一发就近 6 个月之久。根据该网承认，其点击数达十万次以上。原告代理人找被告询问时，被告竟以"我们已得到出版社授权"为理由，拒绝赔偿。此书的网络发布权归原告所有，出版社根本无权将网络发布权授予被告。被告作为著名网络企业不会不了解这一点。被告的行为严重侵犯了原告的著作权，故诉至法院，请求判令：①被告在新浪网读书频道公开赔礼道歉；②被告赔偿原告经济损失费 16 万元，赔偿精神损失费 20 万元，支付合理支出 1 000 元，以上共计 361 000 元。诉讼费由被告承担。

被告新浪公司辩称：我方依据中央编译出版社的授权书刊登涉案图书，在接到原告起诉书后已将涉案图书删除。我方仅是给网络用户提供图书信息，是取得了合法授权的，并电子商务出现的新问题，给传统法律制度带来了前所未有的冲击和挑战。不仅传统商务活动涉及的法律问题会出现在电子商务活动中，而且电子商务的电子化、信息化和网络化的特征也会引起许多新的法律问题。与电子商务和互联网有关的法律问题涉及众多领域，主要包括以下几个方面：

（1）与电子商务主体身份及行业准入有关的，包括电子签名法、电子认证法等。

（2）与电子商务交易流程有关的，包括电子合同法、电子支付法等。

（3）与电子商务中权益有关的，包括消费者权益保护法、网络隐私权保护法、知识产权保护法等。

（4）与电子商务安全有关的，包括电子商务安全保护法、网络犯罪相关法律等。

（5）与电子商务广告有关的，包括电子商务中的广告法律制度等。

（6）与电子商务税收有关的，包括电子商务中税种、征税方式等法律。

（7）与电子商务纠纷有关的，包括电子证据、解决方式、司法管辖权等法律。

电子商务法是指调整电子商务活动中所产生的社会关系的法律规范的总称，是一个新兴的综合法律领域。广义的电子商务法是与广义的电子商务概念相对应的，它包括了所有调整以数据电讯（Data Message）方式进行的商事活动的法律规范。其内容极其丰富，至少可分为调整以电子商务为交易形式的和调整以电子信息为交易内容的两大类规范。前者如联合国的《电子商务示范法》（亦称狭义的电子商务法），后者如联合国国际贸易法委员会的《电子资金传输法》、美国的《统一计算机信息交易法》等。

第一节　电子商务立法现状

电子商务跨地区、跨国界流通的性质使法律的适用成为一个难点，很多国家、地区甚至国际组织试图建立一个清晰的、概括性的法律框架，以协调统一市场内部的有关电子商务的法律问题。

电子商务法在保留和遵循商法基本原理的基础上，逐步扬弃规范传统商业活动的内容，增加和补充用以规范电子商务活动的内容。电子商务立法主要围绕数据电文、电子签名、电子认证、信息安全的法律问题展开，对于电子合同、知识产权和消费者权益等方面的立法，则主要是采取对原有法律进行修改或补充的方式。目前，国际组织和发达国家的立法占主导地位，对其他国家和地区的电子商务立法起指导性作用。基于世界各国的经验教训和我国国情，我国也制订了相关的法律规则。

国内外有关电子商务的立法情况如表11-1、表11-2和表11-3所示。①

电
子
商
务
概
论

表11-1　国际组织有关电子商务的立法一览表

立法机构	法规名称	发布时间
联合国大会	《电子商务示范法》	1996 年
	《电子签名示范法》	2000 年
联合国国际 贸易法委员会	《行政、商业和运输、电子数据交换规则》	1986 年
	《国际贷记资金划拨示范法》	1992 年
国际商会	《电传交换贸易数据统一行动守则》	1986 年
	《国际数字化安全商务应用指南》	1997 年
国际海事委员会	《电子提单规则》	1990 年
	《信息系统安全性指南》	1992 年
经济合作与 发展组织	《在全球网络上保护个人隐私宣言》	1998 年
	《关于在电子商务条件下包含消费者的宣言》	1998 年
	《关于电子商务身份认证的宣言》	1998 年
	《电子商务：税务政策框架条件》	1998 年
	《电子商务中消费者保护的指南》	1999 年
世界贸易组织	《信息技术协议》	1996 年
	《全球基础电信协议》	1997 年
	《开放全球金融服务市场协议》	1997 年
欧盟	《欧盟关于处理个人数据及其自由流动中保护个人的指令》	1995 年
	《欧盟电子签名法律框架指南》	1999 年
	《电子签名指令》	1999 年
	《电子商务指令》	2000 年

表11-2　国外有关电子商务的国家立法一览表

国家	法规名称	发布时间
美国	《数字签名法》（犹他州）	1995 年
	《统一计算机信息交易法》	1997 年
	《电子商务安全法》（伊利诺伊州）	1998 年
	《国际与国内商务电子签名法》	2000 年
俄罗斯	《俄罗斯联邦信息法》	1995 年
	《国际信息交流法》	1996 年
	《电子数字签名法》	2001 年

①　周曙东. 电子商务概论（第2版）. 南京：东南大学出版社，2008.

（续上表）

国家	法规名称	发布时间
德国	《信息与通用服务法》	1986 年
日本	《电子签名与认证服务法》	2000 年
新加坡	《电子交易法》	1998 年
意大利	《数字签名法》	1997 年
法国	《信息技术法》	2000 年
加拿大	《统一电子商务法》	1999 年
澳大利亚	《电子交易法》	1999 年
韩国	《电子商务基本法》	1999 年
印度	《电子商务支持法》	1998 年
菲律宾	《电子商务法》	2000 年

表 11-3　我国有关电子商务的立法一览表

立法机构	法规名称	发布时间
全国人大常委会	《关于维护互联网安全的决定》	2000 年
	《中华人民共和国电子签名法》	2004 年
国务院	《计算机信息网络国际联网管理暂行规定》	1996 年
	《商用密码管理条例》	1999 年
	《互联网信息服务管理方法》	2000 年
	《电信条例》	2000 年
	《信息网络传播权保护条例》	2006 年
信息产业部	《中国公用计算机互联网国际联网管理方法》（原邮电部）	1996 年
	《互联网电子公告服务管理规定》	2000 年
	《互联网站从事登载新闻业务管理暂行规定》（联合国务院新闻办公室）	2000 年
	《关于互联网中文域名管理的通告》	2000 年
	《电信业务经营许可证管理办法》	2001 年
	《互联网出版管理暂行规定》（联合新闻出版总署）	2002 年
	《中国互联网络域名管理办法》	2004 年
	《互联网电子邮件服务管理办法》	2005 年
	《电子认证服务管理办法》	2005 年
	《互联网著作权行政保护办法》（联合国家版权局）	2005 年

立法机构	法规名称	发布时间
商务部	《关于网上交易指导意见（暂行）》	2007 年
	《电子商务模式规范》	2008 年
	《网络购物服务规范》	2008 年
中国互联网络信息中心	《中国互联网络信息中心域名争议解决办法程序规则》	2006 年
	《中国互联网络信息中心域名争议解决办法》	2006 年
公安部	《计算机信息网络国际联网安全保护管理办法》	1997 年
	《互联网安全保护技术措施规定》	2005 年
文化部	《互联网文化管理暂行规定》	2003 年
卫生部	《互联网医疗卫生信息服务管理办法》	2001 年
国家密码管理局	《电子认证服务密码管理方法》	2005 年
国家药品监督管理局	《互联网药品信息服务管理暂行规定》	2001 年
中国银行业务监督管理委员会	《电子银行业务管理办法》	2005 年
中国人民银行	《电子支付指引（第一号）》	2005 年
	《关于促进银行卡产业发展的若干意见》（联合九个部门）	2005 年
公安部、央行、国家工商总局	《关于加强银行卡安全管理预防和打击银行犯罪的通知》	2009 年
中国电子商务协会	《网络交易平台服务规范》	2005 年
最高人民法院、最高人民检察院	《关于办理危害计算机信息系统安全刑事案件应用法律若干问题的解释》	2011 年
上海市信息办	《上海市国际经贸电子数据交换管理规定》	1999 年
北京市工商局	《网站名称注册管理暂行办法》《网站名称注册管理暂行办法实施细则》	2000 年
	《关于贯彻落实〈北京市信息化促进条例〉加强电子商务监督管理意见》	2008 年
广东省人大常委会	《广东省电子交易条例》	2003 年
香港特别行政区立法会	《电子交易法令》	2000 年
台湾地区"立法院"	《电子签章法》	2001 年

一、联合国的《电子商务示范法》简介

1996 年 12 月 16 日，联合国国际贸易法委员会第 85 次全体大会通过了《电子商务示

范法》，该法是世界上第一个关于电子商务的统一法规，其目的是提供一套国际公认的法律规则，以供各国法律部门在制定本国电子商务法律规范时参考，并促进现代通信和信息存储手段的使用。

《电子商务示范法》共 17 条，分为两部分：第一部分为电子商务总则，包括一般条款、对数据电文的适用法律要求、数据电文的传递；第二部分为电子商务的特定领域，主要涉及货物运输中的运输合同、运输单据、电子提单的效力和证据效力等问题。该法对电子商务的一些基本法律问题作出的规定，有助于填补国际上电子商务的法律空白。虽然它既不是国际条约，也不是国际惯例，仅仅是电子商务示范的法律范本，却有助于各国完善、健全有关传递和存储信息的现行法规和惯例，并为全球化的电子商务营造统一的、良好的法律环境。

《电子商务示范法》体现了两个基本原则：一是数据电文的效力原则，该原则强调数据电文的法律效力、有效性和可执行性；二是中立原则，该原则包括技术中立、媒介中立、实施中立和同等保护。

二、《中华人民共和国电子签名法》简介

2004 年 8 月 28 日，中华人民共和国第十届全国人民代表大会常务委员会第十一次会议通过《中华人民共和国电子签名法》，自 2005 年 4 月 1 日起施行。该法共计 36 条，包括总则、数据电文、电子签名与认证、法律责任和附则五个部分，主要规定了以下四个方面内容：

（1）确立电子签名的法律效力。对于确认电子签名的法律效力，该法通过对电子签名进行定义，要求电子签名必须起到两个作用，即识别签名人身份和保证签名人认可文件中的内容。在此基础上，该法明确规定了电子签名具有与手写签名或者盖章同等的效力（第 3 条、第 16 条）。在解决什么条件下电子签名具有效力的问题上，参照联合国国际贸易法委员会《电子签名示范法》的规定以目前国际公认的成熟签名技术所具备的特点为基础，明确规定了与手写签名或者盖章同等有效的电子签名应当具备的具体条件（第 17 条）。

（2）对数据电文作了相关规定。数据电文是指电子形式的文件，该法明确规定电子文件与书面文件具有同等效力，才能使现行的民商事法律同样适用于电子文件。

（3）设立电子认证服务市场准入制度。为了防止不具备条件的人擅自提供认证服务，该法对电子认证服务设立了市场准入制度（第 20 条、第 21 条）。同时，为了确保电子签名人身份的真实可靠，要求认证机构在为电子签名人发放证书前，一方面必须对签名人申请发放证书的有关材料进行形式审查，同时还必须对申请人的身份进行实质性查验（第 23 条）。此外，为了防止认证机构擅自停止经营，造成证书失效，使电子签名人和交易对方遭受损失，还规定了认证机构暂停、终止认证服务的业务承接制度（第 26 条）。

（4）规定电子签名安全保障制度。该法明确了有关各方在电子签名活动中的权利和义务。

第二节 电子商务相关的主要法律问题

一、数据电文的法律问题

（一）数据电文的含义

根据《电子商务示范法》第 2 条的规定：数据电文是指经由电子手段、光学手段或类似手段生成、发送、接收或储存的信息。这些手段包括但又不仅限于电子数据交换、电子邮件、电报、电传或传真。

联合国国际贸易法委员会在其《电子商务示范法实施指南》中，对数据电文作了详细的注释：

（1）数据电文的概念并不仅限于通信，它还包括计算机生成的、准备用于通信的记录。

（2）条文中"类似手段"一词，旨在反映《电子商务示范法》并不仅应用于现存通信技术环境的事实，它还为可预见的技术发展提供保障。数据电文是指包括所有类型的、本质上是以无纸化形式生成、存储或通信的信息。在《电子商务示范法》的意义上讲，"相类似"是指"功能上的等价"。

（3）数据电文的定义还包括其废除或修改的情况。某种暂时认为是具有确定信息内容的数据电文，可能被其他的数据电文所废除或改进。

（二）数据电文的法律效力

1. 数据电文符合法定书面形式

我国《电子签名法》第 4 条规定：能够有形地表现所载内容，并可以随时调取查用的数据电文，视为符合法律、法规要求的书面形式。除了这两个条件外，数据电文还要满足原件形式的要求，即能够可靠地保证自最初形成时起内容保持完整、未被更改。数据电文要满足文件保存的要求，还需要能够识别数据电文的发件人、收件人以及发送、接收的时间。数据电文的证据效力表现在数据电文的可采性和真实性。

2. 数据电文的归属和确认

数据电文的归属是指数据电文由谁发出，即谁是数据电文的发件人。我国《电子签名法》第 9 条规定，属于以下三种情况的任意一种情况，数据电文便可视为是由发件人发送的：

（1）经发件人授权发送的，这种情况属于代理行为。

（2）发件人的信息系统自动发送的，这种信息系统也称作"电子代理人"。

（3）收件人按照发件人认可的方法对数据电文进行验证后结果相符的。

另外，基于当事人意思自治原则，我国《电子签名法》第 9 条还规定：当事人对前款规定的事项另有约定的，从其约定。

关于数据电文的确认收讫，我国《电子签名法》第 10 条规定：法律、行政法规规定或者当事人约定数据电文需要确认收讫的，应当确认收讫。发件人收到收件人的收讫确认时，数据电文视为已经收到。

确认收讫类似于邮政系统中的回执。确认收讫有多种方式。如果发件人与收件人约定必须采用某种特定形式或方法确认收讫，或发件人单方面要求如此，则收件人应以该方式确认收讫。如果未约定特定方式，则收件人可以通过任何一种方式确认收讫，包括由其信息系统自动发出确认收讫函的方式，只要该方式能明确表示该数据电文已经收到即可。对于必须经过确认收讫的，在发件人收到确认信息之前，数据电文可视为从未发送。

3. 数据电文的发送和接收时间

（1）数据电文发送时间的确认。《电子商务示范法》第 15 条前 3 款规定：除非发件人与收件人另有协议，一项数据电文的发送时间以它进入发件人或代表发件人发送数据电文的人控制范围之外的某一信息系统的时间为准。

（2）数据电文接收时间的确认。除非发件人与收件人另有协议，数据电文的收到时间按下述办法确定：①如收件人为接收数据电文而指定了某一信息系统：以数据电文进入该指定信息系统的时间为收到时间；或如数据电文发给了收件人的一个信息系统但不是指定的信息系统，则以收件人检索到该数据电文的时间为收到时间。②如收件人并未指定某一信息系统，则以数据电文首次进入收件人的任一信息系统的时间为收到时间。

4. 数据电文的发送和接收地点

《电子商务示范法》第 15 条规定：除非发件人与收件人另有协议，数据电文应以发件人设有营业地的地点为其发出地点，而以收件人设有营业地的地点视为其收到地点。如果发件人或收件人有一个以上的营业地，应以对基础交易具有最密切关系的营业地为准；如果并无任何基础交易，则以其主要的营业地为准；如果发件人或收件人没有营业地，则以其惯常居住地为准。

二、电子合同相关的法律问题

我国《合同法》已经将"数据电文"归属为合同的"书面形式"，根据有关规定，电子合同可以理解为：电子合同是平等民事主体之间通过电子信息网络，以数据电文形式达成的设立、变更、终止民事权利义务关系的电子协议。电子合同具有易改动性、易消失性、易保存、复制性、效力的特殊性等特征。

《合同法》第 33 条规定：当事人采用信件、数据电文等形式订立合同的，可在合同成立之前要求签订确认书，签订确认书时合同成立。这就是说，在签署合同时可以不签订确认书，直接使用电子签名；也可以根据实际情况，首先签订使用这种方法的确认书。后一种做法可以提高合同的可靠性，防止电子签名的伪造。而《电子签名法》在确立电子签名的法律效力问题上，解决了两个关键性问题：一是通过立法确认电子签名的合法性和有效性；二是明确合法有效的电子签名应当具备的条件。

（一）电子合同的要约

电子合同的要约和传统合同的要约的含义一样，《合同法》第 14 条规定：要约是希望和他人订立合同的意思表示。要约要取得法律效力，一般应具有以下五个条件：①要约必须是特定人行为的意思表示；②要约必须具有缔结合同的目的；③要约必须向希望与之缔结合同的受要约人发出；④要约的内容必须具体确定；⑤要约必须送达受要约人。

1. 电子要约的生效时间

《合同法》第 16 条规定：要约到达受要约人时生效。如果要约是以数据电文形式发出的，对其生效的时间作出了特别的规定，即采用数据电文形式发出的要约，其要约的生效时间为数据电文进入收件人指定的系统的时间；在未指定特定系统的情况下，其要约的生效时间为数据电文进入收件人的任何系统的首次时间。

2. 电子要约的撤回和撤销

《合同法》第 17 条规定：要约可以撤回。撤回要约的通知应当在要约到达受要约人之前或者与要约同时到达受要约人。但是，采用数据电文订立合同时，由于信息传输的高速性，要约人一旦发出要约，受要约人即刻就可以收到，撤回要约实际上是不可能的。

《合同法》第 18 条规定：要约可以撤销。撤销要约的通知应当在受要约人发出承诺之前到达受要约人。《合同法》第 19 条规定：有下列情形之一的，要约不得撤销：①要约人确定了承诺期限或者以其他形式明示要约不可撤销；②受要约人有理由认为要约是不可撤销的，并已经为履行合同做了准备工作。

在电子商务交易中，要约能否撤销取决于交易的具体方式。如果是通过电子邮件方式订立合同，在一般情形下，要约是可以撤销的。因为要约人以电子邮件方式发出要约后，受要约人并不一定立即承诺，在发出要约与最终做出承诺之间可能有一段时间间隔。但是，如果当事人采用电子自动交易系统从事电子交易，承诺的做出是即刻的，要约人就没有时间撤销要约了。

3. 电子要约的失效

《合同法》规定，有下列四种情形之一的，要约失效：①拒绝要约的通知到达要约人；②要约人依法撤销要约；③承诺期限届满；④受要约人对要约的内容作出实质性变更。

（二）电子合同的承诺

电子合同的承诺和传统合同的承诺的含义一样，《合同法》第 21 条规定：承诺是指受要约人同意要约的意思表示。承诺的法律效力在于一经承诺并送达要约人，电子合同便成立。承诺必须同时具有以下四个条件才能产生效力：①承诺必须由受要约人向要约人作出；②承诺必须在要约的有效期限内到达要约人；③承诺的内容必须与要约的内容一致；④承诺的方式必须符合要约的要求。

在电子商务环境下，承诺若由受要约人的电子代理人作出，则应视为受要约人的行为。同样，承诺也可向要约人的电子代理作出。

1. 电子承诺的迟延

《合同法》第 28 条规定：受要约人超过承诺期限发出承诺的，除要约人及时通知受要约人该承诺有效的以外，该承诺为新要约。受要约人在承诺期限内发出的承诺，在电子商务环境下通常都能及时到达要约人，但因其他原因导致超出承诺期限的，除要约人及时通知受要约人因承诺超过期限不接受该承诺的以外，该承诺有效。

2. 电子承诺的撤回和撤销

《合同法》第27条规定：承诺可以撤回。撤回承诺的通知应当在承诺通知到达要约人之前或者与承诺通知同时到达要约人。电子承诺的撤回存在着与电子要约撤回同样的问题。虽然法律并没有禁止电子承诺的撤回，但通过网络通信订立合同时，电子承诺的作出是在瞬间完成的，实际上要撤回几乎是不可能的。

由于在电子交易中当事人一旦作出承诺，合同即可成立，所以当事人不可能撤销承诺，撤销承诺的行为通常会造成违约。

（三）电子合同的法律效力

电子合同的法律效力是指电子合同在当事人之间产生的法律约束力。《合同法》第44条规定：依法成立的合同，自成立时起生效。但是，依法成立的合同并非都有法律效力，对电子合同来说，影响其效力的主要原因有：

1. 无权代理订立的合同

在电子交易中可能有两种情形：一是双方或一方使用的是未经加密或认证的电子邮件系统。在这种情形下，传输的数据电文有被他人截获、篡改的可能，因此电子合同的效力很难得到保障。二是双方均采用了数字认证等安全系统。在这种情形下，如果交易一方认为已经成立的合同于己不利而想毁约时，可能会声称所作的意思表示是工作人员未经授权的擅自行为。对此，除非主张合同无效的一方有确凿的证据，否则另外一方可依据代理的规定主张该代理行为有效。

2. 限制民事行为能力人订立的合同

如果电子商务经营者一方已知购买方的购买行为与其年龄、智力、精神健康状况不相适应，在能够通知其法定代理人的情况下则应催告代理人追认，在不能通知的情况下应主动撤销合同。

3. 可撤销的合同

如果消费者对产品没有足够的认识与了解，就会对产品的基本情况产生误解，按照《合同法》，这样的合同属于可撤销合同，但消费者难以在网络购物的情形中证明这一点。

4. 格式合同及免责条款

由于网络购物的特殊性，在B2C的方式中基本上都是采用格式合同。一些商家从自己的利益出发，在冗长的格式合同中掺杂了大量不利于消费者的条款，特别是免责条款。如果电子商务经营者有意免除自己的责任、加重消费者的责任、排除消费者的主要权利，除合同无效外，还应赔偿消费者的损失。

5. 系统设置与系统障碍

在B2B方式下，交易一方或双方设置了系统自动确认或自动回复功能的，由于系统障碍造成错误回应的，可解除合同的效力。在B2C方式下，如果出故障的是电子商务系统，则合同有效；如果出故障的是消费者一方的计算机，则可解除合同。

电子合同在其履行、终止、违约救济等方面基本上与传统合同一样，可以适用于普通合同的规则。

三、网上消费者权益保护的法律问题

根据我国《消费者权益保护法》的规定，消费者是指为生活消费需要而购买、使用商品或者接受服务的人。在电子商务环境中，消费网上消费行为的本质和交易性质并没有因消费者环境的变化而发生改变，仅仅是消费形式发生了变化。由于我国《消费者权益保护法》并没有对交易形式作出专门规定，所以该法对消费者的定义也同样适用于电子商务领域。

（一）网上消费者权益保护的主要问题

目前，网络交易中消费者权益不能得到强有力的保障的问题有很多，这些问题都在一定程度上对个人网络交易产生了负面影响，阻碍个人网络交易的发展。网上消费者权益保护中存在的问题主要体现在以下五个方面：

1. 网络虚假信息问题

在电子商务活动中，网上消费者只能通过广告对网上经营者的身份以及其所销售的产品或提供的服务进行了解，消费者的知情权无法得到保障。某些网上经营者利用互联网虚拟性的特点发布虚假的商业信息误导消费者，甚至利用广告进行网络欺诈活动，损害了消费者的合法权益。

2. 网络交易安全问题

消费者在进行网络交易时，从合同的订立到款项的支付都通过互联网进行，其交易信息（如消费者身份证号码、信用卡账号和密码等）可能由于技术原因而泄漏或被不法分子截获、破译、篡改、窃取，会极大地侵害网上消费者的财产安全权。

3. 侵害消费者隐私问题

网上消费者在网络交易过程中都会主动或被动地提供很多个人信息，网上经营者同时也会利用技术方法获得更多的消费者个人信息。经营者为了促销商品等目的，未经授权向网上消费者发送垃圾邮件，影响消费者个人生活安宁，构成侵害网络消费者隐私权的行为，有的甚至将这些信息卖给其他网上经营者以谋取经济利益。

4. 电子商务合同问题

电子商务合同的格式化以及网络交易过程的即时性对网上消费者权利的行使造成了很大的限制。网上经营者为了自身的利益往往利用这些格式合同中的免责条款减轻或免除其责任，或者使用一些技术手段将合同条款置于另外的网页上，令消费者无法直观地了解合同内容。对这些格式合同中的交易条件，网上消费者只能被动接受。

5. 侵害消费者索赔权问题

首先，在网络交易中的网上经营者并不总会很清楚地表明自己的真实身份或地址，消费者因无法得知经营者的真实身份或者经营者处于其他地区而不便或无法寻求索赔。其次，网络交易的完成需经过多个环节、多个主体参与，在发生纠纷时，往往难以确定网上经营者、银行、物流公司在各个环节中的责任，或者因法律无明文规定而出现对消费者不公平的情况。最后，电子商务活动的跨地域性增加了网上消费者退换货的难度。

（二）网上消费者权益的保护

根据《消费者权益保护法》，我国消费者在购买、使用商品和接受服务时享有九项权利，即安全权、知情权、自主选择权、公平交易权、求偿权、结社权、获知权、受尊重权和监督权。以下择要作简单介绍：

1. 安全权的保护

网上消费者人身安全权和财产安全权的一般性保护可适用《民法通则》、《消费者权益保护法》、《产品质量法》等法律法规的相关规定，网上经营者应根据其对消费者安全权造成损害的性质、情节和危害程度依法承担相应的民事责任、行政责任和刑事责任。

电子商务安全技术是网上消费者安全权保护的有力保障，主要包括网络通信安全和支付安全两方面的内容。目前我国还没有专门法律对网络隐私权加以保护，《消费者权益保护法》也没有对消费者个人信息的保护作出具体规定，这不利于电子商务活动中消费者隐私的保护。我国应借鉴欧美国家的立法经验，制定具体规则保护网上消费者的个人信息安全权。

2. 知情权的保护

网上消费者知情权保护的主要法律依据是《消费者权益保护法》，《合同法》、《广告法》、《产品质量法》等也提供了相应的法律依据。

《消费者权益保护法》第19条规定了经营者有向消费者提供有关商品或者服务的真实信息的义务，不得作引人误解的虚假宣传的义务；对消费者提出的有关商品或者服务的质量和使用方法等问题作出真实、明确答复的义务；对提供的商品或者服务明码标价的义务。第20条规定了经营者有对自己真实身份进行披露的义务。另外，网络服务提供者也应该负有信息披露义务。

3. 公平交易权的保护

消费者公平交易权是指消费者在购买商品或接受服务时，所享有的与经营者进行公平交易的权利。对网上格式合同内容的规制是网上消费者公平交易权保护的重点，《消费者权益保护法》和《合同法》都对格式合同的内容作出了相应的规定。这些规定不仅规制了格式合同的内容，还针对网上消费者和经营者对格式合同条款的理解发生争议的情况作出了规定。《合同法》第39条还规定网上经营者的告知义务，即网上经营者提供的格式合同必须具有可识别性，即采取合理的方式提醒消费者充分注意。

4. 求偿权的保护

根据《民法通则》、《消费者权益保护法》、《产品质量法》的有关规定，网上经营者侵害了网上消费者的人身权利和财产权利的，应承担赔偿责任。目前，求偿权保护主要存在数字化产品退换货问题及交易当事人的责任分担问题。

对于实体商品的退换，按照传统法律的相关规定，允许消费者在一定的冷静期内有权退换货。但对于数字化商品的法律定位，尚处于空白与模糊地带。我国应借鉴其他国家的经验，在《消费者权益保护法》中增加"犹豫期"的规定，并尽快解决数字化商品的法律定位问题。北京市《电子商务监督管理暂行方法》第 26 规定：对于数字化产品，除有严重错误或含有计算机病毒等破坏性程序的外，经营者可免除无条件退货的责任。

对电子商务损害责任的分担需根据损害产生的原因作出具体分析，在一般情况下，各方当事人在责任分担上应遵循以下原则[①]：

（1）由于网上消费者输入错误且未及时通知网上银行加以纠正所造成的财产损失应由消费者自行承担；及时通知网上银行而银行未能及时作出纠正的，应由网上消费者与网上银行共同分担损失，但银行承担责任的范围应仅限于直接损失。

（2）由于网络通信系统中断等原因造成损失，应由网络服务提供者承担责任，但此种责任应限于直接损失。

（3）由于第三方（如黑客攻击）而造成损失的，网上经营者应承担责任。

（4）由于物流公司的原因致使货物损失或货物灭失而造成网上消费者损失的，应由网上经营者承担责任。

（5）由于计算机软硬件的缺陷或故障而造成网上经营者损失的，应由计算机软硬件设备提供者承担损失。

四、电子商务知识产权的法律问题

电子商务知识产权的法律问题主要包括网络著作权、网络商标权和域名的知识产权法律保护。

（一）网络著作权

网络著作权是指著作权人对受《著作权法》保护的作品在网络环境下所享有的著作权权利。根据《最高人民法院关于审理设计计算机网络著作权纠纷案例适用法律若干问题的解释》第 2 条规定：网上作品的著作权仍然属于原作品的著作权人。

网上作品是指以数字形式在互联网上出现的文学、艺术和科学作品，既包括传统作品的数字化形式，也包括以数字化形式在网上直接创作的作品。计算机软件、电子数据库和多媒体作品也属于网上作品。网络著作权的内容主要包括两个部分：

1. 人身权利

我国《著作权法》规定了著作权人的发表权、署名权、修改权和保护作品完整权四项人身权利。

2. 财产权

财产权也称为经济权利，是指著作权人利用其作品获得财产收益的权利。我国《著作权法》规定了著作权人享有的 13 项经济权利，网上作品著作权人的财产权主要包括作品的网络复制权和信息网络传播权。

网络复制权应当是一种能够维护著作权人和社会公众广泛利益并兼顾网络技术发展的复制权。它所指向的复制应当有一定的限制，即网络环境中的复制应当包括用户为达到特

[①] 韩学平等. 电子商务法. 大连：东北财经大学出版社，2008.

定目的，通过进行特定的操作而固定作品的行为。而暂时复制，即互联网缓存中所发生的复制，是不具有法律意义的复制。

《著作权法》第10条将信息网络传播权定义为作者以有线或者无线方式向公众提供作品，使公众可以在其个人选定的时间和地点获得作品的权利。《信息网络传播权保护条例》共27条，包括合理使用、法定许可、避风港原则、版权管理技术等一系列内容，区分了著作权人、图书馆、网络服务商、读者各自可以享受的权益。网络传播和使用都有法可依，体现了产业发展与权利人利益、公众利益的平衡。

网上作品著作权侵权的形式主要有三种：①网站、网络用户对传统作品的侵权行为；②传统媒体对网上作品的侵权行为；③网站、网络用户对网上作品的侵权行为。

网络著作权侵权的构成要件包括四个方面：①需有侵犯网络著作权的不法行为；②有损害事实；③有主观过错；④不法行为和损害事实有联系。

（二）网络商标权

《商标法》规定：经商标局核准注册的商标为注册商标，商标注册人享有商标专用权，受法律保护。在电子商务环境下，商标的域名抢注、网页链接和搜索引擎中的商标侵权等商标侵权行为越来越突出，这些侵权行为的责任承担也因电子商务模式的不同而有所不同。

从本质上来讲，电子商务中商标侵权行为和传统的商标侵权行为的认定没有根本的不同，相对于传统商务而言，电子商务只是改变了交易形式。但电子商务中的商标侵权行为毕竟是一种新型的商标侵权，其构成要件除了侵害行为、损害结果、因果关系以外，更应该强调行为人的主观过错。因为电子商务中的商标侵权的归责原则主要是过错责任原则，因而在电子商务商标侵权责任的认定中，过错要件是重要的必备要件之一，要求行为人主观上具有故意或过失，即明知或应当知道其行为属侵犯他人商标权却仍然实施或是为了牟取非法利益而侵犯他人商标权的，才能追究其法律责任。

在电子商务活动中，以下行为构成对商标权的直接侵犯：

（1）在 B2B、B2C 或 C2C 模式下，在网上直接销售假冒名牌产品的企业或个人，构成商标侵权的。

（2）企业或个人在其网络商店的标志、网页设计以及广告宣传中未经许可使用他人注册的商标，构成商标侵权或者不正当竞争的。

（3）企业或个人将他人注册商标或驰名商标恶意抢注为域名，构成商标侵权或者不正当竞争的。

（三）域名的知识产权法律保护

《中国互联网络域名注册暂行管理办法》和《中国互联网络域名注册实施细则》是目前中国域名管理与保护的基本法律依据。根据这两个文件的规定，我国目前对域名注册实行与商标注册类似的禁止性条款，如明确规定域名不得使用公众知晓的国家或地区名称、外国地名、国际组织名称；未经批准不得使用县级以上行政区划名称的全称或缩写；不得使用行业名称或商品的通用名称及其他对国家、社会或公共利益有损害的名称；不得使用他人已经在中国注册过的企业名称或者商标名称等。

《关于审理涉及计算机网络域名民事纠纷案件适用法律若干问题的解释》对域名纠纷案件的案由、受理条件和管辖，域名注册、使用等行为构成侵权的条件，对行为人恶意以及对案件中商标驰名事实的认定等，都作出了规定。

该解释同时列举了四种最为常见的恶意情形：一是为商业目的将他人驰名商标注册为域名；二是为商业目的注册、使用与原告的注册商标、域名等相同或近似的域名，故意造成与原告提供的产品、服务或者原告网站的混淆，误导网络用户访问其网站或其他在线站点；三是曾要约高价出售、出租或以其他方式转让这个域名获取不正当利益；四是注册域名后自己不使用也未准备使用，有意阻止权利人注册这个域名。

五、电子商务安全与网络犯罪的法律问题

我国现行法律制度对计算机安全保护表现在两个方面：一是对计算机系统的安全保护；二是对计算机犯罪的防范打击。

《全国人大常委会关于维护互联网安全的决定》分别从互联网的运行安全，国家安全和社会稳定，社会主义市场经济秩序和社会管理秩序，以及个人、法人和其他组织的人身、财产等合法权利四个方面共 15 款，规定了对构成犯罪的，依照《中华人民共和国刑法》有关规定追究刑事责任。在《中华人民共和国刑法》妨害社会管理秩序罪分则中，规定了非法侵入计算机信息系统罪和破坏计算机信息系统罪共两条四款。《中华人民共和国计算机信息系统安全保护条例》规定了计算机信息系统的建设和使用、安全等级保护、国际联网备案、计算机信息系统使用单位的安全案件报告、有害数据的防治管理等关于计算机信息系统安全保护的九项制度。

2011 年 9 月 1 日开始实施的《最高人民法院、最高人民检察院关于办理危害计算机信息系统安全刑事案件应用法律若干问题的解释》共有 11 条，主要规定了以下几个方面的内容：

（1）明确了非法获取计算机信息系统数据、非法控制计算机信息系统罪，提供侵入、非法控制计算机信息系统程序、工具罪，破坏计算机信息系统罪等犯罪的定罪量刑标准。

（2）规定了对明知是非法获取计算机信息系统数据犯罪所获取的数据、非法控制计算机信息系统犯罪所获取的计算机信息系统控制权，而予以转移、收购、代为销售或者以其他方法掩饰、隐瞒的行为，以掩饰、隐瞒犯罪所得罪追究刑事责任。

（3）明确了对以单位名义或者以单位形式实施危害计算机信息系统安全犯罪的行为，应当追究直接负责的主管人员和其他直接责任人员的刑事责任。

（4）规定了危害计算机信息系统安全共同犯罪的具体情形和处理原则。

（5）明确了"国家事务、国防建设、尖端科学技术领域的计算机信息系统"，"专门用于侵入、非法控制计算机信息系统的程序、工具"，"计算机病毒等破坏性程序"的具体范围、认定程序等问题。

（6）界定了"计算机信息系统"、"计算机系统"、"身份认证信息"、"经济损失"等相关术语的内涵和外延。

网络犯罪是指运用计算机技术，借助于网络对计算机应用系统或信息进行攻击和破坏，或者利用网络进行其他犯罪。网络犯罪包括以下两种类型：

（1）网络对象犯罪。这类犯罪只能在计算机网络上实施，表现形式主要有袭击网站和在线传播破坏性病毒等其他破坏性程序。罪名主要包括侵入计算机系统罪、破坏计算机信息系统功能罪、破坏计算机数据和应用程序罪及制作、传播破坏性程序罪。

（2）网络工具犯罪。这类犯罪是利用计算机网络实施的犯罪，表现形式主要有电子盗窃、网上洗钱、网络侮辱、诽谤与恐吓、网上诈骗、网络赌博、网上色情传播、网上非法交易等。

本章小结：

本章首先介绍了电子商务法涉及的相关领域和国内外电子商务的立法现状，并简单介绍了《电子商务示范法》和《中华人民共和国电子签名法》。

然后主要探讨了与电子商务相关的五大法律问题，即数据电文、电子合同、网上消费者权益保护、电子商务知识产权、电子商务安全和网络犯罪。

数据电文是指经由电子手段、光学手段或类似手段生成、发送、接收或储存的信息。这些手段包括但又不仅限于电子数据交换、电子邮件、电报、电传或传真。我国《电子签名法》对数据电文的法律效力、归属、发送和接收的时间和地点等方面作了规定。

电子合同是平等民事主体之间通过电子信息网络，以数据电文形式达成的设立、变更、终止民事权利义务关系的电子协议。我国《合同法》规定了电子合同的要约、承诺以及效力等方面的法律问题。

电子商务中消费者权益的问题主要有网络虚假信息问题、网络交易安全问题、侵害消费者隐私问题、电子商务合同问题以及侵害消费者索赔权问题等。

网上消费者权益保护主要有安全权、知情权、公平交易权和求偿权的保护等。

电子商务知识产权的法律问题主要包括网络著作权、网络商标权和域名的知识产权法律保护。网络著作权是指著作权人对受著作权法保护的作品在网络环境下所享有的著作权权利。

我国现行法律制度对计算机安全保护表现在两个方面：一是对计算机系统的安全保护；二是对计算机犯罪的防范打击。网络犯罪是指运用计算机技术，借助于网络对计算机应用系统或信息进行攻击和破坏，或者利用网络进行其他犯罪。网络犯罪包括网络对象犯罪和网络工具犯罪。

练习题：

一、不定项选择题

1. 关于电子合同与传统合同的区别，下面四个选项中错误的是（　　）。

A. 合同当事人的权利和义务有所不同

B. 合同订立的环境不同

C. 合同订立的各环节发生了变化

D. 传统合同的履行比电子合同更加复杂

2. 域名作为一种在互联网上的地址名称，以下（　　）不属于其法律特征。

A. 安全性　　B. 标识性　　C. 唯一性　　D. 排他性

3. 下列情况属于侵犯信息网络传播权的有（　　）。

A. 未经授权上传权利人作品

B. 未经允许在网络上转载、摘编他人的网上信息

C. 未经授权以 P2P 方式共享他人作品

D. 未经允许链接使用他人作品

4. 赵经理的公司刚刚在阿里巴巴中文网站上开展贸易业务，由于警惕性不高、经验不足，很快遭遇了骗局，当发现上当受骗时，赵经理应该（　　）。

A. 保留所有交易过程中的一切资料，包括合同、聊天记录、往来邮件、发货凭证、汇款凭证、账号信息、联系方式等

B. 到当地公安机关报警

C. 将公安机关的立案证明（受理案件回执）或者法院的立案通知书签字盖章的复印件提供给阿里巴巴

D. 到诚信论坛投诉

二、思考题

1. 网络犯罪的类型有哪些？

2. 在电子交易活动中，网络服务提供商有可能承担哪些法律责任？

3. 针对电子商务中出现的新问题，你认为我国现行法律有哪些亟待完善之处？

4. 《最高人民法院、最高人民检察院关于办理危害计算机信息系统安全刑事案件应用法律若干问题的解释》对电子商务安全有什么影响？

三、案例分析

深圳一网络公司员工利用负责系统监控工作的便利，盗窃 QQ 账号后与他人合谋倒卖牟利达 7 万元。该案两名犯罪嫌疑人曾某、杨某因涉嫌盗窃罪被公诉，深圳市南山区法院开庭审理此案。据悉，这是我国首宗因涉嫌盗卖 QQ 账号牟利被批准逮捕并提起公诉的案件。

据检方起诉，2009 年 3 月至 7 月之间，嫌疑人杨某和在深圳腾讯公司工作的曾某两人共盗取、破解、卖出 160 多个 QQ 号码，非法获利 7 万余元，其中被窃取密码的账号另拖带价值 2 654 元的 Q 币及网络游戏币。

请结合材料和所学知识思考下列问题：

1. QQ 账户这类虚拟财产是否属于个人财产，为什么？

2. 被告违反了哪些法律法规？假如你是法官，你会如何判决此案？

参考文献

［1］［美］埃弗雷姆·特班. *Electronic Commerce：A Managerial Perspective*. 5 版. 北京：机械工业出版社，2010.

［2］蔡剑，叶强，廖明玮. 电子商务案例分析. 北京：北京大学出版社，2011.

［3］丁小龙. 现代物流管理学. 北京：北京大学出版社，2010.

［4］冯英健. 网络营销基础与实践. 北京：清华大学出版社，2007.

［5］韩学平. 电子商务法. 大连：东北财经大学出版社，2008.

［6］胡广伟. 电子政务服务管理. 南京：南京大学出版社，2010.

［7］兰宜生. 电子商务基础教程. 2 版. 北京：清华大学出版社，2007.

［8］李洪心. 电子商务概论. 3 版. 大连：东北财经大学出版社，2011.

［9］李琪. 电子商务概论. 北京：高等教育出版社，2009.

［10］刘宏. 电子商务概论. 北京：清华大学出版社，北京交通大学出版社，2010.

［11］刘喜敏. 电子商务法. 2 版. 大连：大连理工大学出版社，2008.

［12］刘业政. 电子商务概论. 北京：高等教育出版社，2007.

［13］商玮. 电子商务物流管理. 北京：中国财政经济出版社，2008.

［14］邵兵家. 电子商务概论. 3 版. 北京：高等教育出版社，2011.

［15］汤兵勇. 客户关系管理. 北京：电子工业出版社，2010.

［16］王立华. 电子政务概论. 西安：西安交通大学出版社，2011.

［17］燕春蓉. 电子商务与物流. 2 版. 上海：上海财经大学出版社，2010.

［18］中华人民共和国商务部. 中国电子商务报告. 北京：清华大学出版社，2010.

［19］周洁如. 客户关系管理经典案例及精解. 上海：上海交通大学出版社，2011.

［20］周曙东. 电子商务概论. 2 版. 南京：东南大学出版社，2008.

［21］周云霞. 电子商务物流. 北京：电子工业出版社，2010.